장례예식
표준총서

장례예식 표준총서

인쇄 | 2016년 8월 10일
발행 | 1판 1쇄 2016년 8월 15일
저자 | 지축 김성익
발행인 | 김상일
발행처 | 혜성출판사
발행처 주소 | 서울시 동대문구 신설동 114-91 삼우 B/D A동 205호
전화 | 02)2233-4468   **FAX** | 02)2253-6316
표지·본문디자인 | 오영아
인쇄 | 삼진프린텍
등록번호 | 제6-0648호
홈페이지 | http://www.hyesungbook.com

정가 20,000원

ISBN 979-11-86345-24-5(13590)

✱ 이 책의 무단복제 또는 무단전재는 법으로 금지되어 있습니다.

| 책을 내면서 |

　우리는 오래전부터 죽음을 단순히 생물의 생명이 없어지는 현상으로 보지 않고 망자에 대하여 새로운 의미를 부여하였다. 인류가 종교와 신앙(샤머니즘, 토테미즘, 애니미즘 등)의 영향으로 상장례에 있어 망자에 대한 각별한 예우를 갖추게 되었다. 이에 대한 근거로 수세기를 거슬러 올라 고대사회의 예장문화라고 여겨지는 현존하는 묘지와 유사한 유적 등에서 망자의 부장품이나 인골 등이 출토 되고 있는 것으로 보아 옛 사람들 역시 매장이나 화장 등의 의례가 있었을 것으로 추정하고 있는 것으로 보아 잘 알 수 있다.
　수많은 시간이 흐른 현재에 이르러 망자에 대한 장례는 그 용어에서 알 수 있듯이 장사에 대한 예식과도 같은 의미로 이는 결혼식을 예식장에서 치루 듯 장례 역시 장례예식장에서 치루는 것과 같은 의미인 것이다.
　죽음은 급작스런 사고나 환경적 요인에 의해 발생되기도 하지만 노령과 병고 등의 생물학적 원인에 의해 시간적 차이는 있지만 시차를 두고 점차적으로 진행되기도 한다.
　이에 본 저서 '장례예식 표준총서'는 장례에 관한 모든 예식과 절차는 물론 사후 행정적 처리를 포함하여 망자에 대한 각별한 예우를 바탕으로 누구나가 쉽게 접근할 수 있도록 풀이함으로써 본 학문을 전공하는 전공자는 물론이거니와 일반인들까지도 망자에 대한 우(결례)를 범하지 않도록 하였다.
　예서(禮書)에서 이르기를 인간의 죽음을 소인(小人)은 사(死)라 하고 군자(君子)는 종(終)이라 하여 사(死)와 종(終)의 중간을 택해 없어진다는 의미의 상(喪)을 써서 상례(喪禮)라 하였다. 이에 죽음을 처리하는 의례를 상례하고 한다면, 실질적 처리 방법은 장법이라고 하여 이를 함께 표현하여 상·장례라고 하는 것이다.
　장례의 절차는 까다로울 뿐만 아니라 집안의 가풍과 지역에 따라 각각 달리 행하여짐으로써, 지방마다 확연하게 차이가 나는 것 또한 이해하여야 한다. 그런 면에서 상·장례 예법은 어디에 근간을 두었던 천차만별의 형식으로 행해지고 있다고 하여도 과언이 아니다.

　상·장례법은 민족성과 종교관 및 사회적 가치관과 생사관 등의 문화적 요소에 따라 다양하게 변천하였고 원시 및 선사시대로부터 현재에 이르기 까지 매우 다채로운 각양각색의 상·장례법이 소멸되거나 발달되는 변천을 거쳐 새로운 형식의 장법이 등장하기도 하였다.

　죽음을 처리하는 의식과 의례를 장례라고 본다면, 망자에 대한 의례는 단순한 죽음이 아닌 사회적·문화적 의미와 가치를 부여하는 의식과 행위로서 인간의 생존 시 존재가치는 물론 사후까지의 의미를 부여하는 것이다.

　본 저서는 장례에 관한 실무자로서 출발하여 대학 강단에 서기까지 근 25여년 사반세기를 거치면서 몸으로 부딪히며 실질적으로 체험한 것을 바탕으로 모든 사람들을 대상으로 인간의 사후 존재 가치에 의미를 두고 한번 쯤 읽히고자 한 것이다.

　끝으로 본 저서의 발간을 위해 삼복더위 속에서도 불철주야 함께 땀 흘리며 교정을 봐주시고 조언을 아끼지 않으신 동국대학교 현묵 김광호 교수님께 본 지면을 빌려 감사드리며 독자 여러분의 앞날에 많은 발전이 함께하기를 기원 드리는 바이다.

2016년 여름 어느 좋은 날
지축 김 성 익

| 차 례 |

책을 내면서

제1장 상·장례

1. 통과의례(通過疑禮) - 관혼상제(冠婚喪祭)
  가. 관례(冠禮) … 18
  나. 혼례(婚禮) … 19
  다. 상례(喪禮) … 19
  라. 제례(祭禮) … 20

2. 죽음의 의미
  가. 죽음이란? … 21
  나. 죽음의 학문적 분류 … 21
  다. 인간이 받아들인 죽음 … 22

3. 종교별 장례의식
  가. 유교 장례의식 … 32
  나. 불교 장례의식 … 50
  다. 개신교 장례의식 … 55
  라. 천주교 장례의식 … 58
  마. 원불교 장례의식 … 60
  바. 천도교 장례의식 … 62
  사. 천리교 장례의식 … 70
  아. SGI 장례의식 … 80
  자. 통일교 장례의식 … 82

4. 장례 연출
   가. 장례연출의 개념 … 92
   나. 장례연출의 종류 … 94
   다. 장례연출의 활성화 … 95

5. 장례 상담
   가. 장례상담 … 97
   나. 장례상담의 종류 … 98
   다. 초기접수 … 98
   라. 장례일정 상담 … 99
   마. 장례절차 방법안내 … 100
   바. 용품상담 … 100
   사. 장사행정 및 사후관리 … 101
   아. 기타 서비스 … 101
   자. 유족상담 기법 … 101

6. 현대 장례 예식
   가. 현대 장례의 흐름 … 103
   나. 현대장례절차 … 104
   다. 현대장례와 전통장례 비교 … 110
   라. 일본·중국 장례 문화 특징 … 113
   마. 장례의 문제점 및 개선책 … 114
   바. 다양한 미래의 장법 제시 … 115

제 2장 장례 산업 보건

1. 시신의 위생적 관리와 감염
- 가. 시신의 사후 변화 … 123
- 나. 시신으로부터 감염 위험성 … 126
- 다. 시신관리의 필요성 … 128
- 라. 사망자 수 … 130
- 마. 사망 원인과 감염성 시신 … 131

2. 산업보건과 질환
- 가. 산업보건의 목표 … 132
- 나. 직업성 질환 … 132

3. 장례업 종사자의 질병예방
- 가. 장례업과 보건위생 … 136
- 나. 장례업에서의 유해인자 … 136

제 3장 장사 관련 법규

1. 장사 등에 관한 법률의 개요
   가. 장사법의 기본방향 … 144
   나. 주요 내용 … 145

2. 장사 등에 관한 법률
   가. 목적 … 146
   나. 장례식장 영업 … 146

3. 장례식장 표준약관
   장례식장 표준약관 … 150

4. 시체 해부 및 보존에 관한 법률
   가. 목적 … 155
   나. 유족의 승낙 … 155
   다. 시체에 대한 예의 … 157

5. 산업안전보건법
   제1장 총칙 … 158
   제5장 근로자의 보건관리 … 161
   제6장의 2 산업안전지도사 및 산업보건지도사 … 165

제 4장 부록

1. 전국 화장 시설 현황 … **190**

2. 전국 공원 묘원 현황
   가. 공설묘지 … **193**
   나. 사설묘지 … **205**

3. 전국 공설 및 사설 봉안 시설 현황 … **211**

4. 제수 진설과 명정 및 지방 서식
   가. 제수진설 … **217**
   나. 명정 서식 … **228**
   다. 지방 서식 … **230**
   라. 입관길시 및 하관길시 … **234**

5. 한국의 성씨 일람 … **241**

6. 각종 서식 … **255**

제1장

상·장례

1. 통과의례(通過疑禮) – 관혼상제(冠婚喪祭)

2. 죽음의 의미

3. 종교별 장례의식

4. 장례 연출

5. 장례 상담

6. 현대 장례 예식

상·장례

1. 통과의례(通過儀禮) - 관혼상제(冠婚喪祭)

> 헌법 제9조 국가는 전통문화의 계승·발전과 민족문화의 창달에 노력하여야 한다.

인간이 살아가는 동안 겪게 되는 통과의례(通過疑禮)로 네 가지 중요한 예식을 관혼상제(冠婚喪祭)라고 하는데 특히 조선시대 유교에 근거한 관혼상제는 주로 양반계층에서 행해지던 것으로 대부분 일반 백성들과는 무관하게 행하였다.

장례예식을 성명하기 위해서는 생전의 관혼(冠婚)과 생후의 상제(喪祭)에 대한 이해가 요구되는 바 이를 위한 네 가지를 먼저 알아둘 필요가 있는 것이다.

가. 관례(冠禮)

관례는 머리에 관을 쓰고 행해지던 것에서 유래한 것으로 '의관을 갖춘다.' 는 의미가 바로 옷과 모자를 바로 정갈하게 갖추었다는 것으로 상투를 틀어 갓(관포·冠巾)을 씌워 남자 아이가 15세가 넘으면 관례를 행하고 그 때를 시점으로 성인으로 대우하였는데 지금의 성인식과 유사한 것이다. 남자의 관례에 준하는 것으로 여자는 머리에 쪽을 지고 비녀를 꽂아주는 의식을 계례(笄禮)라고 하였는데 별도의 의식 없이 혼례 직전에 계례를 행함으로써 성인으로 인정하여 결혼을 공식화 하였던 것이다. 왕실이나 사대부의 양반가에서 행해지던 관례는 일반 백성들에게는 전파되지 않았던 의식이다.

나. 혼례(婚禮)

혼례란 곧 인륜(人倫)의 시초라는 뜻이다. 또한, 두 사람의 남녀가 법이 정한 혼인 연령에 준하여 사회적으로 인정된 결합으로 각기 다른 환경에서 성장한 양가의 결합이라고도 볼 수 있다.

혼례는 두 가지로 구분하여 볼 수 있는데 하나는 단순히 예식장에서의 결합을 뜻하고 다른 하나는 양가로부터 혼담이 오가면서 혼인과 관련된 모든 절차와 행위를 망라한 것으로 단순한 결합의 의미는 협의의 혼례요 모든 것을 망라한 혼례의식은 광의의 의미로 해석된다.

지금도 양가의 사주(四柱)를 보내고 택일(擇日)을 하여 함(函)을 보내는 것은 예로부터 행해지던 것을 이어받은 것으로 흔히 신식과 구식으로 대변되는 혼례의 구분은 1890년 우리나라에 기독교가 들어서면서 생긴 교회 예배당에서의 교회결혼이 양복과 드레스를 입는 '신식결혼(현대식)'으로 구분되고 계속하여 옛 전통방식을 고수하는 '구식결혼(전통식)'이 지금까지도 이어지고 있는 것이다.

현재는 결혼식장에서 구식과 신식을 함께 행하는 혼례를 치르는 실정이 대부분으로 이에 대한 정체성의 혼란이 발생하여도 폐백실에서 신부가 착용하는 예복은 궁중 장옷으로 공주 옷과 색상만 달리해서 다홍색 삼회자(치마), 삼회장(저고리)을 착용한 옷으로 시댁어른에게 정식으로 첫 인사를 올리는 의식도 옛것에 대한 향수이다.

성인 남녀의 성적(性的)결합과 아울러 경제적·문화적 차이를 극복하는 혼례 역시 다양한 절차가 있으나 본문에 이어서 이를 언급하고자 한다.

다. 상례(喪禮)

인간의 태어남인 생(生)과 죽음인 멸(滅)은 생사불이로 생명의 시작과 끝이라고 할 수 있으며 상례란 생명을 마친 죽은 사람을 장사 지낼 때인 상중(喪中)에 행하는 의례이다.

인간의 수명이 다해 치르는 상례는 천수를 다해 몰(歿)하거나 병고나 사고, 천재지변에 의해 멸(滅)하거나를 막론하고 인간의 생물학적 활동이 전부 정지되고 난 이후 행해진다.

상례는 크게 무속적 상례와 종교적 상례로 구분되며 종교적 상례에서는 유교적 상례가 지배적으로 유교가 불교나 기독교보다 우위에 서게 된 것은 유교가 정한 사례 중 하나인 상례가 조선시대의 사회규범으로서 법제적인 효력으로 준행하였기 때문이다.

혹간, 청·장년이나 유소년의 죽음을 애상, 혹은 흉상(악상)이라 하고 노년의 죽음을 호상, 또는 길상이라고 부르는데 이것은 대단히 잘못된 것으로 노년의 죽음, 특히 부모의 죽음을 호상이나 길상으로 칭한다는 것 자체가 모순인 것으로 좋은 초상이나 죽음은 없는 것이다. 그러므로 고인과 유족간의 이별은 상처와 아픔을 겪을 수밖에 없는 마지막 이별이라 할 수 있다.

상례는 인간의 지위에 따라 그 규모와 의식이 다른 의례로 행해지는데 이것 역시 법률이 정하는 바에 따라 국장에서부터 개인적 장례까지 구분되는 것이다.

라. 제례(祭禮)

조상의 영령에 대한 추모와 숭앙심으로 행해지는 제례는 일부 종교와 신자 외에는 제사라는 명칭으로 거의 모든 일반적인 가정에서 행해지고 있다.
종교적 신념과 행위라고 볼 수 있는 제례는 인간의 사후세계를 인정하고 영혼은 불멸한다는 영혼과 육체의 이분적 영육(靈肉) 이중구조에 대한 믿음이 강했던 것으로 여겨진다.

인간의 수명이 다해 멸하는 죽음이 영혼이라는 매체를 통한 또 다른 세계에 머물면서 생존한 후손과의 관계를 지속한다는 것이 제례인데 조상을 잘 섬기면 복을 받는다는 조상숭배와 기복신앙이 결합된 것으로도 효(孝)에 근간을 둔 것으로 보아진다.

조선시대 예서(禮書)에 나와 있는 제례의 종류는 사당제, 사시제, 이제, 기일제, 묘제 의 다섯 가지로서 일종의 규범적 체계로 보이는 것이다.

현재 우리나라의 제례는 명절에 지내는 차례와 망자의 사망한날 닭이 울기 전 제주의 집에서 지내는 기제와 매년 시월상달 집안의 문중이 모여 지내는 시제 등이 있다.

특히 시제는 5대조 이상의 묘소에서 지내는 묘제로 4대 봉제사에서 기제를 행하지 못하는 조상에 대한 제례이며 요즘은 차례를 성묘로 대신하여 지내는 경우도 있다. 우리나라는 예로부터 설, 한식, 단오, 추석 등의 명절에는 묘제를 지내 왔다.

2. 죽음의 의미

> 헌법 제22조 ① 모든 국민은 학문과 예술의 자유를 가진다.

가. 죽음이란?

어떤 생명체의 활동이 정지되고 삶이 끝나는 것을 뜻한다. 대부분의 생명체가 자연적인 원인으로 죽음을 맞이하게 되지만 자연계에서는 약육강식의 논리에 따른 강자의 살육과 노화와 질병, 혹은 천재지변이나 사고 등에 의한 경우도 있다.

상기의 이유 외에 살인에 의한 타살적인 살해와 스스로 죽음을 택하는 자살이나 법률적 극형인 사형 등에 의한 비상식적이고 비정상적인 죽음도 있다.

나. 죽음의 학문적 분류

생사학이 대상으로 하는 것은 인간의 소멸, 즉 죽음이다. 생사학의 개척자중 한 명인, 아리에스에 의하면, '인간은 사망자를 매장하는 유일한 동물이다.'라고 하였다. 이 매장 의례는 네안데르탈인까지 거슬러 올라가는 것으로, 그 이후 긴 역사의 흐름 안에서, 인류는 '죽음에 대하는 태도=생사관'을 길러 왔다. 생사학은 이러한 생사관을 철학·의학·심리학·민속학·문화인류학·종교·예술 등의 연구를 통해, 인간 지성에 관한 모든 측면에서 밝혀낸 것으로 본다. 생사학은 '죽음의 준비교육'을 목적으로 하는 지극히 학제적인 학문이다. 생사학은 안락사 문제나 의료 고지, 완화 의료 등을 배경으로, 1970년대에 확립되어 새로운 학문으로 현재까지 이어지고 있다.

1) 의학적 '사망론'
죽음 및 시신에 영향을 끼치는 제 조건에 관한 법의학적 관점

2) 심리학, 사회학, 정신의학, 간호학
죽음을 맞이하는 환자의 심리와 가족에 관한 생전, 사후에 관한학문, 환자의 정신적 측면 및 가족의 심리적 요인까지 관찰

3) 철학, 윤리학, 종교학, 신학, 문화 인류학
생사관, 정례의례, 유골 등 문화적 비교연구나 죽음의 준비에 관한 연구(교육)이다.

「Dictionary of Medical Objects」
'생의 환성으로서의 죽음에 관해 연구하는 학문'의 정의로 삶이란 무한하지 않기에 유한의 시간 내 충실한 삶을 보내려면 어떻게 하면 좋을 것인 가를 생각하는 것이 타나토로지(새너톨러지)의 목적이나 그 내용으로 간파되며 그것은 사생과, 인생관, 가치관, 종교 등과 밀접한 관련성을 지는 것으로 이러한 죽음의 준비교육의 필요성이 요구되는 것이다.

다. 인간이 받아들인 죽음

1) 철학, 심리학, 문화, 종교적 죽음

죽음이 무엇인가를 알기에는 공자(孔子)와 자로(子路)간의 문답에서 보듯이 "감히 죽음에 대하여 여쭈어 보겠습니다."라는 제자 자로의 물음에 "아직 삶도 모르는데 어찌 죽음을 알리요."라는 공자의 응답은 지금까지도 계속될 수밖에 없는 화두(話頭)일 것이다.

「죽음이라고 하는 자연현상은 금기(taboo)」로 보는 바가 많은 것은 대체로 죽음의 문제에 당면하면 마음이 동요되는 것은 일반적으로 가급적 우리는 죽음을 멀리 하려 한다. 영생은 불가함을 알고 있으면서도 죽음을 의식했을 때 느끼는 불안·불쾌감을 농담 등으로 얼버무리려 드는 것 또한 이런 이유에서다.

우리나라의 경우 하루 약 일천여명이 출생하면 칠백여명이 넘는 사람이 죽음과 맞닥뜨린다. 그러는 사이 나 또는 당신 누군가 이러한 죽음에도 불구하고 우리는 죽음을 무시하거나 거부하는 것은 죽음을 무서워하고 거역하고 있음이다. 그렇다고 인간이 예로부터 이러한 태도를 지녀왔던 것은 아니었으며 현대로 접어든 50~60년 사이 시대적 변화에 따라 변화 하였다고 보는 것이다.

오늘날에는 가족 누구든 집에서 죽는 예가 거의 사라져 가고 있다. 대부분의 사람들이 소중히 여겼던 가까운 사람의 죽음을 내 눈으로 보는 기회는 없어지고 죽음에 당면한 사람들이 병원이나 개호 시설 등의 집과는 멀리 떨어진 곳에서 죽음을 맞이하며 죽음은 우리와는 동떨어진 것이 되어 예전의 죽음과 장례의례가 남긴 인간으로서의 의례인 남김(교육)이 거의 증발되고 만 것이다.

오늘날 보다 빈번한 죽음과의 대면이 매스컴이나 TV화면에 비쳐짐으로써 인간적 감성호소와 함께 죽고 죽이는 공포와 자극을 관객 유인의 제고로 활용됨으로써 죽음을 매우 하찮게 만들고 있는 예가 당연시 되어버렸다. 이러한 죽음의 취급은 우리를 죽음으로부터 소외시키고 죽음에 대한 불감증을 증폭시키고 신문이나 TV에서의 일 인양 여기게 만들어, 죽음이나 장례식에서 무슨 말을 하며 어떻게 처신해야 할지를 모르는 사례가 빈번하며 어떠한 감정적 컨트롤을 견지해야 할지도 모르는 인간으로 양산시키게 된 것이다. 말하자면 죽음을 받아드리는 태도를 몸에 지니는데 필요한 시간이나 경험을 쌓는다는 교육(직접 죽음을 접하는 기회, 또는 간접적인 죽음의 가르침)마저도 외면하거나 생략되어 죽음에의 대응이 무지해지고 무감각해지는 현상이 일어나고 있는 것이다.

죽음에 대한 태도는 사회 전체의 문화와 이를 구성하는 부분적인 문화 및 개개 인간의 얽힘의 영역에서 생성되는 문화의 산물로서 죽음을 어떻게 받아드리는가는 지금까지 체험해온 죽음과 가족이 죽음에 대해 어떠한 태도를 견지 하는가와 신앙이나 교육으로부터도 영향을 받는다. 또한 인간으로서의 성숙도 등 여타 요인도 깊이 관련됨으로써 인간이 죽음을 받아드리는 태도는 분석이 가능하며 죽음이나 죽는다는 다양한 측면에 관해 살펴보는 것만으로도 죽음에 대한 수용태도는 향상될 수 있을 것이다. 다른 사람의 삶의 마무리와 그리고 나 자신의 삶의 끝을 이해하고 수용한다는 것은 죽음에 대한 올바른 이해가 될 것이다.

죽음은 다루어서는 안 될 주제(표제)나 금기는 아니며 멀리해야 할 것은 더더욱 아니다. '죽음에 관해 어떻게 느끼는가?'는 것이 자신의 삶을 어떻게 규정하고 있는가의 척도이다. 죽음을 이해하고 또한 죽음에 관해 이야기함으로써 인간은 모든 영역의 삶을 받아드리고 삶을 충실히 영위해 갈 수가 있을 것이다. 먼저 죽음에 관한 영역을 이야기하고 읽고 그리고 이해할 수 있게 되면 그것이 죽음을 긍정적으로 받아드리는 방향으로서의 첫걸음이 될 것이다.

2) 철학, 심리학에서 본 죽음

인간의 죽음에 대한 전통적 태도는 거개(擧皆)가 예부터의 철학·종교·문화적 측면에서 고유의 태도·신념·실제적 행위에 유래하고 있는데 몇 가지 예를 들어 검토해 보고자한다.

먼저, 프랑스 반즈네프는 고인과 유족간의 분리의례와 전이의례 단계를 거쳐 다시 사회와 통합의례 단계에 이른다고 하였다. 유족은 고인과의 상처와 슬픔을 치유하고 더욱 성숙된 모습으로 죽음을 생각해 볼 수 있는 공간을 맞이하는 것이다.

소크라테스(B. C 470~399)는 '산자(生者)가 죽음을 안다는 것은 성립될 수 없다'고 했으나 사후의 상태에 관해서는 2가지 가능성을 언급하고 있다. 그는 '죽음은 꿈이 없는 잠'이라 던지, '혼의 저 세상(他界)으로의 여행'이라 믿었으며 자신 스스로가 죽음에 촉박했을 때 그는 후자 쪽을 바랬다.

소크라테스의 철학을 가장 잘 이해한다고 알려진 첫 제자 플라톤(B.C 427~347)은 〈대화편〉에서 스승인 소크라테스가 재판에서 투옥, 사형 선고에 충격을 받고 쓴 네 편의 글 중 〈파이돈〉에서 소크라테스가 이 세상의 마지막 날 친구들과 죽음에 관해 의논을 나누는 대목에서 '죽음은 두려움을 같이 하는 것은 아니다.','죽음은 영혼이 육체로부터 이탈함에 불과'함을 주장했다. 영혼은 파괴되는 것이 아니고 불사(不死)를 획득한다고 함으로써 죽어야 할 운명에 있는 육체는 죽는다. 그러나 불사의 성스러운 영혼은 공포·점멸·여타 인간의 제약에서 자유로움을 희구해서 신들과 함께하는 세계에로 들어간다고 갈파했다.

이러한 관점과 유사한 것으로 아리스토텔레스(B. C 384~322)는 죽음을 인간 이성(理性)이외의 모든 것의 끝장으로 보았고 여기서 이성이란 '학습하면 손에 넣어지는 거기다 갖게 되면 계속되는 죽음에 의해 없어지지 않는 그러한 무엇'이라는 것이다.

이처럼 생의 시간을 한정한다는 것은 자신의 가능성을 한정하는 것이며 不死의 존재에는 경험할 수 없는 생의 의미를 부여한다는 것이다. 죽음은 위협이 아닌 생의 목표이자 오히려 생을 보다 선명하고 강렬한 것으로 한다.'고 주장했다.

대부분의 심리학자들은 깊이 자기를 돌이켜 봄(內省)과 함께 사고와 감정을 분석함으로써 죽음을 해명하며 전개하려 하였다.
프로이드(1856~1939)는 죽음을 화제로 삼는 것이 금기시 되고 있는 이유를 분석, taboo에는 2가지의 다른 유형이 있음을 지적하였다.

첫째, 성스러운 것, 또는 성별(聖別)되어진 것.

둘째, 무시무시하고 이상야릇한, 위험한 것, 금지된 것, 그리고 애매한 것.

'금기개념'으로서의 죽음은 위 범주 중 한쪽에 해당된다. 그러므로 죽음의 의미에 관해 의논하거나 생각하는 것을 싫어하는 사람이 많은데 프로이드는 인간이 도대체 자기 자신의 죽음을 실제로 하는 개념화 여부에 의문을 지녔다. 그의 이론에 의하면 사람은 전혀 미 체험의 것은 개념화할 수 없다. 우린 무의식적으로 자신은 불사(不死)임을 확신하고 있다. 이것이 프로이드가 내린 결론이었다. 만약 죽음을 의식한다 해도 우리는 자신의 죽음은 우발적인 사고로 생각한다. 이러한 개념은 나이 들어 육체의 쇠약에서 온 자연사마저 거의 받아들이지 못한다는 것이다.

3) 종교·문화에서 본 죽음

종교는 현대인의 죽음과 수용태도에 영향을 주고 있어 검토할 가치가 있다.

유대교와 기독교는 하나님과 함께 영생을 목적으로 하나 신앙 상 상위 점은 예수 그리스도의 부활의 문제에 귀착된다. 구함을 얻기 위해선 예수를 구원자로 믿어야 하는 기독교의 가르침은 유대교에 있어서는 동의될 수 없음이나 기독교의 성서, 유대교의 성전 탈무드도 인간은 죽어야 하는 존재로 명기하고 있다.

양교의 전통에서는 공히 사후의 부활이 믿어지고 있다. 그러나 '영혼', '내세'등의 관념의 해석에서는 같지 않다. 유대교, 기독교 교도에 있어서 죽음은 영원한 생명에의 문을 여는 열쇠로서 기독교는 예전 플라톤이 주장한 죽음을 면할 수 없는 육체는 죽고 사라져도 혼은 영원이 살아감을 믿는다. 영혼은 완전하며 유례가 없는 특별한 것으로 믿는다. 영혼은 자유의지를 갖고 물질세계의 법칙에 지배받지 않는다.

이슬람교는 예언자 무하마드에 의해 창시된 종교로 전 세계로 전파되어 신도가 약 13억으로 이는 세계인구의 6분의 1에 해당된다. 이슬람은 글자 그대로 '신의 의지에의 절대 복종'을 뜻한다. 그들에 있어 신은 알라이며 무하마드는 알라의 사자이다. 무슬림은 곧 이슬람교

도는 '예정설'을 믿는다. 예정설이란 인간의 생활이나 행실, 그리고 죽을 때는 전지이신 신에 의해 이미 결정되어 있다고 믿는다. 무슬림은 천사의 존재, 인간의 부활을 믿고 인간이 이 세상에서 행한 여러 가지 소행이 내세에서 칭송되거나 벌 받는 거나 그 나름의 보답을 받는다고 믿는다.

다음으로 인도인의 약 85%가 힌두교도이다. 힌두란 습속, 신앙일 뿐 아니라 동시에 구체적인 생활방식으로 힌두교도는 '카르마'의 실재를 믿고 있다. 곧 어떠한 행위도 후에 영향을 미치며 선이든 악이든 결과를 부른다고 믿고 있다. 그들의 신앙에서 보면 인간의 현세에서의 경우나 운명은 전세에서 당사자의 행적에 의해 결정된다고 하는 현세의 생활방식이나 행위가 그 사람의 다음 세상의 삶을 결정한다는 것이다.

이와는 별개로 이누이트의 거주 지역은 그린란드에서 알래스카에 이르며 북극권과 그에 인접한 광대한 지역에 걸쳐진다. 이누이트의 죽음의 수용방식은 경제적 사회적인 계층에 따라 또 지역별로 다른데 일반적으로는 인간에게는 2종류의 영혼이 있다고 믿는다.

첫째, 영혼은 불멸의 영혼으로 불리며 사람이 죽으면 육체를 떠나 그리고 내세에 살아가는 것이 된다. **둘째**, 죽은 사람의 이름에 깃드는 영혼으로 보는 그 이름을 지녔던 사자의 특징을 띠고 있다. 이누이트는 먼저 불사의 혼은 죽은 다음 저 세상에서도 의식을 계속 지녀간다고 믿었으며 저 세상의 이미지는 이 세상의 손잡이도 그려져 있는 일이 많다.

건강한 자도 타락과 접촉하면 죽음에 오염되어 버린다고 믿어지고 있다.(실제 이누이트인들 먼저 예외 없이 사자의 영이나 빈사의 사람을 기피한다.) 구체적으로는 사자난 나온 집을 폐기하고 사자를 버리고 죽음에 들고 있는 사람은 방치해 버리고 아직 죽지 않은 사람을 사체 취급으로 매장례 준비를 하며 사자의 소유물을 하나 남김없이 버리는 등 방법이 취해진다.

북미 원주민인 인디안 부족들도 죽음에 관해선 각각 다른 신념을 지녔다고 표현하거나 자신을 방어하는 행위를 실행함에 몰두한다. 죽음도 당연 공포의 표적이 된다. 그들은 죽으면 그 사람의 혼은 육체를 떠나 '영혼의 여행'에 나선다고 믿었으며 영에의 표지로서 사자의 손가락, 얼굴, 턱에 문신을 행한다. 이 문신이 없으면 사자의 혼은 유령이 되어 지상을 영원히 떠돌게 된다고 생각했다. 그들에 있어서 죽음의 공포보다도 유령에의 무서움 쪽이 심각했음을 알 수 있다. 이것도 공포의 전이의 한 예일 것이다. 북미 남부에 거주한 나바호 인디언은 아무리 멋진 일이 있어도 모두가 죽음에 의해 끝나는 것으로 믿었다. 현대 문화가 그렇듯 나바호족도 죽음은 되도록 멀리 두는 쪽이 좋다고 보았으며 또한 그들은 유령이나 영을 아주 무섭게 여겨 부족의 성원이 악몽에 시달리거나 두통에 괴로워하거나 심신이 쇠약하다거나 그것은 유령의 조작에 틀림없다고 보았다. 그들은 일몰 후는 결코 휘파람을 불거나 묘지를 가로 질러서는 안 된다는 금기를 지켰는데 그것은 유령을 눈뜨게 할까 무서워했기 때문이다.

서인도제도에서 믿어지는 원시적인 부두교는 정신의 힘으로 육체의 지배가 가능하다는 것이다. 주술적인 방법을 써서 누군가의 죽음을 부를 수 있다고 여겼는데 원시시대 인류문화에도 이러한 신념이 존재했음은 분명하다. 미개사회에 그러한 예의 사례가 있음이 보고되고 있다. 현대인은 자신들의 진보된 사회에서 그러한 사태가 발생하면 '심신상관적 반응'이라는 용어로 결부 지으려 하나 그러한 label(품질보증)을 표방한 다해서 사실이 없어지는 것은 아니다. 주술에 의해 실제로 사람이 사망했다는 사례가 종종 보고되고 있다.

독특한 사례로 남아프리카 연방의 의사 렉스·바렐은 6개 사례를 겪고 있다. 모두 반츠족의 중년 남성을 '넌 일몰 때 죽는다.'고 말했고 그대로 사망했다. 검시를 시행했으나 사인은 불명이었다. 그들이 왜 죽었는지 생리적으로는 설명될 수 없음이 분명하나 심리적인 원인을 상정(想定)해볼 수는 있다. 저주나 예언에 의해 죽음이 선고되면 희생자는 이 예언을 믿어버린다. 도망갈 길도 없고 도움을 바라는 것도 불가하다고 여기고 아무 것도 하지 못하고 암울한 상태에 빠져 절망해서 죽어간다.

여러분들이 TV나 영화에서 어떤 저주를 하기 위해 당사자의 모습을 짚으로 만들어 바늘로 쑤시거나 화살로 쏘는 행위가 이러한 유형의 하나로 보아도 될 것이다.

3. 종교별 장례의식

> **헌법 제20조 ① 모든 국민은 종교의 자유를 가진다.**

'생야일편부운기 사야일편부운멸(生也一片浮雲起 死也一片浮雲滅)' 이 게송은 함허 득통화상께서 말씀하신 것으로 삶과 죽음을 잘 표현한 것이다. 해석은 '태어남은 한조각 구름이 생겨남이요 죽음은 한조각 구름이 흩어짐이라' 했으니 삶과 죽음, 생과 사가 다 인연 따라 가고 오는 것이라 했다.

생자필멸(生者必滅)이라 하였으니 생명이 있는 것은 반드시 죽게 되며 사람에게도 생명이 있으니 누구나 언젠가는 죽는 것이다.

장례의 절차는 까다로울 뿐 아니라, 혼례(婚禮)나 제례(祭禮)와는 달리 졸지에 당하는 일이기에, 당황한 나머지 예를 제대로 치르지 못하는 실수를 범하기 쉬우니, 가족 중에 나이가 많거나 병중에 있어 회복(恢復)하기 힘드신 분이 있으면, 미리 전문가나 장례지도사와 상의하여 지도 및 안내를 받거나, 상례에 관한 책을 미리 읽어 사전에 만반의 준비를 갖추어 두어야 한다.

이와 관련하여 공자와 제자 암방의 대화를 예로 들면, 제자 암방이 공자에게 예(禮)에 대하여 여쭈니 공자께서는 "예는 사치스러운 것보다는 차라리 검소한 것이 낫고, 상례는 형식을 차리기보다는 차라리 슬퍼하는 것이 낫다는 의미의 예 여기사야 염검 상 여기여야 영척(禮 與其奢也 寧儉, 喪 與其易也 寧戚)"하셨다. 남의 이목을 의식하고 남에게 자랑하기 위하여 사치스런 겉치레를 일삼지 말고, 망자가 예의 중심이 되어 산자와의 관계를 슬기롭게 극복해 나아가는 검소하면서도 슬픔과 정성을 다하는 장례를 치러야 할 것이다.

고대 그리스의 철학자 아리스토텔레스는 '인간만이 종교의식을 할 수 있고, 인간만이 장례의식을 할 수 있다'고 정의를 내렸다.

기독교는 하나님, 즉 여호와를 창조주인 유일한 신으로 모시고 구세주인 주 예수그리스도를 부활의 신으로 삼아 구원을 통해 영생을 얻는 죽어서도 천국과 더불어 부활하는 사상을 복음 시키고 있다.

이슬람교 역시 이슬람의 창시자인 마호메트는 알라신을 유일신으로 믿고 코란경전을 바탕으로 부활사상을 결부 시키고 있다.

유교는 공자의 인(仁)의 사상으로 조상을 신으로 모시고 혼은 제실에서 제사하고 백은 묘지에서 묘제로 조상의 은덕을 가르치고 있다.

불교는 윤회사상으로 세상의 모든 생명은 반드시 죽고 또 태어나는 육도윤회(옴마니반메훔)를 근본으로 가르치고 있다.

우리나라의 경우 조선시대는 유교정책, 고려시대는 불교 이념, 삼국시대는 고구려, 백제에 이어 신라는 이차돈의 순교로 불교의 영향을 받게 된다.
상고시대(청동시대-고조선시대)는 중국의 도교 영향을 받아 중국의 도교와 고조선의 단군신앙은 지배층의 고인돌 무덤과 피지배층의 풍장(한데장사)으로 구분되어 왔고 특히 고인돌에는 성혈(별자리)자리인 북두칠성의 표시가 있는 것이 우리나라 고인돌만의 특징이라 할 수 있다.
우리민족의 토속신인 삼성각이 주로 법당의 뒤쪽 한켠에 있다. 삼성각 안에는 우리 고유의 토속신들 즉 산신, 독성신, 칠성신 등을 모신다. 모신 신상에 따라 산신각, 독성각, 칠성각이라고 부른다. 심지어 법당 안의 상단, 중단, 영단의 구조로 되어 있으나 높이는 균등하다. 그 중 중단에는 제석천왕을 비롯한 사천왕, 대범천 등의 천상의 성중과 천·용·야차·건달바·아수라·긴나라·가루나·마후라가등 팔부신장과 함께 우리 토속 민속신앙의 대상인 칠성신과 산신을 모시기도 한다.

삼성각의 역할은 불교 교육의 역할을 살짝 비켜난 부처님을 모시는 스님과 민속신앙을 모시는 보살(여성신도)님의 구조라 할 수 있으며 민속신앙은 신자가 거의 여성으로 가정의 안위를 비는 어머니의 종교라고도 할 수 있다.

씨족사회의 근본은 조상의 은덕으로부터 후대에 이르는 자손번창을 발원하는 기복신앙의 성격이 강했으며 특히 900여 차례의 외세 침략으로 한국불교는 호국 불교의 성격으로 국가의 번영과 가정의 안정을 위하여 정신적 신앙 역할을 하였다.

불교와 민속신앙을 정확히 표현하자면 한국적인 불교와 한국적인 민속신앙의 합습 관계로 중국으로부터 불교, 도교, 유교의 유입으로 서로 다른 견해 또는 상호 협력으로 우리나라만의 독자적인 민속 신앙이 구축되어 왔다

상고시대부터 죽음에 있어서 북두칠성과 남두육성의 표현은 한국의 샤머니즘 형태로 뿌리를 내리고 현대까지 서양식 결혼 후 폐백을 하는 경우나 초상 시 칠성판과 예단(현. 훈)을 드리는 경우도 우리나라 문화의 한 단편이다. 즉 서양의 통과의례(출생부터~사망까지)와 달리 우리나라의 관혼상제는 내세의 제사까지 모시는 동양적인 철학사고가 서로 공통적인 협력 관계로 발전 할 수 있었다.
다시 말해 한국민속신앙과 한국 불교는 서로 혼합하여 현세, 내세를 비는 대중적인 신앙 형태로 발전하는 모습이라 하겠다.

불교는 이 땅에 전래된 이래 민족정신과 융합하여 우리민족의 문화와 사상을 포용하고 이끌어 왔다고 해도 과언이 아니다.
특히 불교는 1700여년의 시간을 거치는 과정에서 토속민족의 생활이념을 흡수 통합하면서 우리들의 내면에 깊이 자리 잡았으며 한국불교의 전통사상으로 발전하였다.
불교는 대중의 신앙을 포함하는 포용력으로 점차 생활종교로써의 역할을 통해 우리나라의 민속 문화를 개선시키고 발전시켰다.

가. 유교 장례의식

1) 초종(初終)

초종의 종(終)은 별세하는 순간, 운명하는 순간을 의미하는 것으로 임종(臨終), 종신(終身)과도 같은 뜻으로 운명을 확인하는 것을 뜻하며 그 순서는 다음과 같다.

(가) 신질(迅疾)

신질이란 병자의 병환(病患)을 공손히 받든다는 의미로 천거정침(遷居正寢)이라고도 하며 정성을 다하여 병자를 간호하다가 병세가 위중하여 소생(蘇生)할 가망이 없으면, 운명(殞命)에 대비하여 어른을 정침(正寢)으로그 외는 자기 방으로 옮기고, 장례에 대비하여 집 안팎을 깨끗이 정돈한다. 정침이란 제사를 지내는 몸채의 방을 말하며 소위 안방이다. 즉, 정침으로 옮기는 것이 천거정침이다.

병자는 머리를 동쪽으로 하여 눕히고, 깨끗한 옷으로 갈아입히며, 가족이 그 곁을 지키면서 병세를 관찰한다. 머리를 동쪽으로 하여 눕히는 이유는 해가 솟는 방향의 길한 기운으로 소생하기를 바라서 이다.
예로부터 부모의 임종(臨終)을 지켜보지 못한 자식은, 평생 그 불효에 대한 죄책감을 떨쳐 버릴 수가 없으니, 병세가 위중하면 자녀들에게 생전의 어버이를 뵐 수 있도록 통지하고, 가까운 친척에게도 병세를 알린다.

가족들은 슬픔에만 잠겨 있을 것이 아니라, 경험 있는 분의 지도에 따라 운명에 대비하고 수시(收屍)할 준비를 갖춘다.

(나) 유언(遺言)

병세가 악화되면 가족들은 환자에게 유언을 청하거나, 병자 자신이 남기고 싶은 교훈(敎訓)이나 재산관계에 관하여 이를 소상히 청취하여 기록하고 혹은 녹음도 하며, 공증인(公證人)의 입회하에 청취하기도 한다.

유언의 방식은 자필증서(自筆證書), 녹음, 공정증서(公正證書), 비밀증서(秘密證書), 구술증서(口述證書)에 의하는 등 여러 가지가 있는데, 법적인 정당성을 있게 하기 위해서는 증인의 서명, 날인 등의 절차가 규정되어 있으니, 변호사난 공증인을 통해 그 절차를 알아 두어, 유언에 하자가 없도록 미리 대비한다.

단, 현대에 있어 유언은 사전에 남기는 경우가 많으며 특히 재산상의 분배에 있어 형제자매, 부모자식 간에도 법정다툼이 빈번하게 발생하는 사례가 있으니 이를 간과해서는 안 될 것이다.

(다) 임종(臨終)

임종은 사람이 마지막 숨을 거두고 죽음에 이르는 것으로, 운명(殞命)이라고도 한다.
임종은 병에 따라 또 체질에 따라 다르기 때문에 그 시각을 도무지 예측할 수 없으니, 병세가 위중할 때에는 항시 곁에 몇 사람이 있어, 손발을 만져보고 호흡 상태를 지켜보다가, 손발이 차가워 오거나 호흡이 이상해지면 즉시 경험 있는 가족에게 알리고, 임종이 다가오면 지인들에게도 알린다. 가족들이 모두 집 안에 있으면서도 운명을 지키지 못하는 경우가 허다하니, 곁에서 지켜보는 사람은 특히 세심한 주의를 기울여야 한다.

(라) 수시(收屍)

숨이 끊어지면 시신(屍身)이 굳어지기 전에 주물러 펴고, 수족(手足)을 바로잡아 묶는 일을 수시(설치철족)라 하며, 가족들이 모두 모여 고요히 명복을 빌어드린 다음 곡을 한 후 침착한 마음가짐으로 상제의 지인이나 연고에 연락하며, 장례지도사와 장례 절차를 의논하는 한편, 임종을 지켜보지 못한 자손, 측근에게 수시 전에 와서 뵙도록 통지한다.

운명 전 가족별 담당을 정해 일사분란하게 일을 처리하여야 한다.

〈 수시하는 순서 〉
① 눈을 곱게 감도록 쓸어내리고 입을 다물게 한다.
② 얼굴, 손, 발을 깨끗이 닦는다.
③ 입, 코, 귀를 막아 피가 흘러내리지 않도록 한다.
④ 팔, 다리를 고루 주물러서 펴고, 두 손을 배위에 올려 남자는 왼손을 위로, 여자는 오른손을 위로 하여 모아 놓고, 두 발끝이 위로 오도록 똑 바로 모아 백지나 천으로 묶고, 양 어깨를 단단히 동여맨다.
⑤ 백지로 얼굴을 덮는다.
⑥ 머리를 북쪽으로 향하도록 시상(屍床)에 눕혀 머리를 약간 높이 한다.
⑦ 홑이불 등으로 바람이나 이물질이 들어가지 않도록 빈틈없이 덮는다.
⑧ 병풍으로 가린 뒤 상을 놓고, 사진을 모신 후 촛불을 켜고 향을 피운다.
⑨ 입관 전 다시 한 번 시신을 확인한다.

(마) 고복(皐復 - 招魂)

고복은 초혼이라고도 하며, 육체를 떠난 혼(魂)이 다시 몸에 돌아와 붙도록 부르는 절차로서 그 요령은 아래와 같다.

〈고복하는 순서〉
① 시신을 보지 않은 사람이 밥(사자밥 - 使者食)을 새로 지어 세 그릇으로 나누어 담고, 짚신 세 켤레, 돈 약간과 함께 소반에 얹어 대문 밖에 내어 놓는다.
② 시신을 보지 않은 사람(고인이 남자면 남자가, 여자면 여자가)이 고인이 평소에 입던 옷(남자면 두루마기나 속적삼, 여자면 속적삼이 좋지만 요즘의 사람들이 옛 의관을 갖추지 못한 경우가 허다하니 그냥 속옷이나 겉옷으로 대체하여도 무방하다.)을 가지고 지붕위에 올라가서, 왼손으로는 옷깃을 오른손으로는 안섶을 잡고, 북쪽을 향하여 옷을 휘두르면서 크고 긴 목소리로 '주소, 관직, 본관 성씨'를 부른 다음에, '복(復), 복, 복'(돌아오십시오)하고 세 번 외친다. 지붕위에 올라가기 힘들면 몸채 문 앞 처마 밑에서 복을 부른다. 아파트의 경우 옥상에 올라간다.
③ 옷은 지붕 위에 잠시 두었다가, 처마 밑에서 복을 불렀으면 옷을 지붕 위에 던져두었다가 가져와 시신위에 덮고 곡을 한다.

복을 부르는 까닭은 사람이 죽으면 그 혼이 몸에서 떨어져 나가 허공(虛空)에 떠서 어디로 갈지 방향을 몰라 방황한다고 여겨, 방황하는 혼을 불러 시신을 돌아오게 하기 위함이고, 방황하는 혼은 자기가 입던 옷을 보고 따라온다는 믿음에서 평소 입던 옷을 휘두른다. '복'을 세 번 외치는 이유는 ' 세 번에야 모든 일이 이루어진다.'는 생각에서라 한다.

(바) 발상(發喪)

발상은 상을 당하였음을 외부에 알리는 뜻으로, 전에는 상제(喪制-상을 당한 자손)가 역복(易服)하고, 머리를 풀고, 맨발로 곡을 하였으나, 요즘에는 맨발이나 머리 푸는 일은 아니하고, 곡도 삼가 근신하고 애도하며, 네모진 종이에 '상중(喪中), 상가(喪家)'라 써서 대문 밖에 붙이고, 장의사에서 빌려온 조등(弔燈)을 달아 알리는 것이 상례이다.

역복(易服)이란 옷을 갈아입는다는 뜻으로, 이 때 부터 상복을 하는 것이 아닌 평소에 입던 화사한 색깔의 옷을 검소한 것으로 바꾸어 입는다.

주상(主喪·喪主)인 남자는 흰 색 두루마기를 좌단(左袒)하여 입고, 여자는 흰옷을 입는 것이 상례이나, 남자는 검은 색의 양복을, 여자는 흰색 또는 검은 색의 평상복을 입어도 무방하다.

좌단(左袒)이란 왼쪽 소매를 빼어 어깨를 드러내는 것을 이르며, 고인이 남자이든여자이든 공통이나, 고인이 남자이면 좌단하고 여자이면 우단(右袒)해야 한다고 주장하기도 하는데 이는 사가(私家)의 범절이니 법도에 따르는 것이 무방하다.

머리를 풀고 맨발로 있는 것은 양자를 든 아들이나 시집간 딸은 하지 않고, 여자의 쪽진 머리는 비녀만 뽑는다.

(사) 주상(主喪)과 상제(喪制)

입상주(立喪主)는 상의 주인 즉, 대표를 세운다는 의미로 주상 즉 상주(喪主)는 고인의 맏아들(長子)이 된다. 맏아들이 죽고 없으면 맏손자(長孫)가 승중(承重)하여 주상이 된다. 맏손자가 미성년(未成年)이면 둘째 아들(次子)이 주상이 되어도 무방하나 이는 맏손자를 대신 할 뿐이지 주상은 맏손자다.

어머니가 돌아가시면 아버지(고인의 남편)가 주상이고, 맏아들, 맏며느리가 죽었으면 그 아버지가, 아버지가 없는 맏손자, 맏손자며느리의 상에는 그 할아버지가 주상이 되며, 고인에게 자손이 없으면 친족 중 가장 가까운 사람이 주상이 된다.

상제(喪制)는 고인의 배우자와 직계비속이 된다.
복인(服人) 즉, 복을 입는 사람의 범위는 망인(亡人)의 8촌 이내로 하는 것이 상례이나 요즘은 4촌 이내로 하는 것이 사회 통념으로 받아들여지고 있다.

(아) 호상(護喪)

복을 입지 아니한 친족이나 친지 중에서 상례에 밝은 분을 선정하여 초종(初終-운명 때부터 장례 때까지) 절차 전반을 지휘 감독케 하니 이를 호상(護喪)이라 하며, 필요하다면 호상 외에 사서(司書-문서에 관한 일), 사화(司貨-재물의 출반에 관한 일) 등을 두어 호상을 돕게 한다. 호상은 부모가 살아 계시는 분에게는 부탁을 하지 않는 것이 예로서 이를 잘 살펴 부탁하여야 한다.
호상소(護喪所)에는 백지로 된 조객록(弔客錄)과 부의록(賻儀錄)을 비치하고, 부의록에는 조의금품(弔儀金品)의 출납을 기록한다. 조객록에는 조문을 온 모든 분의 성명을 기록하는데, 외간(外艱-父喪)이면 조객록(弔客錄), 내간(內艱)이면 조위록(弔慰錄), 처자상(妻子喪)이면 위문록(慰問錄) 또는 조문록(弔問錄)이라고 쓰나 요즘에는 번거롭다고 조객록은 쓰지 않고 그냥 부의록만 비치하는 것이 상례이다.
상을 당하여 상가에서 준비할 일을 대개 호상이 상가와 상의하여 처리하는데 다음과 같다.

> **〈호상(護喪)이 하는 일〉**
>
> ① 부고(訃告)
>   상을 당하였음을 알릴 곳을 골라 명부를 작성하고, 전화, 전보 또는 부고장으로 알린다. 연락의 중복을 피하기 위하여 이미 연락이 된 곳은 명부에 표시하고 어른들에게는 각별히 예를 다한다.
> ② 장례지도사(葬禮指導士)
>   경험이 많고 성실한 장례지도사를 초빙하여 장례에 관한 제반 사항을 협의한다. 요즘은 상례전문기관이 있어 모든 처리가 쉬우니 호상에게 맡겨 처리토록 한다.
>   - 상가의 표시, 수의(壽衣)와 상복(喪服)의 제작 또는 구입
>   - 습렴(襲殮)을 도울 사람, 지관(地官)
>   - 상여(喪輿) 또는 영구차(靈柩車)
>   - 장례에 필요한 물품
> ③ 묘지(墓地), 화장장(火葬場), 장일(葬日)
> ④ 장례의 절차(節次)
> ⑤ 조객(弔客)의 접대
> ⑥ 매장(埋葬) 또는 화장(火葬)의 신고
> ⑦ 제수(祭需), 제문(祭文)
> ⑧ 산역(山役)
> ⑨ 조의 금품의 수납(收納)
> ⑩ 물품의 구입

(자) 장일(葬日)과 장지(葬地)

　장례(葬禮)는 다른 일과 달리 오래 끌면 시신(屍身)이 상할 염려가 있고, 병원에서 사망했으면 영안실을 빨리 떠나야하기 때문에 서둘러야 한다. 옛날에는 유월장(踰月葬, 踰月而葬-죽은 다음 달에 장사지냄)이나 5일장, 7일장으로 치렀으나, 효심(孝心)과는 관계없이 오늘날에는 여러 가지 사유로 3일장이 일반화 되어 있다.

　장일과 함께 장지를 빨리 결정해야 친척, 친지에게 부고를 할 수 있다. 장지는 선영(先塋-선조의 묘)이 있는 선산(先山)이 있으면 그 곳에 모시고, 선산이 없으면 공동묘지(共同墓地)나 공원묘지(公園墓地)를 택해야한다. 요즘에는 공원묘지에서 석물(石物)까지 시설해주고 평소 관리까지 해주어 편리하나, 가격이나 거리 등 여러 가지 문제가 따르기 때문에 장례지도사를 통해 하는 것이 좋다.

뒤에 형태별 장례법에서 언급하겠지만 인구가 많아지면서 한정된 국토의 산과 들에 묘가 많아 막대한 지장을 초래하니 후손들을 위하여 화장하는 것도 바람직하다.

(차) 부고(訃告)

장일(葬日)과 장지(葬地)가 결정되면, 호상은 주상을 대신하여 친족과 친지에게 신속히 부고를 보낸다. 부고는 전화나 신문 광고를 이용하는 것이 상례이나, 부득이한 경우에는 부고장을 작성하여 직접 보낸다. 부고장은 한문으로 쓰는 것이 통례이나 한글로 쓰도 무방하다.

양식은 일정한 규정이 있는 것이 아니니 경우에 따라 알맞게 쓰되, 6하 원칙에 의한 '누가 어찌하여 언제 사망했는데, 언제 어디서 영결식(永訣式)이 있으며, 장지는 어디이다.'를 표시해야 한다.

사망자가 누구인가를 명시하기 위하여 부고에 자녀의 이름을 쓰기도 하나, 이름 밑에 「在美, 在獨」 등을 부기하여 가세(家勢)를 과시하는 짓을 볼 수 있는데, 흉사(凶事)를 그렇게 이용한다는 것이 염치없는 짓이라고 하나, 상제의 거주지를 알리는 것은 예의이고 그런 면에서 국내에 있는 사람도 「在 釜山, 在 金泉稅務署」등으로 모두 부기해야 할 것이다.

유의할 점으로는 신문의 광고란에 실린 부고를 보면 기관이나 기업체의 임원, 임원의 어머니나 아내, 즉 그 기관과는 아무 관계도 없는 사람이 사망했는데도 여러 개의 기업체, 기관의 이름이 나열되고, 빈소를 조화로 치장하고 영구차가 꽃으로 덮여 보이지 않아, 장례가 마치 축제 분위기 같은데 그러면서도 시신(屍身)은 3일장으로 치러지고 있으니, 효심(孝心)에서 우러나오는 성대한 장례와는 거리가 먼 것 같다.

또 장례는 장례지도사의 지도 조언에 따라 치러지는데도 단체장이나 사회장(社會葬)의 경우 무슨 책무를 분담하기 위해 고문, 위원 등 임원의 수효가 그렇게 많은지 이해가 가지 않는다. 공자의 말씀을 되새겨 볼 필요가 있는 것이다.

사회는 지도층에 의해 개혁되고 발전되는 바, 솔선수범해야 할 위치에 있는 사람들이 허례허식으로 위화감을 조성하고, 민심을 이반하는 상스러운 짓을 자랑삼아 하고 있으니, 사회의 지탄을 받는 것이다.

〈 부고 쓰는 요령 〉

① 호상과 주상과의 관계. 동생뻘이면 「族弟」 손자뻘이면 「族孫」. 남이면 쓰지 않고 바로 ②를 쓴다.
　(부고는 호상이 쓰기 때문임)
② 주상의 이름
③ 주상과 망인과의 관계
　할아버지-「王大人(왕대인)」 할머니-「王大夫人(왕대부인)」 아버지-「大人(대인)」
　어머니-「大夫人(대부인)」 아내-「閤夫人(합부인)」 → 주상이 호상의 손위거나 남일 때 「室人(실인)」 → 주상이 호상의 손아래 사람일 때
④ 망인의 본관 성씨(本官 姓氏). 남자에는 「公」, 여자에는 「氏」를 붙인다.
⑤ 망인의 이름
⑥ 나이 많은 분-「老患(노환)」, 오래도록 앓은 분-「宿患(숙환)」, 뜻밖의 사고-「事故(사고)」, 뜻밖의 병-「急患(급환)」
⑦ 사망일. 시간을 ○시 ○분까지는 적는 예를 볼 수 있으나 불필요한 것으로 시는 12지로 표기하면 된다.
⑧ 사망 장소.(생략해도 된다.)
⑨ 「別世」 대신 「逝去(서거)」, 「殞命(운명)」이라고도 쓴다. 사고나 뜻밖의 병이면 「急死(급사)」, 또는 「寃逝(원서)」
⑩ 인편(人便)-「專人(전인)」, 신문·편지-「玆以(자이)」
⑪ '뒷산 기슭에 있는 선조 묘소 아래'라는 뜻이고, 공원묘지이면 그 이름을 쓴다. 화장(火葬)이면 화장장 이름을 쓴다.
⑫ 주상이 맏아들-「嗣子(사자)」, 맏손자-「承重孫(승중손)」

※ 망인의 가족은 嗣子(사자), 子(자), 孫(손), 弟(제), 壻(서)의 순서로 쓴다. 아들이 두 사람이면 맏아들(주상)은 「嗣子」 둘째는 「次子」로, 아들이 여럿이면 「嗣子」 다음에 「子」하고 둘째부터 차례대로 적는다. 신문에 실린 부고에 「嗣子-맏아들」가 여럿인 경우를 더러 볼 수 있으나, 이것은 잘못 사용한 것이다.

※ 망인이 남자이고 그 부인이 살아 있을 경우, 망인의 가족의 이름을 적으면서 그 부인은 「미망인(未亡人)」이라 쓰는 예를 볼 수 있으나, 이것은 잘못이다. 그 이유는 「未亡人」이란 '아직 죽지 않고 살아있는 사람', '남편이 죽었는데도 따라 죽지 않고 살아있는 여자'라는 뜻으로, 남편을 잃은 여자가 스스로를 낮추어 부르는 말이라. 남(호상)이 그렇게 부를 수 없기 때문이다.

⑬ 호상의 이름 밑에 '올림'의 뜻으로 「上」 또는 「拜上」을 쓴다. 이름도 가족의 이름보다 조금 낮추어 쓰는 것이 좋을 듯하다. 앞에서 설명한 바와 같이 부고는 호상의 이름으로 쓰기 때문이다.

(카) 매장(埋葬), 화장(火葬) 신고(申告)

　매장을 하던 화장을 하던 읍, 면사무소나 주민자치센터에 신고하여, '신고필증'을 받아야 한다. 화장의 경우에는 신고필증이 없으면 화장장(火葬場)에서 받아 주지 않는다.

　신고에 필요한 서류로는, 병·의원(한의원포함)에서 발행하는 '사망진단서' 1통만 있으면 된다.(사망진단서는 여러 통을 발행하는데, 신고에 1통 호적 사망신고에 1통이 쓰이고, 나머지는 직장 등에 제출하거나 보험회사, 보험공단 등에 쓰인다.)

> **시체의 화장신고**
> - 화장신고서에 사망진단서(시체검안서) 또는 읍·면·동장의 확인서를 첨부하여 특별자치도지사·시장·군수·구청장에게 제출한다.
> ※ 사망진단서 또는 시체검안서는 병원에서 발부하며, 사망진단서(시체검안서)를 발부 받을 수 없는 부득이한 경우에만 읍·면·동장의 확인서를 첨부한다.
> - 특별자치도지사·시장·군수·구청장은 신고 증명서 교부
>
> **죽은 태아, 개장유골의 화장신고**
> - 화장신고서를 특별자치도지사·시장·군수·구청장에게 제출한다.
> - 특별자치도지사·시장·군수·구청장은 신고 증명서 교부

2) 습렴(襲殮)

　습렴은 염습(殮襲)이라고도 하며, 습(襲)은 시신(屍身)을 목욕시키고 수의(壽衣)를 입히는 절차를 말하고, 염(殮)은 매장포(埋葬布)로 싸서 입관(入棺)하는 일을 말한다.

옛날에는 운명 당일에 습하고, 그 다음날에 소렴(小殮)하고, 소렴한 다음날에 대렴(大殮)하였으나, 요즈음에는 소렴, 대렴을 사망한 다음날 동시에 행하는 것이 통례이다.

자식 된 자는 마땅히 거룩한 어버이의 시신을 몸소 고이 습렴하여야 하는데도 더럽다고 보지도 않고 남에게 시킨다면 불효막심한 일이라 하겠다. 그러나 전문가의 손이 필요하다면 곁에서 거들며 함께 지켜보는 것도 무방하다.

습렴은 경험 있는 분이나 장례지도사의 지도 아래 자식들이 몸소 하는 것이 좋으나 함께 하는 것 또한 나무랄 일은 아니다.

(가) 목욕(沐浴)

옛날의 목욕은 향나무 삶은 향탕수(香湯水)나 쑥을 삶은 물로 시신을 깨끗이 씻기는데(요즈음에는 '알코올'로 대용하기도 한다), 망인이 남자면 남자가, 여자면 여자가 씻긴다. 단 딸이 없으면 어머니의 시신을 아들이 씻겨도 무방하다.

〈 준비물 〉

- 향탕수 2그릇 – 시신의 위쪽과 아래쪽에 각각 놓고, 윗몸은 위쪽 물로, 아랫몸은 아래쪽 물로 씻는다.
- 새 솜과 새 수건 3장 – 솜은 목욕에 쓰고, 수건은 머리를 닦는 데 1장, 윗몸 아랫몸을 닦는 데 1장씩 쓴다.
- 오낭 5개주머니 – 머리카락, 손톱(왼손, 오른손), 발톱(왼발, 오른발)을 각각 따로 넣는다.
- 댕기, 버드나무 비녀, 빗 – 댕기와 비녀는 여자의 쪽진 머리치장에 쓰고, 빗은 남녀 공히 머리 빗는 데 쓴다.
- 명건(暝巾) – 목욕을 시킨 뒤 얼굴을 가리는 데 쓴다.

목욕 준비가 다 되어 염하는 사람이 손을 깨끗이 씻고 방에 들어가면, 상제를 비롯하여 방안에 있는 사람이 모두 나오거나, 포장을 쳤으면 포장 밖으로 나와 상제는 북쪽을 향하여 서서 곡을 한다.

먼저 시신을 깨끗이 목욕을 시킨 뒤 머리, 윗몸, 아랫몸을 각각 다른 수건으로 닦고, 여자의 쪽진 머리는 댕기와 버드나무 비녀로 쪽진 뒤, 얼굴에 멱건을 씌우고 시신을 홑이불로 덮는다.

손톱과 발톱을 깎아 왼쪽 오른쪽으로 구별하여 각각 따로 네 개의 주머니에 넣고, 목욕과 빗질에 빠진 머리카락을 모아 나머지 주머니에 넣으며, 빠진 이가 있으면 이것도 주머니에 넣는다. 이 다섯 개의 주머니는 입관(入棺) 때 시신과 함께 곽에 넣는데, 머리카락 주머니는 머리 위치에, 왼 발톱 주머니는 왼발 옆에 각각 위치를 구별하여 넣으니, 주머니마다 표시를 해두어야 한다.

목욕 때 쓴 물은 땅에 구덩이를 파서 버리고, 수선은 망인이 입었던 옷과 함께 태운다.

(나) 수의(壽衣·襚衣)

수의는 집안에 나이가 많거나 오래도록 병을 앓아 회생(回生)하기 힘든 분이 있으면, 윤년이나 윤달을 택해 경험 있는 분을 초청하여 집안에서 만들거나, 전문가에게 의뢰하여 미리 지어 놓는 것이 좋다. 미리 준비가 되어 있지 않으면 사망 즉시 준비해야 한다.

수의는 비단이나 삼베 등 자연섬유로 짓고, 색깔은 대개 흰색으로 하나 가풍 또는 본인의 희망에 따라 산 사람이 입는 고운 색깔로 짓기도 한다. 수의는 보통 겹으로 지으며 산 사람의 옷보다 훨씬 커야 한다. 크게 만드는 이유는 습렴하기에 편리하고 시신을 풍성하게 감싸줄 수 있기 때문이다. 수의는 바느질할 때 실의 매듭을 짓지 아니한다.
수의의 명칭은 다음과 같다.

〈남자의 수의〉

- 바지, 저고리, 두루마기, 심의(深衣-도포), 속바지, 속적삼
- 버선, 대님, 요대(腰帶-허리띠), 조대(條帶), 대대(大帶), 행전(行纏), 토수(吐手), 베개, 신
- 복건(幅巾 – 머리를 싸서 덮는 것)
- 두건(頭巾 – 머리에 씌우는 것)
- 망건(網巾 – 머리카락을 싸는 것)
- 명목(瞑目 – 얼굴을 가리는 것)
- 악수(握手 – 손을 가리는 것)
- 소렴금(小殮衾), 대렴금(大殮衾) – 시신을 싸는 이불
- 천금(天衾), 지금(地衾) – 시신에 깔고 덮는 이불
- 속포(束布 – 시신을 묶는 한지나 삼베 끈)
- 함영(턱받이), 충이(充耳 – 솜으로 만든 대추씨 모양의 귀마개)
- 오낭(손톱, 발톱, 머리카락을 넣는 다섯 개의 주머니)

〈여자의 수의〉

- 바지, 저고리, 적삼, 치마, 속속곳, 단속곳, 원삼(圓衫)
- 버선, 조대, 대대, 베개, 신
- 엄(掩 – 머리를 가리는 것), 명목, 악수, 오낭, 충이
- 소렴금, 대렴금, 천금, 지금, 함영, 속포

(다) 습(襲)

- 자리를 깔고, 맨 먼저 심의를 구겨지지 않게 펴놓고, 그 위에 두루마기, 저고리, 속적삼의 순으로 놓아 소매를 끼워둔다.(한꺼번에 입힐 수 있도록)
- 바지에 속바지를 끼워 시신의 발로부터 조심스레 끌어 올려 입힌다.
- 버선을 신기고, 대님을 매고, 행전을 치고, 허리띠를 맨다.
- 윗옷 끼운 것을 시신 옆에 펴놓고, 시신을 양쪽에서 여러 사람이 부축하여 옷 위로 모시는데, 옷을 입히기 편리하도록 옷이 시신보다 훨씬 올라오게 한다.
- 윗옷 양쪽 소매를 한 사람씩 잡고, 다른 한 사람이 시신의 상체를 일으키면, 또 다른 한 사람이 옷을 구기지 않도록 잡아당기고 하여, 네 사람이 협력해서 옷을 입힌다.
- 옷섶을 산 사람과 반대로 여며두되 옷고름은 매지 않는다.

- 홑이불을 덮고 전을 올린다. 습하는 사이에도 상제는 계속 곡을 한다. 이 때 곡을 하는 자리를 정하여 부복하여 곡한다하여 위위곡이라 한다.

(라) 설전(設奠)

설전은 상을 당하고 처음 올리는 전(奠)으로, 주(酒), 과(果), 포(脯), 혜(醯-식혜·단술) 등을 올린다.
제상을 시신의 동쪽에 놓고, 집사가 술을 술잔에 따라 시신의 어깨 부근에 놓으면, 주상이 곡을 하고 반함(飯含)을 한다.

(마) 반함(飯含)

반함이란 저승으로 가져가는 양식과 노자로 고인의 입 안에 쌀과 구슬(동전)을 물려주는 것을 말한다. 주상이 곡을 하며 금, 은, 진주나 무공주(無孔珠-구멍이 뚫리지 않는 구슬) 세 개를 담은 그릇과, 깨끗이 씻은 생쌀 반 숟가락 정도를 담은 그릇, 그리고 버드나무 숟가락을 가지고 빈소에 들어간다. 시신의 서쪽 발치에서 어깨 쪽으로 올라가서 동쪽을 향하여 앉는다.

홑이불과 목욕 후에 덮은 명건(暝巾)을 걷어 올린다, 버드나무 숟가락으로 쌀을 떠서 시신의 입 오른쪽에 넣고 '백석이요'라고 외친다. 연이어 구슬 한 개 넣고 '백 냥이요'라고 외친다. 같은 요령으로 왼쪽에 넣고 '천석이요', '천 냥이요'를 끝으로 가운데 넣고 '만석이요', '만 냥이요'라고 외친다. 금, 은, 진주나 무공주가 없으면 동전을 사용한다.
반함이 끝나면 상주는 좌단한 소매를 바로 고쳐 입는다.

(바) 습(襲)의 마무리

고인이 여자이면 목욕시키고 옷을 입히는 일은 여자가 하나 습의 마무리와 염은 남자가 한다.

- 명건(瞑巾)을 치우고, 남자는 망건(網巾)과 복건(幅巾)을 씌운다.
- 충이(充耳)로 귀를 막고, 명목(瞑目)으로 얼굴을 씌우며, 악수(握手)를 채우고 신을 신긴다.
- 여자는 엄(掩)을 씌우되, 전폭으로 머리를 싸고, 뒤에 있는 두 끈을 앞으로 돌려 턱 아래에 매고, 앞에 있는 두 끈은 뒤로 돌려 목 가운데 맨다.
- 심의(深衣)와 두루마기를 오른쪽으로 여미고, 대대(大帶)로 둘러 동심결(同心結)로 묶는다.
- 시신을 홑이불로 덮어 시상(屍床)에 모신다.

(사) 소렴(小殮)

둘째 날 즉, 사망한 다음날 행하는 것으로 염을 하는 사람은 손을 깨끗이 씻고 들어가

- 자리를 펴고, 자리 위에 이불을 깔고, 그 위에 소렴금을 펴는데, 가로 폭을 먼저 놓고, 그 위에 세로 폭을 놓는다.
- 시신을 여러 사람이 양쪽에서 부축하여 소렴금 위에 바로 모시고, 옷가지, 솜, 백지에 싼 황토 등으로 턱 밑, 발목 등을 보공(補空-빈자리 메우기)하고, 보공한 것이 흩어지지 않도록 천으로 싸맨다.
- 소렴금을 묶는데, 먼저 가로 폭을 아래로부터 올라가며 단단히 묶고, 다음에 세로 폭을 졸라맨다.

(아) 대렴(大殮)

소렴한 다음날 사망한지 셋째 날에 행하는 것으로 소렴 때와 같은 요령으로

- 자리를 펴고, 이불을 깔고 대렴금을 펴는데, 가로 폭을 먼저 다음에 세로 폭을 놓는다.
- 시신을 여러 사람이 양쪽에서 부축하여 대렴금 위에 바른 자세로 모시고, 옷가지 등으로 다시 시신을 보공(補空)한다.
- 대렴금을 묶는데, 먼저 가로 폭을 아래로부터 올라가며 단단히 묶고, 다음에 세로 폭으

로 졸라맨다. 묶은 끈은 웅치지 않고 여며서 끼운다.

(자) 입관(入棺)

대렴이 끝나면 곧 입관(入棺)을 하는데, 옛날에는 출회(秫灰)라 하여 관 바닥에 차조의 짚을 태운 재를 깔고 칠성판(七星板-북두칠성 모양으로 일곱 개의 구멍을 뚫은 판자)을 놓았으나, 요즘에는 시즙(屍汁)이 흘러나오지도 않도록 양초나 파라핀을 녹여 관의 이음새와 옹이를 때우고, 칠성판 없이 백지를 깔고 바로 입관하는 것이 통례이다.

- 관 뚜껑의 한쪽에 '위(上)'라고 쓰고, 시신의 머리가 위로 가게 입관한다.
- 관에 지금(地衾)을 깔고, 시신을 기울어지지 않도록 바르게 안치하고, 손톱, 발톱, 머리카락을 넣은 조랑을 각각 손, 발, 머리의 위치에 좌우를 구별하여 놓고, 고인의 옷가지나 종이로 보공하고 천금(天衾)을 덮고, 부녀자를 내보낸 다음 천개(天蓋-관의 뚜껑)를 덮고, 나무못을 박는다.
- 관을 안치할 자리에 새끼를 여러 벌 하여 매끼를 놓고, 그 위에 짚 거적을 놓고 기름종이나 비닐을 깐 다음 관을 그 위로 옮긴 후 기름종이로 싼 뒤 거적을 덮고, 관이 터지는 것을 막기 위해 새끼 매끼로 단단히 묶는다.
- 관을 병원의 영안실에 안치할 때에는, 냉장실(냉동실)이라 시즙이 흐르지 않기 때문에, 입관이 끝나면 관포(棺布)로 관을 싸고 결관바(結棺索, 結棺布-관이 터지는 것을 막고, 운구할 때 잡기 위하여 겉에 묶는바 또는 천)로 묶어, 냉장실(냉동실)에 도로 모신다.

(차) 문상(聞喪)/분상(奔喪)

문상은 멀리서 상을 듣고 의례를 행하는 것이고 분상은 상을 듣고 장사를 지내러 집으로 달려가는 것을 말한다. 부음(訃音-작고의 소식)을 들은 즉시 곡하고, 인편으로 부고가 왔으면 사자(使者)에게 전할 뒤, 한복이면 흰옷으로 양복이면 검정색으로 갈아입고, 즉시 집으로 돌아와 상복을 입고, 시신 앞에 나아가 곡한다.

집에 도착하였을 때 이미 장례를 치렀으면, 상복으로 갈아입고 묘소로 가서 곡하고 절하며, 집에 와서도 영좌 앞에서 곡하고 절하며 만일 장례에 갈 수 없는 처지이면, 있는 곳에 영위(靈位)를 만들고, 성복하여 곡하고 절한다. 그러나 제물을 차리지 않는다.

㈎ 전(奠)과 상식(上食)

상중(喪中)에는 아침, 저녁으로 전(朝夕奠)을 올리고 상식(上食)을 올리며, 초하루와 보름에는 아침에 삭망전(朔望奠)을 올린다. 단 초우를 마친 뒤에는 우제와 삭망 이외는 조석의 전은 올리지 않고 상식만 올린다. 조석전은 혼백을 모시고 주·과·포(酒果脯)를 진설하여 분향 재배하고 곡한 뒤, 술잔만 내리고 상식을 올린다.

소렴한 이후 조석전을 올리고, 대렴 이후는 조석곡을 하며, 성복한 날부터 대상(大祥)이 끝날 때까지 조석상식을 생시와 같이 올리고, 소상(小祥)후에는 조석곡을 하지 않는다.

㈏ 조상(弔喪, 弔問)

조상은 상제들이 성복(成服)한 후에 하는 것이 원칙이나, 가까운 친척이나 친지 사이에는 성복까지 기다릴 수 없으니, 부음(訃音)을 듣는 즉시 상가에 가서 빈소(殯所)에는 절하지 않고 상제에게만 인사한다. 조객(弔客)의 옷차림은 화려한 것을 피한다.

성복 후에 조상할 때에는, 조객은 먼저 고인의 영좌 앞에 나아가 곡하고 재배(再拜)한 뒤, 상제와 마주 보고 곡하고 절한다. 조객이 제물을 마련하였으면, 먼저 영좌 앞에 나아가 곡하고 재배한 뒤, 제물을 진설하고 분향하고 잔을 올리고 제문을 읽고 난 다음 또 곡하고 재배한다.

돌아가신 분이 생시에 면식(面識)이 없거나 여자인 경우에는, 빈소에 들어가서 절하지 않고 상제에게 인사만 한다. 그러나 망인이 상제의 할머니거나 어머니로서 나이가 많으면, 내외(內外)하지 않고 영좌 앞에 곡하고 재배한다. 조객이 여자이면 여상제가 조객을 맞는 것이 원칙이다.

조객과 상제간의 절은 살아있는 사람 사이의 인사이므로, 위아래의 신분 관계를 구분하여, 조객이 상제의 손아랫사람이면 조객이 먼저 절하고, 조객이 상제의 손윗사람일 경우에는 상제가 먼저 절해야 한다.

곡은 상제는 '아이고, 아이고' 또는 '애고, 애고(哀告)'라 하고 조객은 '허희, 허희(歔欷)' 또는 '어이, 어이'한다.

조객과 상제가 인사를 나눈 때에는, 조객은 위로의 말을 하고 상제는 '망극하다. 부끄럽다.' 등의 인사말을 하며, 하객이 자리를 뜰 때에는 일어서서 절한다.

상제는 빈소를 떠나서는 아니 된다. 부득이 자리를 떠야 할 경우에는 조객이 없는 틈을 이용하고 교대로 뜬다. 조객이 상사이거나 아주 친한 사이라 하더라도, 빈소를 떠나서 조객과 술잔을 나누는 등의 행동은 삼가야 한다.

〈조의문구〉	
근조(謹弔)	향촉대(香燭代)
조의(弔儀)	비의(菲儀)

장례가 끝나면 상제는 호상을 비롯하여 치상을 직접 도와준 분을 초대하거나 찾아뵙고 인사드린다. 그 외 조객에게는 인사장(人事狀)을 보내는 것이 예이다.

〈 인사장(人事狀) 예문 〉

人事말씀

이번 저의 先親 喪禮에 공사다망하심에도 불구하시고 弔意를 베풀어 주시어 여러모로 衷心으로 感謝드립니다. 일일이 찾아뵙고 謝意를 표하는 것이 道理이오나 慌忙中이라 우선 書面으로 人事를 올리오니 혜량바랍니다.

　　　　　　　　○年○月日

　　　　　哀子 李 相 浩
　　　　　　　　　　　　相 守 謹拜

※ 영좌(靈座)

입관이 끝나면 관을 관포(棺布-관 위에 덮는 천)로 덮고 병풍으로 가리고, 교의(交椅·靈座)에 사진이나 혼백(魂帛)을 모시고, 그 앞에 제상(祭床)과 향탁(香卓)을 놓고, 그 위에 향로(香爐)·향합(香盒)·모사(茅沙)그릇·촛대(燭臺) 한 쌍과 고인이 생시에 쓰던 물건 등을 놓는다.

※ 명정(銘旌)

명정은 진홍색의 비단이나 명주의 온 폭을 160~200cm의 길이로 하여, 백분(白粉)에 아교(阿膠)를 섞어 쓴다. 서식은 관직이 있으면 관직을 쓰고, 관직이 없으면 남자는 「學生(處士) 密陽朴公之 柩」, 여자는 「孺人 金海金氏之 柩」라 쓰고 있으나, '正·從 ○品'하는 관직 제도가 없어진 지 오래된 오늘날 아직도 고려(高麗)·조선(朝鮮)시대에 쓰던 어구를 쓴다는 것은 우스꽝스러운 일이니, 「學生(處士)·孺人」하는 어구를 빼고, 남자는 「密陽朴公 喆守之 柩」 여자는

「金海金氏 惠英之 柩」하여 남자에게는 「公」 여자에게는 「氏」를 붙이고, 남녀 공히 고인의 이름을 쓰는 것이 좋을 듯하다.

운구(運柩)를 상여(喪輿)로 할 경우에는 명정을 아래 위에 나무를 끼워 고정시키고, 긴 대나무에 매달아 상여 앞에 들고 가나, 차로 운구할 때에는 관위에 덮어 운구한다.

※ 혼백(魂帛)

혼백은 깨끗한 삼베 또는 백지를 접어서 다섯 가지 색의 실로 만든 동심결(同心結)을 끼워서 혼백 함에 넣어 빈소(殯所)에 모셨다가 대상(大祥)이 지난 후에 묘소에 묻는데 요즈음에는 사진으로 혼백에 대신하기도 한다.

※ 지석(誌石)

지석은 윗돌과 아랫돌로 되어 있는데 윗돌에는 「○○之 墓」 아랫돌에는 「주소·성명·출생일·사망일·경력·배우자·자녀」등 인적 사항을 기재하여 철사 등으로 동여매어 하관 때 묻는다. 지석의 대용으로 사발 모양의 오지그릇을 쓰기도 한다.

※ 공포(功布)

공포는 발인(發靷)할 때 긴 대나무에 매달아 명정과 함께 상여에 앞서 들고 가며, 길의 높고 낮음과 좌우로 꺾임을 알리는 것으로, 삼베로 길이 3자 정도로 만들며, 하관(下棺-관을 묻음)할 때 관을 닦는 데도 쓴다.

※ 만장(輓章)

만장은 만사(輓詞)라고도 하여, 망인의 죽음을 애도하여 친지가 써 보내는 것으로, 긴 막대에 매달아 명정 뒤를 따르나, 요즘에는 차츰 사라져가고 있다.

나. 불교 장례의식

불교의 장례인 다비(茶毘)에 관해서는 부처님의 열반에 관하여 비교적 상세하게 기술 되어 있다. 부처님의 죽음에 관하여 그 죽음을 열반, 입적, 적멸, 원적 등으로 칭하는데 이것은 모든 스님의 죽음에도 같이 표현되어 진다. 그런 면에서 불교에서는 장례식을 다비식(茶毘)이라고 하는데 '다비'란 불에 태운다는 뜻으로 화장을 일컫는 뜻으로 동일한 의미를 지닌다.

다비식은 불교의 의례 규범인 '석문의범(釋門儀範)'에서 설명하고 있지만 그리 자세하지는 않고 다만 추도의식의 순서만 그에 따라 장례의식을 거행한다.

임종에서부터 입관까지의 절차는 일반 장례식과 거의 비슷하지만 영결식만은 다비에 의한 순서로 한다. 여기서 불교의 장례절차가 일반 장례와 유사한 것은 아마도 불교의 장례가 유교의 장례와 복합되어 일반인들에게도 크게 거부감 없이 받아들여 진점이 있지 않나 여겨진다.

✱ 불교의 장례 순서는 다음과 같다.

1) 불교식 상례

(가) 수시

임종이 확인되면 배설물을 치우고 몸을 깨끗이 씻긴 후 깨끗한 옷으로 갈아입힌 후 시신을 백지나 베로 가지런하게 거두는 데 머리는 동쪽으로 두는 것이 일반적이나 불교에서는 서방정토 아미타신앙에 따라 서쪽으로 둔다.

(나) 염습

시신을 목욕시키고 수의를 입혀 입관하는 과정으로 운명 후 24시간이 경과한 후에 한다. 염습 때 입히는 수의는 유교식의 삼베옷이나 명주옷보다 새로운 천으로 대체하는데 이것은 유교식의 수의는 매장할 경우를 대비하여 오래 동안 보존이 가능한 것을 사용하지만 불교식은 화장할 경우를 생각하여야 한다.

화장 시 화학섬유나 비단 같은 것은 불이 탈 때 유독성을 뿜으므로 좋지 못하므로 가능하면 면 종류가 적합하다. 염습할 경우에도 시신을 너무 속박할 필요는 없으며, 편안하고 자연스럽게 모시는데 이것은 불교에서는 몸과 마음을 속박하는 것에서 벗어나야 하므로 가능하다면 수의를 입힌 후 시신에 대해서는 일체의 속박을 가하지 않는 것이다.
관의 경우도 매장에는 좋은 것이 필요할지 모르나 화장에는 경제적인 면을 고려하여 몇 시간 후면 모든 것이 재로 변하고 가능한 화장에 장애가 되지 않아야 하므로 최소의 경기가 드는 것으로 준비해도 무방하다.

대렴 때는 장례지도사가 염을 진행하는 동안에 법주는 염불을 하면서 향탕수를 뿌려준다. 진행과정은 시신을 씻어주는 목욕, 세수, 세족, 속옷을 입히는 착군, 겉옷을 입히는 착의, 모자를 씌우는 착관, 시신을 편안히 모시는 정와, 관에 모시는 입관 등으로 이점은 다른 종교에서는 볼 수 없는 특별한 의식이다.

(다) 성복제

입관이 끝나면 상주들이 상복을 입고 자손이 상주가 되었음을 고하며 올리는 첫제사이다. 입관 후 영전이 모셔진 곳으로 와서 제물을 올리고 상주들은 상복을 갈아입고 시작한다.

이때부터 망자로서의 예를 갖춘다. 유교에서는 성복제 이전에는 상주가 손님들에게 절을 하거나 음식을 전하지 않고 곡도 하지 않는 것이 상례이지만, 불교에서는 이전이라도 상복을 갖추어 입고 손님을 맞이할 수 있다.

(라) 상식

유교식 정례법에서 유래된 의식으로 성복제 후부터 발인 전까지 아침, 저녁으로 올리는 때 망자의 식사로 일반 유교 상례와 동일하다.

(마) 발인제

발인제는 발인하기 전에 제물을 진설하고 분향재배하는 것으로 고인이 빈소를 떠나 운구하려고 할 때 관 앞에서 거행하는 의식을 말한다. 영안실에서 할 경우에는 영전 앞에서 진행할 수도 있으며, 영결식이 끝난 뒤에 할 수도 있다.

특별히 영결식이 없을 경우에는 발인 후 바로 영구차에 의해 운구가 된다. 관을 운구할 때는 선두에 법주가 인도하며 스님들 뒤에 상주가 위패를 모시고 다음으로 영전사진을 모시며, 그 뒤에 관을 모시고 발인제를 지내는 것이 일반적이지만, 영결식이 있으면 별도로 병풍 뒤에 관을 모시고 실시한다.

(바) 영결식

망자를 전송하는 의식으로 발인식(發靷式)이라고도 한다. 임시로 불단을 만들고 제물을 정돈한 뒤 영안실에 모셨던 영구를 모시고 나와 제단 앞에 모신다. 법주가 12불을 외우면서 극락세계 아미타불과 좌우부처 관음, 세지, 대성인로왕보살들께 예불을 하고 제문을 낭독한다.

다장엄(茶莊嚴), 미장엄(米莊嚴)을 통하여 영가와 고혼들께 올린다.

법문을 고인에게 들려준다.
다음으로 대중이 다 함께 반야심경(般若心經)을 독송한 후 추도문을 낭독하고 동참자들이 순서대로 소향한다.

　소향은 먼저 상제부터 하며 가까운 일가친척과 친지 순으로 하고 꼭 잔을 올려야 할 분이 있으면 올리기도 한다.

　그런데 요즘의 장례식은 개식. 삼귀의례. 약력보고. 착어. 청혼. 소향. 헌다. 헌화. 독경. 추도의 노래. 발원문 낭독. 사홍서원의 순서로 하기도 한다.

2) 영결식(다비식)순서

일반적인 순서는 다음과 같다.

(가) 개식 : 호상이 맡아서 한다.

(나) 삼귀의례(三歸依禮) : 불(佛寶), 법(法寶), 승(僧寶)의 삼보에 돌아가 의지한다는 의식을 주례승이 행한다.

(다) 약력보고 : 고인과 가까운 친지나 친구가 고인을 추모하는 뜻에서 고인의 약력을 간단히 소개한다.

(라) 착어(着語) : 고인을 위해 주례승이 부처님의 가르침을 설법하며 이법문은 참여자들에게도 들려주는 이중적 효과를 가진다.

(마) 창혼(唱魂) : 극락세계에 가서 편안히 잠들라는 것으로 주례승이 요령(瑤領)을 흔들며 고인의 혼을 부른다.

(바) 헌화(獻花) : 친지대표가 고인의 영전에 꽃을 바치며 사전에 모든 치장을 끝내기도 한다.

(사) 독경(讀經) : 주례승과 모든 참례자가 고인의 혼을 안정시키고 생전의 모든 관계를 청산하고 부처님의 세계에 고이 잠들라는 경문을 소리 내어 읽는다.

(아) 추도사(追悼辭) : 초상에는 조사(弔詞)라고 하며 일반에서 행하는 의식과 같다.

(자) 소향(燒香) : 모든 참례자들이 향을 태우며 고인의 명복을 빈다.

(차) 사홍서원(四弘誓願) : 주례승이 실시하며 다음과 같은 내용으로 한다. 중생무변서원도(衆生無邊誓願度) 번뇌무진서원단(煩惱無盡誓願斷) 법문무량서원학(法門無量誓願學) 불도무상서원성(佛道無上誓願成)

(카) 폐식 : 영결식의 모든 절차가 끝났음을 선언한다. 이런 순서로 영결식을 거행한 후 장지로 가는데 불교에서는 화장을 한다. 화장할 때 시신을 분구(焚口)에 넣고 끝날 때 까지 염불을 그치지 않으며 다 타면 흰 창호지에 유골을 받아서 상제에게 주어 쇄골(碎骨)한 다음 법주가 있는 절에 봉안하고 제사를 지낸다. 봉안한 절에서 49재와 백일제를 지내고 3년 제사를 모신다. 3년 제사가 끝나면 봉안도의 사진을 떼어 가는데 이것은 전통 상례에서 궤연을 철거하는 것과 같은 의미이다.

불교식 상례가 일반 장례의식과 확연한 차이가 나는 것은 일체 고기류와 생선류를 사용하지 않으며 술 대신 정수(청수)를 사용한다는 점이다. 이것은 대단히 깊은 의미를 지니는 것으로 생명을 마치는 의식에 다른 생명을 해쳐 의식을 치르는 것을 경계한 것으로 모든 상례에서 본받을 만하다.

다. 개신교 장례의식

개신교의 상례는 사람이 운명한 후 시신의 수시(收屍)로부터 하관에 이르기까지의 모든 의식과 절차가 목사의 단독 집례(執禮)하에 이루어지며 운명과 더불어 찬송과 기도로 고인의 영혼을 하나님께 맡긴다는 뜻의 예배를 드린다.

초종 중에는 매일 기도회를 갖고 유가족은 빈소에서 찬송이 끊이지 않게 하여 영혼을 하나님 앞으로 보다 가까이 가게 하는 의식을 드린다.

기독교식 상례가 일반 상례와 확연히 다른 점은 곡을 하지 않고 음식(고인)도 차리지 않으며 절도 하지 않는다는 것이다, 또 조석으로 전을 오리거나 상식을 올리지 않으며 염습할 때 매장포로 묶지도 않는다는 점에서는 일반 상례와는 많은 차이가 있다.

장례식 전날 염습을 마치고 입관 예배를 드리며 이때는 반드시 목사가 참석하여 예배를 본다. 염습 등도 교우들이 하였으나 근래에는 장례식장 전문인에게 맡기는 추세다.

장례식은 영구를 교회 안에 안치하여 교회에서 하는 경우도 있고 영구는 교회 밖의 영구차에 두고 상주들만 교회에서 집전 의례를 하는 경우도 있으나 상가(喪家)에서 간단히 하거나 장례식장에서 치르는 경우도 많다.

1) 영결식의 예배순서

(가) 개식사(開式辭) : 주례 목사의 개식사

(나) 찬송(讚頌) : 주례 목사가 선택하여 부르게 한다.

(다) 기도(祈禱) : 고인의 명복을 빌며 유족들을 위로하는 내용의 기도를 한다.

(라) 성경봉독(聖經奉讀) : 보통 고린도후서 5장 1절이나 디모데전서 6장 7절 말씀을 낭독한다.

(마) 시편낭독(詩篇朗讀) : 시편 90편을 낭독한다.

(바) 신약낭독(新約朗讀) : 요한복음 14장 1절부터 3절이나 데살로니가 전서 4장 13절부터 18절 말씀을 낭독한다.

(사) 기도(祈禱) : 주례목사가 집도하며 이 때 까지는 목사 단독으로 집전한다.

(아) 고인의 약력소개 : 고인의 생전의 약력을 주례 목사가 소개한다.

(자) 주기도문(主祈禱文) : 주님이 가르쳐준 기도라 하여 식장에 참석한 모든 사람들이 다 같이 한다.

(차) 찬송(讚頌) : 식장에 참석한 모든 사람들이 다 같이 한다.

(카) 헌화(獻花) : 고인의 명복을 빌며 영전에 바친다.

(타) 출관(出棺)

2) 하관식의 예배순서

(가) 개식사 : 주례목사가 집도한다.

(나) 기원 : 영광의 나라 하나님의 품으로 가기를 기원한다.

(다) 찬송 : 식장에 참석한 모든 사람들이 다 같이 한다.

(라) 기도 : 주례 목사가 집도한다.

(마) 성경봉독 : 고린도전서 15장 51절부터 58절까지 낭독한다.

(바) 기도 : 고인의 명복을 비는 기도를 주례목사가 한다.

(사) 신앙고백 : 식장에 참석한 모든 사람들이 다 같이 한다.

(아) 취토 : 상제들이 봉분 전에 흙 한줌씩을 관위에 뿌린다.

(자) 축도 : 주례목사가 축복기도를 한다.

라. 천주교 장례의식

생전에 영세를 받은 사람은 "성교예규(聖敎例規) - 가톨릭의 관례로 되어 있는 규칙"에 의하여 장례를 치른다. 천주교에서는 우리나라 풍습과 상례의식을 존중하여 병행하기도 하는데 이것은 현지 관습을 존중하는 것이 라고 볼 수 있다.

1) 천주교 장례순서

(가) 종부성사(終傅聖事) : 마지막 숨을 거둘 때 행하는 성사를 종부라고 하며 의식이 있을 때 신부를 청하여 종부성사를 받는 데 오늘날에는 명칭이 바뀌어 병자성사(病者聖事)라고 한다. 그러나 종부성사든 병자성사던가를 막론하고 의식에 집착하여 생을 마감하는 사람에게 고통을 주어서는 안 된다는 점이다. 이 의식을 행하기 전 가족들은 환자의 옷을 깨끗하게 갈아입히고 성유(聖油)를 바를 곳 즉 얼굴과 눈, 코, 입, 손바닥, 발바닥 등을 씻어 준다. 또한 상위에 흰 천이나 백지를 깔고 그 위에 십자고상(十字苦像)과 촛대, 성수그릇, 성수 채, 작은 그릇 등을 준비한다. 신부가 도착하면 상위의 촛대에 불을 밝힌 다음 신부와 환자만 남기고 다른 사람들은 모두 물러나는데 이는 고해성사가 있기 때문이다. 고해성사가 끝나면 노자성체(路資聖體), 종부성사, 임종 전 대사의 순서로 진행한다.

※ **종부성사(終傅聖事)** : 가톨릭의 칠성사(七聖事)의 하나, 중병을 앓거나 고령으로 인하여 죽을 위험에 처해 있는 신자가 받는다.

(나) 임종 전 대사 : 종부성사는 신부가 없이 운명했을 때에도 받을 수 있는데, 이때에는 주위에 있는 사람들이 환자를 위로하고 격려하는 말을 해주고 성서(聖書) 가운데 거룩한 구절을 골라 읽어 준다.

(다) 운명(運命) : 환자가 숨을 거둘 때에는 성촉(聖燭)에 불을 켜는데, 성촉이란 성랍(聖蠟)으로서 신성한 용도로 쓰기 위해 보통의 것과 구별하여 말한 초를 뜻한다. 다음에는 임종경(臨終經)이나 성모덕기도문, 매괴경을 읽으며 기도문은 숨을 거둔 다음에도 얼마동안 계속해서 읽는다.

(라) 초상(初喪) : 임종 후에는 깨끗한 옷으로 갈아입히고 얼굴을 쓰다듬어 눈과 입을 다물게 하고 손과 발이 굳기 전에 가지런히 해준다. 이때 두 손은 합장 시켜 십자고상(十字苦像)을 잡고 있게 한다. 시신의 머리맡 상위에는 십자고상(십자가에 못 박힌 예수 그리스도의 수난을 묘사한 상)을 모시고 양쪽에 촛불을 켠 다음 성수그릇과 성수를 놓는데 입관할 때까지 이런 상태를 계속 유지하며 가족들은 그 옆에 꿇어 앉아 위령기도(慰靈祈禱)를 올린다.

(마) 위령미사 : 연옥(煉獄)에 잇는 사람을 위해 천주께 드리는 제사로서 연미사의 바뀐 말이다. 신도가 숨을 거두면 이 사실을 바로 본당신부(本堂神父)에게 알리는 동시에 곧 미사예물을 전하고 미사를 청한다. 그리고 장례날짜와 미사시간을 신부와 상의하여 정한다.

※ **연미사** : 세상에서 지은 죄로 천국에 바로 들지 못할 때, 불에 의해서 그 죄를 정화(淨化)하는 곳에 있는 사람을 위한 미사.

(바) 염습(殮襲)과 입관(入棺) : 천주교에서는 신자의 가족이면 부탁을 하지 않아도 염습에 경험이 있는 사람이 와서 고인의 시신을 알코올로 깨끗이 닦고 수의를 입힌 다음에 입관해주는데 이러한 관습은 타 종교에서 본받을 만하다.

(사) 장례식(葬禮式) : 장례 일에는 관을 성당으로 옮겨 위령미사와 사도예절(赦禱禮節:고별식)을 행하며 입관 및 출관과 하관은 성교예규(聖敎例規)에 따라 거행하고 화장을 할 수 있다.

(아) 하관(下棺) : 장지에 다다르면 묘지축성 기도를 올리고 영구와 천광에 성수를 뿌린 다음에 하관기도를 하고 하관 한다.

(자) 소기(小朞)와 대기(大朞) : 장례 후 3일, 7일, 30일에는 연미사를 드리고 소기(小朞)·대기(大朞) 때에도 연미사와 가족의 고해, 영서에를 실행한다. 천주교에서는 재래식 상례 중에서 신앙의 본질에 어긋나지 않는 범위 내에서 간소한 음식을 대접하거나 수시로 묘소에 찾아가 잔디를 입히거나 성묘하는 것 등은 금하지 않으므로 일반 장례에 준하는 의식을 함께 병행하고 있다.

※ 영성체(領聖體) : 성체(聖體)를 영(領)하는 일.

마. 원불교 장례의식

사망(열반) 후 약 1시간이 경과하면 상주를 비롯한 관계인 등이 일제히 모여 1분간 좌종이나 요령을 울린 후 아래 순서에 의하여 영결식을 거행한다.

1) 원불교식 상례

(가) 개식-(나) 입정-(다) 심고-(라) 주 3편-(마) 천도 법문-(바) 독경(서원문·심경)-
(사) 염불(5분 내지 10분간)-(아) 폐식

2) 상례 내용

(가) 열반식심고(涅槃式心告)

발인식(發靷式), 초재(初齋), 칠재(七齋), 종재(終齋)에 통용(通用)하며 정해진 형식을 따라한다.

(나) 성주(聖呪)

부고와 조장 등은 신구간 처지에 적당한 문례(文例)를 선택하며 상가에서 불을 피우고 달야(焚薪達夜)하는 구습은 가급적 삼가고, 등촉(燈燭)을 가옥 주위에 밝힌다.

상가에서 머리를 풀고(散髮) 옷을 엇매고(袒衣) 발을 벗는(跣足)등 구습은 삼가고, 교회장이나 기타 공적인 장례에 해당하는 상사(喪事)인 때에는 해당 장의위원회의 지시에 따라 그 절차를 존중히 밟아야 한다.

3) 조위(弔慰)하는 법

종교에 관계없이 조위 법은 거의 대동소이 하다고 보면 된다.

상가(喪家)에 도착하면, 먼저 호상소의 안내를 얻어, 영위(靈位)와 상주 있는 곳에 조문한 후, 다시 호상소에 나와서 조객록 기록과 부의를 하며, 만일 의식을 집행중일 때에는 폐식 후에 조문한다. 조객록의 기록은 조문 전·후 적당한 시기에 실시하여도 무방하다.

4) 입관(入棺) 및 입관식

입관은 수의(壽衣)와 관(棺)이 준비되는 대로 하되, 착의(着衣)하기 전에 시체를 정결히 하고, 착의한 다음 시체를 묶는 구습은 삼가며, 수의는 굳이 고급류로 새로 제조할 것이 아니라, 당인의 의복 가운데 정결한 것을 선택하여 착의하되, 생전의 예복이나 출타시의 복식과 같이 하여 입관식을 거행한다.

〈 입관식 순서 〉

① 개식
② 입정
③ 심고
④ 헌배
⑤ 성주
⑥ 천도법문
⑦ 독경(일원상 서원문, 반야심경)
⑧ 염불(5분내지 10분간)
⑨ 폐식

폐식 후에는 열반표기를 영구실 앞에 걸었다가, 운상할 때에 장렬의 선두에 행진하게 하며, 장례 후에는 영위 봉안소 앞에 걸었다가 종재 후 거두되, 종사·대봉도·대호법·대희사 등 법훈인의 열반표기에는 법호·법훈 만 표기한다.

바. 천도교 장례의식

교조(教祖) 최제우(崔濟愚)에 의해서 처음 동학으로 출발하여 구세제민(救世濟民)을 위해 주류팔로(周流八路)하여 인류(人類) 구제(救濟)의 도(道) 즉 무극대도(無極大道)를 한울님으로 모시고 1860년 4월 5일 창도(創道)하였다고 한다. 1862년 1월경 논학문(論學問/東學論)에서 무극대도를 천도(天道)로 동학(東學)을 천명하였는데, 3대 교주 손병희에 의해 천도교로 개칭하였다.

천도교의 상례는 첫째 수시(收屍), 둘째 입관(入棺), 셋째 발인(發靷)과 영결(永訣), 넷째 하관(下棺) 및 사진봉안식의 네 단계로 진행한다.

1) 수시(收屍) 및 환원기도식(還元祈禱式)

환원(還元)하면 지체 없이 다음과 같이 시신을 수습한다.

깨끗한 헝겊이나 햇솜으로 코와 귀를 막고 눈을 감기고 입을 다물게 한 뒤 백지나 헝겊으로 얼굴을 덮는다.

머리를 바로 하고 두 팔과 두 손을 바로 펴서 배꼽 위에 남좌여우(男左女右)로 포개놓고, 백지(창호지)를 두 치 (二寸, 약 5㎝) 정도 너비로 접어 어깨와 손목을 묶은 후 두 다리를 곧게 펴고 두 발을 똑바로 모아 세운 후 무릎과 발목을 단단히 묶어서 시신이 일그러지지 않게 한다. 남좌여우(男左女右)는 공수(拱手)의 모습이다.

칠성판(나무판) 위에 시신을 똑바로 눕히고 홑이불로 덮은 뒤에 시상(屍床)에다 옮겨 놓고 병풍이나 휘장으로 가리고, 그 앞에 고인의 사진을 봉안하고 청수(淸水)를 봉전(奉傳)한 다음 촛대와 향합을 놓고 촛불을 켜고 향을 피운 후 환원기도를 봉행한다.

※ 병풍에는 성령출세를 염원하는 심고문과 휘장 또는 궁을기를 걸어 놓는다.

〈 환원기도 식순 〉

① 개 식
② 청 수 봉 전
③ 심 고(고인의 유덕을 추모함)
④ 주문 3회 병송
⑤ 분 향(상주순)
⑥ 심 고
⑦ 폐 식

위와 같은 간단한 절차로 고인의 명복을 기원하고 상주와 가족은 검소한 옷으로 갈아입고 애도하되 호곡은 하지 않는다.

2) 조문(弔問)과 기도식

(가) 조 문(弔問)

예탁은 계속 보존하되 제물은 차려놓지 않고 청수 한 그릇만 봉전하며 촛불을 켜고 향을 피우고 조객들의 조문에 응한다. 조객은 예탁 앞에 정좌하여 분향한 후 심고하고 상주를 향해 배례하여 조의를 표한다.

(나) 조문객들의 분향 절차

영위가 방 안의 시상 위에 안치된 경우에는 영전에 나가 정좌하고 머리 숙여 분향하고 심고한 후 일어나 상주에게 배례하고 퇴장한다. 교당이나 야외에 예탁을 놓았을 경우에는 영전에 나가 분향하고 두 걸음 뒤로 물러서서 심고하고 돌아서서 상주를 향하여 경례로 조의를 표하고 퇴장한다.

(다) 기도식

가족들은 상례가 끝날 때까지 매일 아침 5시, 낮 11시, 저녁 9시 기도식을 고인의 사진 앞에 모여서 봉행한다. 식순은 매일기도에 준하되 특히 고인의 성령장생을 축원한다.

3) 입관식(入棺式)

환원 후 24시간이 지나면 얼굴에 덮었던 솜과 팔과 다리에 묶었던 종이끈을 풀고 입었던 옷을 벗긴다.

미리 준비한 향탕(香湯)이나 쑥탕(艾湯)으로 수건 세 장을 적신 다음 하나로는 머리와 얼굴, 하나로는 배꼽 이상 상체, 하나로는 배꼽 아래 하체를 씻고 마른 수건으로 닦은 후에 본인이 평소에 입던 깨끗한 옷이나 또는 수의(壽衣)를 입힌다.

내의와 겉 바지를 같이 끼어서 입힌 다음 허리띠를 매고 버선이나 양말을 신기고 대님을 맨 다음, 주의(周衣)와 (원칙은 교회 예복을 입힌다) 저고리 속적삼은 한데 끼워서 반듯이 펴놓은 후 그 위에 시신을 올려놓고 아래로부터 차차 치밀어 좌우 손을 소매에 넣은 후에 앞을 여미고 고름을 맨 다음 새 솜이나 탈지면으로 귀와 코를 막고 정한 헝겊으로 얼굴을 덮은 후 솜으로 턱을 고이고 머리가 움직이지 않게 백지나 깨끗한 옷가지로 어깨 위와 좌우를 잘 채우고 백지 접은 끈으로 단단히 묶는다.

준비된 관에 입관할 때에 맨 먼저 관 안에 요[地衾]를 펴고 베개를 놓고 시신을 안치한 후 이불[天衾]을 덮고 관 안에 공간이 없도록 입던 옷이나 백지로 짚을 싸서 빽빽이 채워 운구(運柩)할 때 시신이 움직이지 않도록 유의해야 하며, 뚜껑을 덮은 후 결관포(노끈)로 관의 상·중·하를 단단히 묶고 다시 시상 위에 안치한다.

입관 후 병풍이나 휘장으로 가려놓고 그 앞에 예탁을 설치하고 고인의 사진을 모신 다음 청수를 봉전하고 촛불을 켜고 향을 피운다. 입관이 끝나면 상주들은 성복(成服)을 하고 조문을 받으며 입관식 준비를 한다.

영좌의 오른쪽에는 명정(銘旌)을 만들어 걸거나 세운다. 명정은 홍포(붉은 바탕)에 흰색으로 쓰며, 그 폭은 관에 맞게 하고 길이는 2미터 정도로 한다.

〈 입관식 식순 〉

① 개 식
② 청 수 봉 전
③ 심 고
④ 주문 3회 병송
⑤ 경 전 봉 독(성령출세설)
⑥ 위령송 합창
⑦ 분 향(가족 및 참례인)
⑧ 심 고
⑨ 폐 식

4) 발인식(發靷式)

입관 후 영구를 빈소에 안치하였다가 영결식을 교당이나 다른 장소에서 거행하게 될 경우 영구가 빈소에서 떠날 때에 다음 절차에 의하여 발인식을 행한다.

빈소에서 영결식을 행할 때에는 발인식을 생략한다.

〈 발인식 식순 〉

① 개 식
② 청 수 봉 전
③ 심 고

④ 주문 3회 병송
⑤ 분 향
⑥ 심 고
⑦ 폐 식

5) 영결식(永訣式)

㈎ 영결식 절차

영결식은 교회장(敎會葬), 총부장(總部葬), 교구장(敎區葬), 가족장(家族葬) 네 가지로 구분하여 집행한다.

〈 영결식 식순 〉

① 개 식
② 청 수 봉 전
③ 심 고
④ 주문 3회 병송
⑤ 약력 소 개(친구나 교우 중에서)
⑥ 위령문 낭독
⑦ 조 사(교회 대표자 또는 내빈 중에서)
⑧ 위령송 합창
⑨ 분 향(가족, 친척, 내빈의 순서로)
⑩ 인 사(장의위원장 또는 호상)
⑪ 심 고
⑫ 폐 식

이상과 같이 하되 교회장이나 총부장일 때에는 경우에 따라 헌화, 예포 등을 증보할 수 있다.

6) 하관식(下棺式)

(가) 하관 절차(묘지에 안장할 경우)

영결식이 끝나고 영구차나 상여가 발인할 때 명정(銘旌)과 사진을 상여 앞에 봉안하고, 묘지까지 운반되면 우선 평평한 장소에 영구를 안치하고 영구 앞에 예탁을 설치하고 사진을 봉안하고 향을 피운다.

천광(穿壙)이 끝나면 하관하고 그 위에 명정을 덮고 횡대를 덮은 후 흙으로 가리기 전에 관 앞에 예탁을 설하고 사진을 봉안하고 청수를 봉전하고 촛불과 향을 피우고 아래의 절차에 의하여 식을 행한다. 식이 끝나면 곧 성분에 착수한다.

(나) 하관 절차(화장(火葬)할 경우)

화장장 분구(焚口) 앞 영구대에 영구를 안치하고 예탁을 설치하고 사진을 봉안하고 청수를 봉전하고 촛불과 향을 피우고 식을 행한다. 식이 끝나면 영구를 분구로 옮긴다. 유골은 정한 곳에 안치 또는 매장하거나 뿌린다.

〈 하관식 식순 〉

① 개 식
② 청 수 봉 전
③ 심 고
④ 주문 3회 병송(참례인 일동)

⑤ 경 전 봉 독(성령출세설)
⑥ 분 향(상주와 교회 대표)
⑦ 심 고
⑧ 폐 식

7) 사진봉안식(寫眞奉安式)

장례식이 끝나면 가족과 친척들은 고인의 사진을 모시고 귀가하여 다음과 같은 절차에 의하여 사진봉안식을 행한다.

〈 사진봉안식 식순〉

① 개 식
② 사 진 봉 안(예탁 위에 안치한다)
③ 청 수 봉 전
④ 심 고
⑤ 주문 3회 병송
⑥ 분 향(가족, 친지, 교우)
⑦ 심 고
⑧ 폐 식

8) 상기(喪期) 및 탈상(脫喪)

상기는 장례 후 3일까지로 한다. 장례를 치른 뒤 3일째 되는 날 첫 성묘 하러 갈 때까지 상복을 입고, 묘전에서 제복(除服)하는 것이 원칙이나, 그렇지 못한 경우에는 그날 저녁 9시에 자택에서 가족과 교우가 모여서 제복식(除服式)을 행하고 탈상한다.

그 다음은 매년 환원한 날 제례를 지내며, 심상(心喪)으로 영원히 고인의 유덕을 추모한다.

〈 제복식 식순 〉

① 개 식
② 청 수 봉 전
③ 심 고
④ 주문 3회 병송
⑤ 경 전 봉 독(성령출세설)
⑥ 제 복(검은 동정을 떼어 소각함)
⑦ 심 고
⑧ 폐 식

사. 천리교 장례의식

천리교는 신적존재(神的存在)인 나까야마 미끼(中山美依 1798 ~ 1887)가 일본에서 창시한 종교로서 창시자는 신도와 불교를 중심으로 천리왕명(天理王命)을 천신(天神)님으로 받들며 안산(安産)과 치병(治病)의 주술(呪術)을 함으로써 욕심을 없애고, 서로 도움으로서 사람들에게 평화가 실현되어 참다운 이상세계를 현세에 건설하고 하는 종교이다. 우리나라에는 1901년 일본인 사와무라가 현재의 창원시인 마산(馬山)에서 김선장(金善長)에게 교리를 전파한 것이 효시이다.

천리문화연구소에서는 지난 1998년에 '천리교 장례문화개발'을 장기 연구 과제로 선정하였고, 1999년 2월에는 '연구팀'을 구성하여 이 길의 가르침과 한국인의 정서에 맞는 장례의식 개발을 추진하게 되었다.

이 천리교 장례의식은 천리문화연구소 장례문화개발 연구팀(팀장 황봉철)이 2001년 8월 1

일 '천리교 장례문화 개발연구'(案)에 관한 내용을 정리한 것이다.

〈장례절차〉

① 임종
② 수시
③ 발상
④ 염습
⑤ 천령의식
⑥ 입관
⑦ 성복
⑧ 영결식
⑨ 운구
⑩ 하관·분구
⑪ 평토제·납골
⑫ 장후영제

(1) 임종

운명할 때 친족과 교우들이 지켜보는 것을 말한다. 임종이 가까워지면 병자가 평소에 입던 옷 중에서 깨끗한 흰색이나 엷은 색 옷으로 갈아입히고 거처하던 방과 운명 뒤에 모실 방도 치워둔다.

그리고, 교회 관계자에게 연락하여 임종의식을 치르도록 한다.

〈임종의식 절차〉

임종 순간이 가까워 오면 가족과 친지들이 모인 가운데 해당 교회장(포교소장)은 다음 순서에 따라 임종의식을 집행한다. 모든 것은 임종자를 중심으로 생각할 수 있도록 유도한다.

① 먼저 가족 대표와 교회장(포교소장 또는 의식 집행인)이 임종자 앞으로 나아간다.
② 편안하게 임종을 맞이할 수 있도록 최대한 배려하면서 출직에 담긴 어버이신님의 의도를 일러준다.
③ 임종을 앞두고 있는 자녀를 위한 기도문을 들려준다.
④ 임종자가 어버이신님께 온전히 의탁할 수 있도록 기원하며 수훈을 전한다.
⑤ 임종자가 편안하게 죽음을 맞이할 수 있도록 기원근행을 올린다. 이때 기원근행은 신악가 1절~3절로 나지막하게 올린다.
⑥ 이후 조용하면서도 엄숙한 분위기 속에서 죽음을 기다린다. 이때 울먹이는 일이 없도록 유도하면서, 신악가를 계속 들려주는 것도 좋겠다. 단, 시끄럽지 않도록 한다.
⑦ 임종이 확인되면 고인과 가족을 위한 기도문을 들려준다.
⑧ 일동은 고인의 방에서 물러 나와 장례절차에 대해 의논한다.

죽음이 확인되면, 장사를 치를 준비와 계획을 세워야 한다. 장례식과 장후영제를 비롯한 모든 장례의식 절차는 죽은 사람을 위한 마지막 봉사이므로 예의범절에 어긋남이 없이 잘 치룰 수 있도록 한다.

시신이 있는 방에는 고인의 육성, 신악가 또는 장례용 말씀이나 음악이 담긴 테이프를 틀어놓는다.

특히, 주의할 것은 임종 후에는 수훈을 전하지 않아야 한다는 점이다. 설사 임종을 지켜보지 못해 위 절차를 집행하지 못하더라도 수훈을 전하는 일이 없이 조용한 음성으로 기원근행만 올리도록 한다. 실제로 많은 사람들이 수훈을 전하고 있지만 수훈은 신상 구제를 위해 살아있는 사람에게 전하는 것이므로, 임종 후에는 전하지 않도록 한다.

(2) 수시(收屍)

임종이 확인되면, 먼저 눈을 쓸어 감기고 입을 바로 다물게 한 후, 양손을 곧게 펴서 배 위에 포개 놓고, 편안한 자세가 되게 반듯이 눕힌다. 그리고얼굴을 흰 천으로 덮고 홑이불을 덮은 뒤,병풍이나 장막으로 시신을 가려둔다.

병풍이나 장막 앞에 제상을 차린 후 고인의 사진(영정)을 모시고 촛불과 향을 피운다.

(3) 발상(發喪)

수시(收屍)가 끝나면 가족은 검소한 옷으로 갈아입고 근신하며 애도하되, 맨 발이나 머리 푸는 것은 아니하고 호곡(號哭)을 삼간다. 교구 혹은 교회 상조회에 연락하여 근조(謹弔)라고 쓴 등을 달아 놓든지, 기중(忌中)이라고 쓴 네모진 종이를 대문에 붙여서 초상을 알린다.

(4) 천령의식(遷靈儀式)

고인의 유해에서 영을 위패로 옮겨 그것을 모실 임시장소에 안치하는 의식이다. 입관 전에 하되, 가능한 한 저녁에 하는 것을 원칙으로 하며, 가족들이 다 모였을 때 하는 것이 좋다.

〈천령의식의 정의〉

> 본교에서는 고인의 장례의식이 끝나고 장후영제까지 모두 끝나면, 탈상의 의미로 고인의 영위를 조령 전에 모시게 되는데, 이것은 원칙적으로 고인이 출직한 지 50일째가 되는 날 조령 전에 모시도록 되어 있다. 이것을 진령제(합사제)라고 한다.

여기서 보다 신중히 검토하지 않으면 안 되는 것은, 고인의 영위를 그냥 영첩(靈帖)에 적어서 조령 전에 모시기만 하면 되는 것이 아니라, 고인이 출직했을 때 고인의 영을 유해에서 위패로 옮긴 후, 일정기간 위패를 모셨다가 조령 전에 진령하는 과정이 필요하다는 것이다. 말하자면 진령제가 성립될 수 있는 전제조건으로서 고인의 영을 별도 장소에 모시는 의식이 필요한데. 이것을 바로 '천령의식(미타마우츠시)' 이라 한다.

출직 후 바로 천령의식을 지내지 못하고, 뒷날에 별도로 위령제를 모시게 된 경우에는 바로 조령 전에 진령하지 않고, 영위를 별도 장소에 모아 두었다가 춘.추계영제 때 조령 전에 진령한다.

〈천령의식 준비사항〉

① 유해 앞에 병풍으로 가리고, 그 앞에 제단(祭壇)을 설치한 후 위패를 안치한다. (위패에는 덮개를 닫아 둔다.)
② 제단 양쪽에 촛불을 밝혀 두고, 고인의 영정을 모셔두는 것도 무방하다. (영정이 없어도 무방)
③ 제단 앞에는 천령의식을 할 수 있도록 깨끗이 치우고, 제단 앞에 돗자리를 깔아두고 정해진 자리에 방석을 놓는다.
④ 유해 머리맡에 별도로 촛불을 한 촉 켜고, 간단하게 상을 차린다.
⑤ 유해 머리맡에 위패, 위패함을 놓을 대(팔족)를 준비한다. 팔족상이 없는 경우는 작은 祭床으로도 무방하다.
⑥ 축문(천령축문, 안치축문)과 마스크를 준비한다.
⑦ 필요에 따라 마이크(방송설비) 준비.
⑧ 참석자에게 사례인사를 드리고, 본 의식에 대한 의미와 절차에 대해 미리 설명을 하여, 참석자들에게 마음의 준비시간을 준다.
⑨ 상주한테서 고인에 대한 이야기를 간략하게 듣도록 한다.
⑩ 제장(미리 둘러보고 확인해 둘 것)에 맞춘 식순(式順)을 확인하고, 의식 집행자는 미리 안치축문, 집사는 천령축문을 품속에 준비한다.

〈천령의식 집행〉

> 상주, 가족, 친지, 그 외 참석자가 모이면 다음과 같이 조용한 분위기에서 천령의식을 집행한다.

① 집행자와 집사는 읍한 후 차례대로 제단의 정해진 자리에 앉는다.
② 집행자와 집사는 자리에서 내려와 교회나 터전 쪽을 향해 돌아 앉아 배례한 후(1배, 4박수, 배례. 4박수, 1배) 다시 제자리에 바로 앉는다.
③ 집사는 소읍을 하고, 일어서 제단 앞으로 가까이 다가가 정좌하여 1배한 후 왼 무릎을 열고 홀을 주머니에 넣은 다음 마스크를 쓰고 정면을 향해 1배한 후 일어서서 제단 위에 놓여 있는 위패를 들고 유해 머리맡의 상(팔족) 위에 놓인 위패 덮개를 연 후, 유해의 얼굴에 덮인 흰 천을 벗긴다. 마스크를 벗고 홀을 꺼내어 1배한 후 제자리로 돌아가 다시 읍한 후 앉는다.
④ 집행자는 소읍을 하고, 일어서 유해 앞으로 나아가 정좌. 유해를 향해 1배 한 자세로 대기한다. 이때 집사는 집행자 뒤를 따라 앉은 뒤 품속에서 천령축문을 꺼내어 집행자에게 건네주고 엎드린다. 집행자는 아주 낮은 음으로 천령축문을 고하고 나서 다시 축문을 집사에게 건넨 후 배례(2배, 4박수, 배례, 4박수, 1배)하고 이때 박수는 가볍게 친다. 집사는 집행자의 배례가 끝날 때까지 1배 상태로 있다가 배례가 끝나면 받았던 축문을 품속에 넣는다.
⑤ 집행자는 마스크를 쓰고(이때 실내 소등) 위패를 닫은 후 위패를 들고 제단으로 향하며 집사는 제주 뒤를 따른다.
⑥ 집행자는 위패를 제단 위에 안치한 후 위패를 열고 한 발 물러나 1배하고 입마개를 벗은 후 소배한 후 앉는다.
⑦ 집사는 집행자가 소배 할 때 일어서서 제단 위의 촛불을 밝히며 이후 실내등을 켠다.
⑧ 집행자는 배례(2배, 4박수, 배례, 4박수, 1배)하며 이때 집사는 소배한 채로 서 있는다.
⑨ 집행자와 집사는 제자리로 돌아가 앉아 소배 한다.

⑩ 이후 집사를 중심으로 가족들과 협조하여 제단에 제물을 올리고, 제단 아래 향을 피우고, 헌주용 술과 잔을 준비한다. 필요에 따라 헌화를 할 수 있도록 준비한다.
⑪ 집행자는 소읍하고 일어서 영전으로 나아가 헌주를 하고 품속에서 안치축문을 꺼내어 축문을 고한 후 다시 품속에 넣고 배례(2배, 4박수, 배례, 4박수, 1배)한 후 제자리로 돌아가 소읍하고 앉는다. 이때 집사는 헌주를 도와준 후 집행자를 따라 제자리로 돌아가 앉는다.
⑫ 상주, 가족, 친족, 장례식 참석자들이 차례로 헌주 또는 헌화하고 배례(2배, 4박수, 배례, 4박수, 1배)한다. 단 개인에 따라 큰 절을 두 번 해도 무방하다.
⑬ 헌주 또는 헌화가 끝나면, 집행자와 집사는 퇴장인사(2박수,1읍)를 한 후 차례로 퇴장한다.
⑭ 사례인사(상주나 가족 대표)

(5) 염습(殮襲)

미리 준비한 목욕물과 수건(탈지면이나 거즈)으로 시신의 머리와 온몸을 깨끗이 닦고 머리를 단정하게 빗겨 주고 수의를 입혀주면서 입관을 준비하는 절차이다.

(6) 입관(入棺)

천령의식과 염습이 끝나면 염습을 하고 입관을 하는데 시신을 관에 모시고, 천금을 덮기 전에 고인의 유품 중에서 신악가 등 고인의 신앙생활과 연관이 있는 것이나 친필들이 있으면 함께 넣기도 한다. 입관(入棺)이 끝나면 관보를 덮는다.

관보 위에는 명정의 내용과 같은 글을 써서 덮는다.

염습에서 입관할 때까지 상제들은 옆에서 장례관계자를 조심스럽게 도우면서 시신을 정중하게 다루도록 협조를 해 준다.

〈명정과 묘비표기 방법〉

명정에는 之柩, 묘비에는 之墓로 표기한다.

① 교회장일 경우
- 천리교 ○○ 교회 초대교회장 故 ○○○ 之柩(之墓)
② 신자일 경우
- 천리교인 故 ○○○ 님 之柩(之墓)
③ 호가 있을 경우
- 천리교 선화 교회 초대교회장 故 진영 이동규 지구(지묘)
④ 단체장일 경우
영결식장 현수막에는 직함을 표기하고, 비석에는 표기하지 않는다. 공적비(功績碑)는 별도로 마련할 수 있으며 비석 뒤에 표기할 수도 있다.

(7) 성복(城濮)

입관이 끝나고 영좌가 설치되면 상주 이하 상제들은 정식으로 상복을 입는데, 이를 성복(成服)이라 한다. 상복을 입는 기간은 장일까지로 하고, 상장을 다는 기간은 탈상까지로 한다. 요즘은 발상 직후부터 위와 같은 상복 차림으로 하고, 입관 전일지라도 조객을 맞이하는 경향이 점차 늘고 있다.

(8) 영결식(永訣式)

영결식은 유해가 상가나 장례식장을 떠나기 전에 행하는 고인과 마지막 작별을 하는 의식이다. 상가 뜰에서 지내는 것이 원칙이나 실내에서 지내도 무방하다. 영결식은 고인의 신분에 따라 사회장, 단체장, 가족장 등으로 구분된다. 사회장이나 단체장일 때는 장례 위원회가 구성되어 그 위원회에서 영결식을 주도한다. 영결식 장소는 대체로 상가 뜰이나 공터에서 지내지만, 교회에서 거행하는 것도 매우 바람직하다.

〈영결식순〉

① 사회자 - 개식사
② 약력보고 - 고인 육성 테이프나 비디오 상영
③ 영결사 - 장례위원장
④ 조사 - 고인과 특별한 관계가 있는 사람
⑤ 조가 - 다함께 조가를 제창한다.
⑥ 분향(헌주, 헌화)
⑦ 장례위원장 인사 - 신언말씀(용어 개발)
⑧ 폐식사

(9) 운구(運柩)

발인제가 끝난 뒤 장의차로 영구를 장지까지 운반하는 절차이다. 장의차를 이용할 때에는 상제는 영구를 영구차에 모시는 것을 지켜본 다음, 관계가 깊은 유족으로부터 위패, 영정을 가지고 승차한다.

(10) 하관(下棺).분구(焚口)

하관이란 광중(壙中)에 관을 넣는 것을 말하고, 광중이란 관을 묻으려 파 놓은 구덩이를 말한다. 관을 놓을 때는 좌향(坐向)을 맞춘 다음 수평이 되게 한다. 관 위에는 명정(銘旌)을 덮는다.

하관과 동시에 평토가 될 때까지 신악가를 부른다(팔수~6장)

분구 전에 팔수를 부른다.
분구 시는 신악가를 부른다. (팔수~6장)

(11) 평토제(平土祭)·봉안(奉安)

제문 낭독. 분향

(12) 장후영제(葬後靈祭)

장후영제란 장례를 치르고 난 이후, 고인의 영위를 교회나 포교소의 조령 전에 모시기 전까지 교회나 포교소(경우에 따라 집)내 별도 장소에 영위를 일정기간 모셔놓고, 정해진 날짜에 영제를 모시는 것을 말한다. 이미 이 세상을 떠났지만 고인이 평소에 남기신 유덕을 흠모하고, 못다 이룬 꿈을 위로하면서 명복을 빌고, 더 나아가 남은 가족과 맺힌 서러움과 한을 깨끗이 풀어내기 위해 마련된 의식이다.

〈장후영제의 종류〉

① 초령제(初靈祭) : 장지에서 돌아온 직후에 올리는 영제
② 10일제 : 출직한 지 10일째되는 날에 올리는 영제
③ 20일제 : 출직한 지 20일째되는 날에 올리는 영제
④ 30일제 : 출직한 지 30일째되는 날에 올리는 영제
⑤ 50일제 : 출직한 지 50일째되는 날에 올리는 영제

진령제는 장후영제에 속하는 것이 아니나, 보통 50일제에 모시는 경우가 많다, 본래는 별도로 제전을 올리게 되어 있다.

아. SGI 장례의식

SGI는 Soka Gakkai International 의 약자로 국제창가학회(國際創價學會)를 말한다.

창가(創價)라는 가치를 창조하는 국제단체이다. 1975년 국제단체로 현재 190여개 나라에서 활동하고 있으며 우리나라에는 320개 문화회관과 150만 회원을 가지고 있다.

창가학회는 불법(佛法)을 근본으로 한 사람 한 사람의 인간혁명과 생활혁신을 위해 1930년 11월 18일 창가교육학회 초대회장 마키구치 쓰네사부가 창립하였는데, 일본 군국주의에 항거하여 제2차 세계대전 때에 국가신도의 참배에 반대하다가 마키구치 회장과 도와 이사장은 체포되었다. 1944년 11월 18일 마키구치 회장은 옥중에서 순교하였다. 닛켄종과 작은 신도단체인 창가학회는 같은 일련정종이었으나 분리되었다. 1952년 9월, 도와 이사장의 주도로 종교 법인으로서 창가학회가 설립되어 1960년 5월3일 제3대 회장인 이케다가 취임하면서 전 세계적으로 영역을 넓혀 나가며 확대되다가 1975년 1월 SGI 즉 국제창가학회(國際創價學會)가 설립되었다. 1990년대에 들어와서는 생명존중을 바탕으로 하는 평화·문화·교육운동을 전개하였다.

SGI에서 종교를 생각하는 기준을 삼증(三證)이라 한다. 삼증(三證)에는 문증(文證), 이증(理證), 현증(現證)이 있다. 문증(文證)은 종교의 교리나 주장하는 내용을 뒷받침하는 문헌이 있는가? 이증(理證)은 교의나 주장이 도리에 맞는가? 현증(現證)은 실천해서 현실의 결과에 나오는가? 를 기준으로 하고 있다.

한국 SGI는 1960년대 초반 일반인에 의해 좌담회 형식으로 자발적인 모임이 시작 되었다.

일본에서 발생한 군국주의 종교라는 오해와 반국가적인 종교단체라는 오인으로 1964년 1월에는 집회와 포교가 금지되기도 하였다. 1980년대에 와서 문화 활동이 첫걸음을 시작했다. 1989년에는 기관지 '법련(法蓮)'이 창간되고, 1991년에는 화광신문(化光新聞)이 발행되었다.

법화경(묘법연화경)과 니치렌 불법(佛法)을 바탕으로 개개인의 인간혁명·숙명전환·만일성

불을 위해 활동한다. 불법을 모시지 인간을 모시지 않는다. 석가모니, 니치렌을 다만 스승으로만 여길 뿐이다. 인간을 신격화와 우상화하는 것을 배격한다. 니치렌(日蓮) 대성인은 1222년 일본에서 태어나, 법화경 제목 남묘호렌게쿄(南無妙法蓮華經)로 염불하는 수행법을 가르치셨다. 1260년에는 정법(正法)을 세워 나라를 평안하게 한다는 입정안국론(立正安國論)을 주장하였는데 현대적인 불법(佛法)을 기초로 하여 휴머니즘을 바탕으로 평화주의·문화주의·교육주의를 실천하여 공헌한다.

지식보다 지혜를, 생각보다 실천을, 허무와 쾌락보다 생명과 불법을 오로지 서민(민중)을 위한 종교단체를 지향한다. 전쟁과 평화, 차별과 평등, 빈곤과 풍요에서 세계시민, 관용정신, 인권존중을 지향하는 인간주의를 우선한다.

1) 상례의식

(가) 우인장(友人葬)

니치렌 대성인의 불법(日蓮佛法) 정신에 따라 광선유포(光線流布)를 위해 활동하며 최고의 복덕을 쌓고 있는 친족·동지가 본존님께 고인의 성불을 진심으로 기원하고 동경·창제하는 것이야말로 최고의 추선회향(追善回向)이며 올바른 장의의 본연의 자세라고 생각한다.

참가한 동지가 고인의 유덕을 기리면서 본존님께 명복을 기원하고 충심으로 독경·창제하는 우인장이야말로 참석한 친족·연고자에게 학회에 대한 이해를 깊게 하는 절호의 기회이다. 우인장을 통해 학회다운 상쾌하고도 진심어린 장의로 하고자 하는 것이다.

(나) 창가학회(創價學會)

창가는 가치창조의 의미로 교육의 목적 그리고 인생의 목적은 행복추구에 있으며 그 내실은 가치창조라는 창가학회 초대회장인 마미구치의 사상에 기인한 것이다. 창가라는 말은 마미구치 선생님과 제2대 회장 도다 선생님의 사제 간의 대화에서 나왔다.

2) 장의(葬儀) 준비 절차

장례지도사에게 연락하여 상주를 중심으로 장례를 결정하며 의뢰 시 아래 사항에 대하여 명확한 절차를 실시하게 한다.

(가) 고인의 성명

(나) 고인의 자택주소, 전화번호

(다) 영구는 어디에 있는가(자택인가, 병원인가 이송 유무)

(라) 사망일시

(마) 사망원인

(바) 추선공양, 발인제와 영결식 희망 일시(화장터, 장지, 영구차 관계)

(사) 사망진단서(검시 유무)

자. 통일교 장례의식

1) 임종

(가) 임종이 가까움을 알릴 때 가족과 식구들이 모여 성초를 켜고 찬송기도로 예배한다.
(나) 목욕(수건으로 깨끗이 닦는 정도: 향수, 알코올)을 시키고 정갈한 옷으로 갈아입히며(내의, 양말, 옷, 예복 일체 면 종류로 한다.) 머리를 감겨(손에 물을 묻혀서 쓰다듬는 정도) 빗질하고 손발톱을 깎아 따로 주머니에 넣어 입관시 넣을 준비를 한다.

(다) 타계하면 문종이로 싼 벽돌 위의 칠성판(문종이로 산후)위에 망인을 반듯하게 누이고 머리는 북향으로 향하게 누이고, 손가락(엄지), 발가락(엄지)을 매어 시체의 흐트러짐을 막는다. (여름일 경우 에어컨이나 선풍기로 시신이 상하지 않고 냄새가나지 않도록 유의한다.)

(라) 깨끗한 홑이불로 덮고 병풍을 친다.

(마) 상위에 촛불(양쪽 2개)을 밝히고 향을 피운다.

(바) 준비한 사진을 상 정면에 세운다.

(사) 수세식 예배를 간단히 본다(찬송, 기도, 말씀, 기도)

(아) 상주와 식구가 철야 기도회(찬송) : 철야 방법은 1~3시간 1회씩 찬송 기도함.

2) 상주와 조객의 예의

(가) 조객이 분향하고 기도로서 예를 다한다.

(나) 상주는 조객과 마주하여 예를 하고 인사를 나눈다.

(다) 상주는 조객의 위로 받는 마음으로 대하고 조객은 상주와 인사를 나누는데 악수는 하지 않는다.

(라) 조객은 상주에 대한 인사를 한다.

(마) 상주가 조객에게 답례한다.

(바) 조객의 복장은 흰옷이나 검은 색 옷으로 입는 것이 예의이며 호화로운 옷이나 색상이 있는 옷은 금하는 것이 좋다.

3) 입관

(가) 준비물

① 수의(바지, 저고리, 두루마기)

② 관 외 부속 일절

③ 관보(관바: 운구용)

④ 명정

⑤ 협회기(대형)

⑥ 보초(문종이로 싼 볏짚, 왕골)

⑦ 문종이

(나) 입관절차

목회자의 주관 하에 한다. 축복 가정일 경우 가정이 맡아야 한다. 식구들은 찬송을 계속 부르고 집례자 지시에 따라 입관을 한다.

① 타계 후 24시간이 지난 후에 입관해야 한다.

② 망인을 칠성판에서 내려놓고 굳어진 시신을 전신을 주물러서 바른 자세로 하여 깨끗이 닦은 후, 묶은 것을 풀고, 향목수(알코올, 소독약)를 약솜에 묻혀 닦으며 여자인 경우는 화장을 시킨다. 성복은 아래옷은 아래옷대로 웃옷은 웃옷대로 한꺼번에 모두 속에 끼워서 한 번에 입을 수 있도록 준비하여 하의부터 입히는데 옷고름이나 단추는 끼지 않는다. 축복 가정일 경우는 상의에 마지막 예복까지 끼워서 준비한다.

③ 입관 시에는 머리 양옆에 원리 강론, 성가, 찬송가, 뜻길, 망인이 평소 쓰던 책을 넣어주고 망인의 시신이 흔들리지 않도록 망인의 옷이나 보초로 채우는데 시체를 묶어서는 안 된다.

④ 입관이 끝나면 문종이로 싼 벽돌 위에 관을 얹고 관 앞에 상(상위에 촛불 2개, 향로 향불, 사진)을 놓고 입관 예배를 본다. 상주가 관머리 쪽에 앉고 예배를 본다.

⑤ 예배 후 관 뚜껑을 덮기 전에 상주들이나 주위의 사람들에게도 모두 망인과의 맺힌 것을 풀라고 하며 상주가 멀리서 도착하지 않았으면 입관을 하되 관 뚜껑을 완전히 닫지 않고 기다려 도착 후 관 뚜껑을 덮고 관 못을 마무리한다. 이 때 관보를 씌운다.

⑥ 명정을 덮는다.
● 일반 식구일 경우

- 남자:天民之徒故金海金君(公) 00 之柩 또는 天民之徒故 000 之柩

- 부인:天民之徒孺人全州李氏 00 之柩(천민지도유인전주이씨00지구)

● 축복 가정일 경우

- 00祝福家庭 故000(직위)之殿(00축복 가정 고000지전)

- 00祝福家庭子 故000(직위)之殿(00축복가정자고000지전)

　명정 위에 대형 협회 기를 덮는다. (협회 기를 준비할 때 길이를 충분히 하여 관이 충분히 덮이게 만들고, 교회 마크는 관의 머리 쪽에서 1/3지점이나 중앙에 오도록 하고 덮으면 보기에 좋다)를 덮는다.

● 비석

- 전면: 天民之徒 ０ ０ ０ 之墓(천민지도 000 지묘)

- 축복 가정일 때: 000 祝福家庭 ０ ０ ０(직책) 之殿

- 좌측: 세계 기독교 통일 신령 협회00교구-00교회

- 우측: 출생일시, 사망일시

- 후면: 자녀 성명

〈입관 예배〉

① 선언
② 분향
상주 대표가 나와서 분향함. 이때는 한 사람만 한다. 분향 후 부모, 손위 형제나 가정일 경우 재배, 손아래일 경우는 묵념함.
③ 찬송: 예) 496장 또는 성가
④ 기도
⑤ 말씀
⑥ 성가, 찬송가

⑦ 기도
⑧ 폐회

4) 발인(일반 식구 : 영결 예배, 축복 가정: 승화 예배)

식순에 따라 진행하되 협회장, 교구장, 교회장, 가족장에 따라 조정할 수 있다.(관을 영구차나 상여에 싣고 그 앞에서 예배를 본다. 제상에는 고인의 사진, 좌우에 촛불, 향불을 피우고 향로, 상 준비한다.)

〈 발인예배 순서 〉

① 선언
② 분향 : 상주 대표 한 사람이 분향하고 재배한다.
③ 찬송
④ 기도
⑤ 약력보고
⑥ 성경 봉독
⑦ 말씀(승화사)
⑧ 기도
⑨ 조사, 조시, 조가
⑩ 분향 및 헌화 (친족, 각계 대표)
⑪ 찬송
⑫ 기도(축도)
⑬ 인사(유족 대표)
⑭ 광고
⑮ 폐회
⑯ 발인

5) 운구

(가) 운구 위원 준비(6인정도)

(가) 운구위원은 신을 신은 채 장갑을 끼고 운구함. 상여를 준비할 경우는 더 많은 운구위원이 필요함.

※ 발인 시 고인 영정(사진)을 먼저 모시고 앞장서 향도하여 영구차에 오른다. 상여일 경우 그 영정을 따라서 영구를 모시고 간다. 빈소에서 영구가 묘지에 도착할 때까지 성염을 뿌리면서 가며 영정을 모시는 사람이 하거나 따로 한 사람이 영정 앞서가며 한다.

6) 하관 예배(축복 가정은 원전 예배)

(가) 장지 성별(묘 터와 주위까지)

※ 영구가 묘지에 도착하면 적당한 장소에 안치 후 묘지를 성별하고 간단히 찬송과 기도로 예배를 본다. 기도 내용은 "이 묘지를 성별하여 00축복 가정 고 000의 원전으로(축복 가정이 아닐 경우 식구 000의 유택으로) 쓰고자 하오니 하나님께서 허락하여 주시옵고 천군 천사들이 보호하고 이 땅의 선영들이 두루 지켜 보우하여 주시옵기를 바라옵나이다."라는 내용으로 기도한다. 전통 상례의 산신제에 해당하는 의식이다.

(나) 구덩이에 문종이로 잘 덮고 횟가루를 섞어서 잘 편다.

(다) 하관한다.

(라) 명정을 덮고 그 위에 협회 기를 덮는다.

(마) 홍대를 덮고 3번째 것을 열어 놓고 하관 예배를 본다.

〈원전(하관)예배 식순〉

① 선언
② 찬송
③ 기도
④ 성경 봉독
⑤ 말씀
⑥ 헌화(가족, 삼위 기대, 친지)(헌화할 꽃을 준비하는 것이 좋다)
⑦ 세 번째 홍대를 닫고 입토 함(상주, 유가족, 각계 대표)
⑧ 광고
⑨ 폐회

● 지석

- 전면: 00祝福家庭 000(직위)之殿(00축복 가정 000지전)

- 일반 식구일 경우
- 남자: 天民之徒故金海金君(公) 00 之墓 또는 天民之徒故 000 之墓

- 부인: 天民之徒孺人全州李氏 00 之墓(천민지도유인전주이씨00지묘)

- 좌측: 말씀, 세계기독교통일신령협회 교구 교회

- 우측: 출생일시, 승화일시(사망일시)

- 후면: 자녀 이름.

7) 참석자 성별 의식

(가) 장례식 참석자(가족 아닌 자의 장례식에 참석 7시간 후)

① 성염성별

② 불을 3번 넘기

③ 3시간 후(성별 후) 교회 들어감.

(나) 염(시신 모신)한 사람

① 성염성별

② 불을 3번 넘고

③ 목욕

④ 옷을 갈아입고 3시간 후에 교회 감

8) 삼우제

(가) 장례 3일 후에 묘지에 가는 것으로써 유가족만 가되 축복 가정일 경우 3위 기대가 함께 가도 좋다.

(나) 장지에서 간단히 상 차리고 예배를 본다.

(다) 예배 (분향, 찬송, 기도)

9) 49일재(불교 - 극락 천도)

　　장례일로부터 49일에 유가족이 산에 가서 삼우제와 같은 내용의 예배를 봄(지상에서 맺힌 것을 풀어 주는 예배)

10) 100일 탈상 : 100일 만에 상을 벗는다.

부고장 서식
訃告 본 협회(本協會) ○ ○ ○께서는 숙환(宿患)으로 가료중(加療中) 년 월 일(음력 월 일) 오전(후) 시 분 에서 승화(별세)하시어 아래와 같이 협회장을 거행하기로 하였습니다. 승화(영결)일시 : 20 년 월 일 시 승화식(발인)일시 : 20 년 월 일 시 발인 장소 : 원전(장 지(葬地)) : 아 내 : 아 들 : 우 인 대 표 (友人代表) 서기년 월 일 세계 기독교 통일 신령 협회 고(故) ○ ○ ○ 선생(직함) 승화(장례)위원회 위원장 : 연락 전화 :

4. 장례연출

가. 장례연출의 개념

장례연출이란 음악(테마), 조명, 영상, 꽃(생화, 조화), 춤, 상복, 음식을 비롯한 무대장치와 연출 그리고 광고 및 홍보기법들을 일컫는다.

1) 우리나라의 장례연출

우리나라의 경우 아직 장례연출에 익숙하지 않은 관계로 다소 무겁고 장중한 느낌으로 장례를 치루는 것에 익숙해 있지만 외국의 경우 고인의 죽음은 축제로 승화시키는 경우도 있다.

그러나 최근 들어 장례예식의 변화로 고인의 생전 육성이나 활동 등을 비디오나 영상물을 이용해 조문객들에게 보여 주기도 하며 특히 영결식의 경우 음악과 춤(해원무, 극락무 등)이 곁들어진 예식으로 고인을 추모하기도 한다.

장례연출의 키포인트는 아무래도 참배객의 마음을 움직이는 감동의 정도가 어느 정도인지가 관건이다. 아직도 유교적 풍습에 익숙한 우리의 장례예식은 여러 가지 행사보다는 획일적인 조문예식에 젖어 있지만 최근 들어 고인의 죽음을 보다 승화시키는 예식으로 격상시켜 나아가고 있는 것으로 보아진다.

2) 장례연출의 시대적 배경

고인의 가족과 충분한 상의 없이 장례지도사의 독자적인 장례연출은 자칫 당사자들과의 마찰을 초래 할 수 있으므로 사전에 충분하게 논의하고 협조를 구해야 한다.

장례식은 한 개인의 생애를 통 털어 생을 마감하는 가장 중요한 의식으로 관계자를 비롯한 사람들의 뇌리에 깊이 경외의 대상으로 각인된다.

거슬러 올라가 장례연출의 효시라고 할 수 있는 수서(隋書),동이전, 고려조(條)등에 보면 '장례를 하면 북을 치고 춤을 추며 노래를 부르는 가운데 주검을 운반하였다.'고 되어 있으며 삼국사기의 신라편에도 김유신 장군의 장례에 군악대 백여 명이 북과 피리 등으로 음악을 연주 하였다고 기록되어 있는 것으로 보아 어쩌면 유교가 성행하던 조선시대 이전에 현대의 장례연출을 능가하는 연출도 있었다고 보여 진다. 『조성왕조실록』〈성종실록〉에 보면 '시신 앞에서 제상을 성대히 차리고 중과 속인들을 모아 놓고 잡회를 벌리며 밤새도록 음주가무를 즐기는 풍속이 있다.'는 기록이 있다. 물론 유생들의 상소가 조금 과장된 표현으로 쓰여 졌다고는 여기지만 중과 속인들의 자회는 분명히 천도를 위한 염불과 승무(해원무, 극락무)일 것이고 속인들은 조문객으로 다소 떠들썩한 분위기였던 것으로 추정된다. 삼국시대부터 내려오던 오시(娛屍)는 돌아가신 분을 춤과 노래로 즐겁게 하여 떠나보내는 것으로 어쩌면 죽음을 단순한 생명의 끝으로 보지 않고 유교와는 달리 불교적인 윤회의 또 다른 시작으로 보지 않았나 생각된다.

이러한 오시의 풍습은 고조선과 삼국시대를 거쳐 조선시대에도 근절되지 않았으며 지금도 경상도와 충청도를 비롯한 전라도 일부 지방에서 행해지고 있으며 전남 진도의 오시 일부를 문화회관에서도 상설로 볼 수 있을 정도이다. 만가(挽歌)에서도 볼 수 있듯이 구성진 상여 소리는 슬픔을 떠나 영혼을 울리는 음악과도 같다.

3) 세계 각국의 장례연출

우리나라와 가장 가까운 일본의 경우 장례연출에 있어서는 많이 앞서간다고 할 수 있다. 일본의 장례는 장례식장을 보다 아름답고 정중하게 꾸미는 '제단지상주의'로 현재 우리나라의 장례연출은 일본의 것을 많이 모방하였으며 근자에는 독자적인 연출을 시행하면 많은 연구로 발전시켜 나가고 있다.

미국의 장례연출은 '시신중심'으로 미국의 남북전쟁 당시 시행된 엠바밍(Embalming-시신위생처리)은 매장이나 화장 등의 최종적인 단계에 이르기 전 시신의 부패를 방지하고자 실시되었다. 미국, 일본 양측의 장점만을 살려 연출하는 한국의 장례연출은 고인의 존엄성과 사후 세계의 인정이라는 두 마리 토끼를 잡으려는 상주를 비롯한 일가 친척의 바램과 장례지도사의 예경이 잘 조화된 예라고 보면 될 것이다. 약품처리로 시신의 부패를 막는 엠바밍은 그 유래를 성경 창세기 50장에 여러 번 언급될 정도로 그 기원인 오래 되었다고 볼 수 있다.

중국의 장례연출은 근자에 들어 매우 특이한 형태로 발전되고 있는데 그 일례로 중국 상해의 '복수원'의 봉안묘지에는 특이한 형태의 석물이 놓여 있는데 고인이 피아니스트였다면 피아노, 법률가였다면 법전, 미술가였다면 캔버스, 군인이었다면 탱크 등 생전의 직업과 관련된 석물로 장식 되어 있다. 이와 관련하여 중국 소림사 석림(石林)에 있는 고승의 부도(浮圖)에는 불교와 관련된 조각 외 탱크, 비행기, 총, 칼 등으로 장식한 부도가 있는데 오랜 세월 후 현대의 모습을 보여 주고자 하는 노력이 돋보이는 연출로 보여 진다.

나. 장례연출의 종류

어떤 형태의 어떤 방식으로 장례연출을 할 것인가는 장례의 유형에 따라 달라진다. 국장, 단체장, 가족장, 수목장, 해양장과 우주장등 많은 종류가 있으나 우리와 밀접한 몇 가지를 짚어 보고자 한다.

1) 단체장 - 회사장

일반 회사나 어떤 기관의 단체에서 공적인 업무로 유명을 달리 할 때는 대부분 단체장으로 예의를 표한다. 특히 회사장의 경우(고인이 학교 관계자일 경우에는 학교장)고인의 생전 업적과 메시지를 회사원과 주주, 고객과 관계 회사 등에 전달하므로 대중적 공감대를 형성하고 나아가 홍보의 효과까지 기대할 수 있는 것으로 극진한 예의로 위의를 갖춘다.

2) 가족장

가족장의 경우 직계 가족과 친척으로 구성된 장례로 소위 집안사람들만 참석하여 치르는 장례의식으로 핵가족 제도의 소박한 장례의식이 특징이다. 특히 일본의 경우 1995년 이후부터 가족장이 성행하여 2000년대에 들어서 전국적으로 퍼졌으며 고령화 사회의 여파로 많은 조문객의 참여가 어려운 이유로 성행되어 진다고 보여 진다. 차후 우리나라의 경우도 이와 비슷한 형태의 장례가 이루어 질것으로 예상된다.

3) 수목장

수목장은 매장에서 가장 발전된 단계의 장례예법으로 자연으로 돌아가는 자연회귀의 섭리에 근거한 장법으로 화장된 분골을 수목의 뿌리나 그 주변에 묻어 장사 지내는 것으로 간단한 표지석을 설치하여 그 흔적을 남기는 장법이다. 우리나라와 달리 영국 등에서는 나무보다 꽃을 이용한 화초장도 있으며 일본의 경우 종교시설 보다 공원묘지에 화장된 분골을 묻고 관목이나 잔디로 조성하는 잔디장이 성행하는데 미관상 수려함을 가지고 있어 많은 호응을 받고 있다.

친환경적 장법으로 각광받고 있는 수목장은 벌초나 묘지관리 등의 번거로움이 없으므로 바쁜 현대의 일상에서 고인을 가까이 두고 추모할 수 있다는 점에서 많은 극복을 받고 있다.

다. 장례연출의 활성화

어떤 면에서 장례연출은 영화산업과 마찬가지로 종합예술로도 볼 수 있을 것이다. 이것은 꽃, 춤, 음악, 조명, 영상 등에서 보듯이 유족과 조문객들의 공감으로 그 성공에 부를 가늠해 볼 수 있기 때문에 유가족들의 고객만족 차원을 벗어나 고객감동의 종합예술로 장례연출이 발달한 일본으로부터 많은 사례를 참고로 발전시켜야 할 것이다.

물론 일본은 전통 신사문화와 불교문화가 복합되어 있지만 우리의 유교문화와 불교문화와는 일맥상통하는 점이 대부분으로 주변국가의 장례연출이 최첨단 IT산업기술과 접목되는 것을 지켜보면서 우리나라 역시 여기에 발맞추어 나가야 할 것이다.

1) 장례연출회사의 영업적 측면

시스템, 가격, 유통, 프로모션 전략은 시스템, 가격, 유통, 프로모션 경쟁이라고 할 만큼 각각의 장례연출회사들이 사운을 걸고 있지만 일본, 대만 등 선진국에 비해서는 많이 뒤떨어져 있는 실정이다.

이에 모든 전략을 홍보의 극대화와 감동으로 이어지도록 유가족의바램에 부합되고 연출회사의 이미지와 이윤 창출과도 복합되도록 하여야 한다.

2) 공격적 마케팅

주문 산업인 장례업은 일반적으로 고객(유족·고인)획득이 어려운 업종이지만 생자필멸의 원칙은 인간은 언젠가는 죽게 되어 있는 것으로 정중한 영업활동이 성공의 관건이다.

국내만 하더라도 수많은 장례업 관계사들이 경쟁하는 체제로 각종 이벤트를 통한 고객모집이 이루어지고 있다. 효도여행, 상품권, 안마의자 제공 등으로 고객에 접근하며 영업활동을 하고 있는 것이다.

개인적인 생각이지만 60~70년대 보험회사는 일반인에게 알려지지 않았으며 홍보도 미약하여 많은 사람들의 주목을 받지 못하였다. 주목을 받기까지에는 40~50년의 시간이 걸렸으며 이제는 소비자인 고객이 보험회사를 찾아가는 역현상이 일어날 정도로 인식 자체가 변화되었다.

이에 장례업 역시 종사자들의 공격적 마케팅과 홍보로 어쩌면 생명이 있는 인간 모두가 장례업의 고객이 될 수밖에 없는 현실로 다소 시간은 걸리겠지만 인식이 바뀌는데 걸리는 시간이 얼마 남지 않았다고 보여 진다.

3) 장례연출의 성공

장례란 지금까지의 역사의 변천사를 보면 창작(연출)이라 할 수 있다. 그 시대적 배경, 문화와 혼합하여 창출되는 모든 것 이라고 할 수 있다. 예전 자택장을 하는 시대에는 고인의 염습으로 연출하는 형태였으나 지금은 고인의 입관 시 천연염색 고깔염(거지염)으로 관속에 꽃 장식을 하기 도 하고 접객문화 역시 상가도우미의 전문적인 접대문화와 장지 이동시 캐딜락 리무진으로 장례연출이 현재에 이루어지고 있다.

미래역시 장례 코디네이터들이 어떤 장례연출로 국민과 더불어 인생의 마지막 작품을 만들어 산자와 선(先)자의 연결고리를 만드는 작업(연출)일 것이다. 앞으로 어떤 장례연출도 국민(유가족)들의 호응과 관심으로 마지막 손길을 보여줄 수 있는 지가 성공의 초석이 될 것이다.

5. 장례상담

가. 장례상담

상담이란 어떤 일정한 목적을 가지고 한 사람이 다른 사람과 자신의 관심에 대해 진솔하게 이야기하며, 이러한 과정을 통해 기대했던 바람직한 결과를 얻어가는 일련의 과정이라고 할 수 있다. 정리하자면 경험과 지식, 기술을 가진 사람이 그렇지 못한 사람에게 관심사 혹은 문제가 해결될 수 있도록 정보를 제공하거나 조언 등을 통해 긍정적인 결과를 얻도록 도와주는 구체적 행위를 말한다.

장례상담은 장례진행의 여러 과정 중에서 가장 중요한 것들 중 하나이다. 상담은 장례지도사와 유가족 사이의 대면상담의 시간을 가지게 되며, 장례상담을 통하여 장례계획을 세우거나 여러 가지 계약 등을 체결하게 된다. 이 과정에서 여러 가지 정보가 수집되고 각종 서식을 작성하기 때문이다.

나. 장례상담의 종류

1) 사전상담
- 장례일정(Pre-plan) 상담
- 장법 상담
- 장사시설(묘지, 화장시설, 봉안시설, 자연장지, 장례식장) 구입, 예약
- 사전 장례 준비 상담

2) 현장상담
- 운구 및 안치
- 빈소차림
- 염습, 입관
- 발인
- 그 밖에 장례 준비와 시행(사망관련 행정처리 등)

3) 사후상담
- 장례 후 행정처리(각종 신고, 보험 등)
- 관련 법률 상담
- 심리 상담

다. 초기접수

1) 고인 및 유족 인적사항
가) 고인
- 성명, 주민등록번호, 주소, 종교, 본관, 사망원인, 사망장소, 사망일시, 시신위치 등.

나) 유족
- 성명, 생년월일, 주소, 연락처, 고인과의 관계, 장례일정, 장례방법(종교확인), 그 밖에 필요한 사항

2) 계약서 작성법 등
- 임대차 계약서에 고인 및 상주의 인적사항을 상세히 기록한다.
- 계약서 작성시 장례일정 등 주요사항을 정확히 기록한다.
- 안치료, 임대료, 쓰레기수거료는 일자별로 기록, 염습료 및 예식실(발인실) 사용 등은 횟수로 기록한다.
- 계약일시와 계약자의 성명 및 계약자의 서명을 받는다.

3) 사망진단서 등 필요서류 확인
- 사망신고 필요서류 및 신고 장소 안내한다.
- 병사가 아닌 외인사, 기타 및 불상의 경우 관할 경찰서에 신고하여 장례일정에 차질이 없도록 한다.

라. 장례일정 상담

- 일자 별 장례 진행사항, 일정 상담
- 안치, 빈소 설치, 염습, 발인, 운구 일시 및 조문 일정 상담
- 부고양식 제공 및 방법 안내
- 그밖에 필요한 준비사항

마. 장례절차 방법안내

- 종교별 장례 절차
- 장례규모(가족장, 단체장, 회사장 등)와 비용 규모별 안내
- 묘지(매장)의 사용과 화장 후의 처리 방법 안내(봉안, 자연장)
- 염습 및 입관, 유족참관, 발인시 영정관리 등
- 장의행렬, 운구방법 등 상담

바. 용품상담

1) 고인용품
- 관, 수의 종류, 규격 및 재질 상담
- 명정, 폐백, 운아 등의 고인용품 상담

1) 유족용품
- 상복 결정 및 입는 시기 상담
- 제물(祭物) 안내, 종류 및 차리는 법

3) 서비스용품
- 식당 이용안내
- 화원 상담
- 장의차량 상담
- 영정사진 상담
- 기타 용품 상담

사. 장사행정 및 사후관리

1) 장사행정
- 매장, 화장 신고 안내
- 사망신고 안내(절차 및 각종 서식)
- 사망관계법규 안내(장사등에관한법률, 가족관계등록법 등)
- 각종 보험 중 장례관련 안내

2) 사후관리
- 위령제, 반혼제, 삼우제 등 각종 제례 안내
- 탈상의 시기 및 방법 안내
- 각종 기제사 및 제의례 절차 안내
- 전통 제례 및 현대의 종교적 추도식 안내

아. 기타 서비스

- 차량, 식당, 화환, 상복, 사진, 비디오 등

자. 유족상담 기법

유족상담은 상실로 인한 고통을 표현하게 하는 것이며 고통을 조절하는 법을 터득하게 하는 것이다. 새로운 환경(고인이 없는)에서 건강과 지속적인 기능을 유지하며 외로움에서 벗어나게 유도하여야 한다. 또한 사회적 지지나 도움을 받을 수 있게 해주며 건강한 자아상을 발견하여 새로운 희망을 심어주어야 한다. 정상적인 애도의 과정이 어려울 경우 전문가를 찾게 유도해주는 것이다.

1) 관심 / 경청

내담자를 바로보고 개방적인 자세를 취하여 관심을 표현한다. 이따금 상대방 쪽으로 몸을 기울이고 좋은 시선 접촉을 유지한다. 편안하고 자연스러운 자세로 관심이 있음을 알 수 있게 한다.

경청은 강력한 관계 맺음 유지를 가능하게 하며 치유 효과도 가지고 있다. 유족의 언어적 메시지를 듣고 그것을 이해 하여야만 진정한 경청이라 말할 수 있다. 또한 비언어적(자세, 표정, 목소리 등) 메시지를 관찰하고 그것을 읽을 수 있어야 한다. 그들이 처해있는 사회 환경 또한 고려하여 볼 수 있어야 한다. 언젠가는 깨닫고 변화가 필요한 문제까지도 들을 수 있어야 진정한 경청이라고 할 수 있다.

2) 공감대 형성

유가족의 인식을 알고자 하고, 전달하고 의미하려는 것을 수용하는 것이다. 유가족이 사용하는 단어와 신호들을 그 순간 가장 중요하다고 인식되고 경험된 의미로 해석해주는 행위이다.

장례지도사는 공감대 형성을 통해 유가족들이 고인의 죽음을 긍정적으로 인식할 수 있도록 도움을 주며, 소외감을 해소하여 죽음에 대한 불안을 해소해 준다.

장례지도사는 항상 죽음을 다루는 일을 하기 때문에 정신적으로 건강한 죽음에 대한 인식을 가질 때 질적으로 우수한 장례서비스가 이루어진다.

6. 현대 장례 예식

가. 현대 장례의 흐름

일반적으로 장례란 죽음을 처리하는 의례를 뜻하는데, 산자의 마지막에 치러지는 통과의례로서 이승과 분리된 망자를 일정한 기간인 장례기간 중 그 넋과 혼을 위로하고 내세(來世)의 세계에 통합 할 수 있도록 돕는 것이 장례의 기본 목적으로 한다.

현대에는 특별한 사정이 없는 한 3일장을 기본으로 하므로 사망 후 당일로 수시를 행하게 되고, 사망한 다음날 습을 행하며 습이 끝나면 바로 소렴을 하고 입관까지 하게 되어 염습의 과정이 2일째에 한꺼번에 이루어지고, 3일째 발인을 하게 된다.

급변하는 현대 사회의 상·장례 절차는 전통의례와는 상당부분 달라 많은 부분이 간소화 되거나 일정 부분 생략 되고 있다. 현대산업사회의 구조적인 흐름에 의하여 상례가 일부 변화를 가져왔다고는 하지만 그 예(禮)를 다하고자 하는 마음들이 있으면 떨어져가는 도의(道義)를 바로 세울 수 있다는 것이다.

인구의 도시화로 핵가족화로 변모하면서 가정에서 운명하거나 상장의례를 치르는 일은 거의 사라져가고, 전문 장례식장이나 병원 장례식장에서 죽음을 처리하는 경우가 대부분으로, 전통상장의례에서는 매장을 주로 하였지만, 현대에 이르러서는 장묘정책과 국민의 인식변화에 따라 장법이 매장에서 화장으로 급격히 변화되고, 화장이후의 유골처리방법에 있어서도 봉안당에 안치하거나, 산골 하는 등 장묘제도에도 많은 변화가 일어나 미래장법에 그 영향을 미칠 것으로 전망된다.

나. 현대장례절차

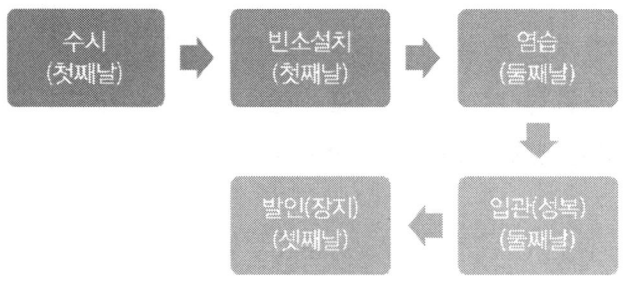

1) 첫째날

(가) 임종 및 운구

- 자택에서 사망 시 병원 또는 장례식장으로 이송한다.
- 병원에서 사망 시 장례식장으로 이송한다.
- 사망 후 이송차(장의차) 이용하여 이송한다.

(나) 사망진단서(시체검안서) 발급

- 사망진단서(시체검안서)는 의사, 치과의사, 한의사가 발급해준다.
- 여러 통이 필요하다.

(다) 수시(장례지도사가 진행)

- 고인의 옷과 몸을 바로 하여 수시를 한다.

- 사잣밥은 종교에 따라 진행하기도 한다.

(라) 고인 안치(장례식장 관계자가 진행)

- 장례식장 안치실에 고인을 안치한다.
- 상주는 고인이 안치된 냉장시설에 대한 번호 및 필요에 따른 보관키를 인수받는다.

(마) 빈소설치

- 영정사진 준비한다.
- 문상객의 인원 등을 고려하여 빈소를 선택한다.
- 종교별 기타 사항에 따라 빈소에 영좌 설치한다(장례지도사가 진행).

(바) 장례용품 선택

- 수의 및 관 등 장례용품 선택한다(미리 준비한 수의가 있으면 준비한다).
- 문상객 접대를 위한 접객용품 선택한다(문상객의 인원에 맞는 메뉴 선택).

(사) 화장시설 예약

- e-하늘 장사 정보시스템에서 화장예약 창구 단일화.

(아) 부고

- 부고장 양식 참조하여 부고장, 전화, 문자 작성 후 발송한다.
- 호상이 업무를 진행하기도 한다.

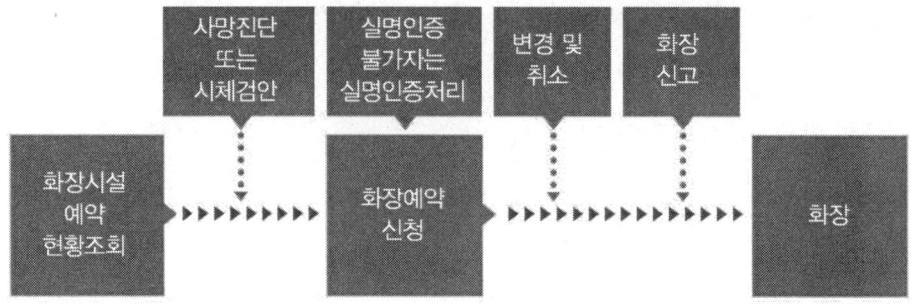

(자) 상식 및 제물상

● 장례식장과 장례절차 상담 시 결정한다.

2) 둘째날

(가) 염습 및 입관

● 유가족의 경우 계약된 장례용품 확인하거나 고인이 생전에 준비한 수의를 사용하기도 한다.
● 염습 : 고인을 정결하게 씻기거나 소독하여 수의를 입히는 것으로 입관 전에 행하는 절차이다(장례지도사가 진행).
● 반함 : 반함은 고인의 입에 불린 쌀과 엽전 혹은 구슬을 물려 입안을 채우는 일로 현대에는 불린 쌀만 반함하며, 상주, 상제, 주부, 복인 중 상주가 진행하되, 원하는 유가족은 고인에게 반함할 수 있다.
● 반함순서 : 불린 쌀을 고인의 입안 우측→좌측→중앙 순으로 넣는다.
● 입관 : 고인을 관에 모시는 것을 말하며 입관이 끝나면 관보를 덮고 명정을 씌운다.(장례지도사가 진행)

(나) 성복

- 성복 : 입관 후 정식으로 상복을 입는다는 뜻으로 상제(고인의 배우자, 직계비속)와 복인(고인의 8촌 이내의 친족)은 성복을 한다.
- 전통적 상복으로 굴건제복을 입는 것이 원칙이었으나 현대는 경우에 따라 돌아가신 직후 성복하기도 한다.
- 상복을 입는 기간은 장일까지 하되 상주, 상제의 상장은 탈상까지 한다.

(다) 성복제

- 상복으로 갈아입고 제물음식을 차린 후 고인께 제례를 드림
- 종교별 행사(성복제, 입관 예배, 입관예절 등) 진행

(라) 문상객 접객

- 성복이 끝나면 본격적으로 문상을 받는다.
- 상주, 상제는 근신하고 애도하는 마음으로 영좌가 마련되어 있는 방이나 빈소에서 문상객을 맞으며, 문상객이 들어오면 일어나서 곡을 하는 것이 일반적인 관습이다.
- 문상객에게 말도 하지 않는 것이 좋다고 하나, 간단한 답례를 표하는 것도 좋다.
- 상주, 상제는 영좌를 모신 자리를 지키는 것이 우선이므로 문상객을 일일이 전송하지 않아도 된다.

3) 셋째날

(가) 장례용품 및 장례식장 이용비용 정산

(나) 발인 또는 영결식

- 영구가 집 또는 병원 장례식장을 떠나는 절차이다.
- 관을 이동할 때는 항상 머리 쪽이 먼저 나가야 하며(천주교의 경우 발이 먼저 나가는 경우도 있음) 발인에 앞서 간단한 제물을 차리고 올리는 것을 발인제라 한다.
- 영결식은 고인의 신분에 따라 가족장, 단체장, 사회장 등으로 하는데 단체장이나 사회장의 경우 장의위원회가 구성되어 주재한다.

(다) 운구

- 발인제가 끝난 후 영구를 장지(묘지, 화장시설)까지 영구차나 상여로 운반하는 절차이다.
- 장의차를 이용할 경우에는 영정, 명정, 영구를 모신 후 상주, 상제, 복인, 문상객의 순으로 승차하여 운구한다.

(라) 장지로 이동

매장인 경우	화장인 경우
1. 묘지도착(매장인경우) 공원묘지 등을 이용하는 경우에는 묘지도착 후 관리사무소에 서류를 접수한 후 승인 후 직원의 안내를 받아 하관을 하도록 한다. 필요서류 : 사망진단서 1부, 주민등록등본 1부, 신청서(공원묘지 비치) 1부, 고인 증명사진 1매 ※ 상기 서류는 각 공원묘지마다 상이할 수 있다.	1. 화장시설 도착 화장 서류(사망진단(시체검안)서 1부, 주민등록등본 1부 등) 접수한다. ※ 상기 서류는 각 화장시설마다 상이할 수 있다. 화장로 운구. 필요시 종교별 위령제를 실시하기도 한다. 사전 e-하늘 장사정보에서 예약된 시간과 화장로에서 화장한다.
2. 하관 하관이란 묘지에서 영구를 광중에 넣는 것으로 하관시는 관바닥이 광중에 닿는 것을 말한다. 하관 때는 상주와 상제, 복인이 참여하되 곡은 하지 않는다. 관을 수평과 좌향을 맞추어 반듯하게 내려놓고 명정을 관위에 덮는다. 횡대를 가로 걸친 후 상주, 상제, 주부 순으로 흙을 관위에 세 번 뿌린다(취토한다).	2. 화장

매장인 경우	화장인 경우
3. 성분(봉분) 유가족의 취토가 끝나면 석회와 흙을 섞어 관을 완전히 덮는다. 다음으로 흙을 둥글게 쌓아올려 봉분을 만들고 잔디를 입힌다. 봉분이 끝나면 준비한 지석을 묘의 오른쪽 아래에 묻는다. 이는 후일에 봉분이 유실 되더라도 누구의 묘인지 알 수 있도록 하기 위함이다.	3. 분골 화장한 유골을 용기에 담을 수 있도록 빻아 봉안용기 또는 자연장 용기에 담는다. 자연장 용기 : 생분해성 수지, 전분 등 천연소재로 생화학적 분해가능, 굽지 않은 토기 등으로 수분에 의해 형체가 허물어지는 것으로 규정되어 있으나 일부 자연장에서는 용기를 사용하지 않기도 한다.
4. 산신제, 평토제 산신제 : 묘사와 제사에는 먼저 산신제를 지낸다. 이때는 향, 모사 없이 지내며, 묘지 우측에 진설하고 고축한다. 평토제 : 성분제 혹은 제주제라고도 한다. 하관을 마치고 난 후, 달구질을 하고 봉분을 만들고 나면 묘 앞에 제물을 진설하여 제사를 지내는데 이를 평토제라 한다. 산신제, 평토제 대신 종교별 제례를 시행하기도 한다.	4. 화장필증 인수 화장 후 화장필증 인수하여 봉안 시 관계자에게 제출한다.
5. 매장신고 및 분묘설치 신고 개인, 가족, 중종묘지는 매장지 관할 지방자치단체장에게 신고한다. 법인, 공설묘지는 관리사무소에서 매장신고 및 분표설치 신고 대행하기도 한다. 화장인 경우	5. 봉안 또는 자연장 봉안장소 : 봉안묘, 봉안당, 봉안탑 등 자연장 : 지자체에 설치된 자연장지 (수목장림)를 이용한다.

(마) 사망신고

- 시·읍·면의 장에게 30일 이내 신고
- 사망진단서 또는 시체검안서 등 사망의 사실을 증명하는 서류
- 신분확인(신고인, 제출인, 우편제출의 경우 신고인의 신분증명서 사본)
- 사망자의 가족관계등록부의 기본증명서(가족관계등록 관서에서 전산정보로 확인이 가능한 경우에는 제출 생략)

(바) 기타 보험금 청구 및 유족연금 상실신고

- 각 보험사별로 제출서류가 상이하므로 확인한다.

다. 현대장례와 전통장례 비교

1) 첫째날

절차	현대 장례	전통 장례	절차
임종	• 운명할 때 곁에서 지켜보는 것.	• 천거정침(遷居正寢)	임종
속광	• 고운 솜을 코나 입에 대어 죽음을 확인하는 절차	• 햇솜을 입과 코 위에 올려놓고 움직임 여부로 죽음을 확인한다. • 솜이 흔들리지 않으면 숨이 끊어진 것으로 여겨 곡을 한다.	속광
수시	• 시신을 바로잡는 절차. • 시상판(칠성판)이 시신을 바로잡는 도구로 사용됨	• 설치철족(楔齒綴足)	수시
고복	• 망자의 영혼을 부르는 의식. • 보통 남자가 한다.	• 복(復), 초혼(招魂), 고복(皐復) • 남자의 상에는 남자가 여자의 상에 여자가 한다.	고복
발상 발상	• 초상이 난 것을 알리는 것. • 검은색 옷으로 갈아입는다. • 장례에 사용될 물품을 상담한다.	• 머리를 풀고 맨발을 한다. • 관과 칠성판 제작	발상 치관 (治棺)
부고	• 우편, 신문, 전인, 문자, SNS 부고 등 다양한 방법이 있다.	• 사람이 직접 전달하는 전입부고가 대부분 이었다.	부고

2) 둘째날

절차	현대 장례	전통 장례	절차
염습 및 입관	• 목욕부터 시작하여 소렴(小殮)과 대렴(大殮), 입관(入棺)이 한 번에 진행된다. • 향물 대신 현대위생용품(알콜솜)으로 이루어진다.	• 준비된 향탕(香湯)으로 목욕시키고 쌀 씻은 물로 머리를 감긴다. • 습(襲)을 한다. 반함(飯含)을 한다.	목욕 (첫째날)
		• 옷 등을 진설하고 소렴한다. • 남자는 머리를 묶어 상투를 매고 통건을 쓴다. • 여자는 대나무 비녀를 꽂는다.	소렴 (小殮) (둘째날)
		• 대렴(大殮) 후 즉시 입관한다. • 결관(結棺)을 한다. • 아침, 저녁으로 곡을 한다.	대렴 (大殮) (셋째날)
성복	• 대렴이 끝나고 성복하므로 대렴시간에 따라 성복시간이 달라진다.(요즘에는 사망 직후 성복한다.) • 조문에 시간적 제약 없이 이루어지고 있으나 예에 어긋난다.	• 아침에 성복을 하고 전(奠)을 올리다. • 성복을 한 이후에 조문을 받는다.	성복 (넷째날)
조문			조문
		• 매장할 땅을 선택 • 날이 정해지면 산역을 시작하고 토지신에게 사토제(祠土祭)를 지낸다. • 신주(神主) 제작	치장 (治葬)

3) 셋째날

절차	현대 장례	전통 장례	절차
발인	• 신주(神主)나 혼백(魂魄)을 영정(影幀)이 대신한다. • 명정(銘旌)은 영구(靈柩)와 함께 묶는다. • 장례 행렬이 대부분 자동차로 이루어진다.	• 발인 하루 전날 영구를 상여로 옮긴다.	천구(遷柩) 발인
운구	• 영구를 운반하여 장지까지 가는 것 • 장의차이용	• 상여이용	운구
하관	• 광중에 영구를 내리는 절차	• 동일	하관
성분	• 봉분을 만드는 절차 • 성분이 되면 제를 올린다.(위령제)	• 동일	성분
반곡	• 성분을 마치고 귀가하는 것.	• 영좌(사당)을 설치하고 신주 등을 모신다.	반곡
우제	• 장례가 끝나고 3일 후에 삼우제라 하여 제를 올림	• 초우 • 재우 • 삼우	우제
탈상	• 현대에는 삼우날 탈상하는 경우도 있고 불교의 경우 49재(천도재)를 마치는 날 탈상하는 것이 대부분이다.	• 삼우 후 3개월이 지나 • 강일을 당하여 올린다.	졸곡(卒哭)
		• 졸곡을 지낸 다음날 새 신주를 조상신 곁에 모실 때 지낸다.	부제(祔祭)
		• 초상을 치른 지 만 1년 후에 지낸다.	소상(小祥)
		• 초상 후 만 2년의 제사	대상(大祥)
		• 대상 후 1달이 지나 두 번째 되는 날 지낸다. • 복을 벗는다.	담제(禫祭)
		• 담제를 지낸 다음날에 날을 가려 지낸다. • 5대조로 묘사를 옮긴다. • 해상(解喪)된다.	길제(吉祭)

라. 일본·중국 장례문화 특징

1) 일본의 장례

국민의 95%이상이 불교식 장례를 하고 98%가 화장을 한다. 전국의 화장장 수는 2000여 곳이 넘고 장례는 대부분 집에서 초상을 치루고 전문 장례식장에서 스님의 집전아래 조문객의 영결식만 지내고 화장 후 다시 집으로 돌아와 불단(49재단)을 모신다. 또한 '쯔야' 의식으로 고인과 더불어 같이 하룻밤을 보내는 영혼을 위한 의식을 한다. 고인을 화장한 뒤에도 가까운 지인들과 고별식을 치룬다. 우리나라와 다른점은 아무리 슬퍼도 조문객 앞에서는 곡을 하지않고 조용하게 장례를 치룬다.

화장한 유골은 분쇄하지 않고 대나무 젓가락으로 유골함에 모셔 납골한다. 부의금은 우리나라와 같이 홀수 금액으로 전달하고 장례식에는 검은색 정장에 염주를 손에 착용하고 조문한다.

2) 중국의 장례

중국은 50여개의 다양한 소수민족이 있지만 중국 인구의 대다수를 차지하는 한족의 보편적인 장례문화인 빈장(殯葬)문화를 알아보자.

1956년 마오쩌뚱이 이끄는 혁명정부가 장례문화 혁명을 시작했다. 대표적인 제도가 토장문화 금지로 한족의 경우는 100%화장을 법으로 정하고 있다. 단, 공자의 후손 '공'씨 성을 가진 후손은 국가에 반역을 하지 않으면 매장을 허용했고 공자의 고향 곡부마을에는 '공'씨 공동묘지(약 10만기)가 있다.

여러 소수민족의 장례문화를 인정하여 토장, 천장, 현관장 그리고 수장 등이 있다.

우리나와 같이 조문을 받는 가족들은 곡을 하면서 조문객에게 절을 하며 예를 표한다. 때로는 대곡하는 사람이 있다. 부의금 또한 우리나라와 같이 홀수 단위로 전달한다.

마. 장례의 문제점 및 개선책

1) 시신 냉장 보관

현대 장례에는 시신을 안치할 때 4℃의 냉장고에 보관한다. 이는 고인의 소생에 대한 가능성을 원천 배제한 보관방법이며, 종교적 관점에서 부활과 관련된 신념과도 정면충돌하는 문제를 야기한다. 또한 공중보건 및 감염예방을 위한 필요한 조치를 강구하여야 하고 특별히 관리를 필요로 하는 사망자나 심하게 부패한 시신 외에는 상온에서 보관하여 종교적, 정서적 문제를 해결해야 한다.

2) 짧은 장례기간

도시화 핵가족화로 인하여 망자를 위한 장례가 아닌 산자를 위한 획일적인 장례가 행해지고 있으며, 특히 3일장이 보편화되어 짧은 시간 순식간에 장례가 지나간다. 이 짧은 시간에 유족의 비탄을 충분히 치유하기에는 너무 짧은 시간에 장례식이 끝나버린다. 장례식의 기능중 하나인 유가족의 심리적 치유와 사회로의 안정적인 복귀를 수행하는데 3일 동안의 기간은 너무 짧다. 충분한 시간을 가지고 장례를 치루는 것이 필요하다.

3) 자연장지 역시 국토를 잠식한다.

매장은 나무로 된 관이 썩기 전 시신의 부패가 시작되면서 생기는 침출수가 토양을 오염시키고 또 토양을 타고 올라와 대기까지 오염시킨다. 공동묘지를 관리하기 위해 뿌리는 농약은 또 다른 환경오염을 낳는다. 화장은 침출수가 없고 관의 크기가 작지만 화장하는 과정에서 배출되는 일산화탄소, 중금속, 수은, 이산화황 등은 환경오염을 유발한다. 화장한 뒤 남은 재는 아무런 양분이 없다.

2016년 기준으로 전국 화장률이 80%를 넘어간 현재 화장한 유골의 처리방법 중 봉안(奉

安)의 대안으로 나온 자연장 역시 국토를 잠식하고 있는 현실이다. 결국 자연장 역시 국토를 차지하고 잠식하기 때문에 새로운 대안의 장법이 필요하다. 그 대안으로 해양장을 생각할 수 있다. 해양장은 바다에 화장한 유골을 산골 하는 것으로서 한 뼘의 땅도 차지하지 않는 장법이다.

4) 장사시설에 대한 인식변화

양극화 갈등으로 장사시설을 혐오시설로 인식하여 지역이기주의로 인한 자신의 지역에 들어서는 것을 거부하는 님비현상에 대한 문제를 해결해야 한다. 장사시설에 대한 지속적 교육과 홍보를 통하여 거부감을 줄여 혐오시설이라는 인식을 개선해야 할 방법을 강구 하여야 할 것이다.

바. 다양한 미래의 장법 제시

장법은 민족이나 종교관(宗敎觀), 사회의 가치관과 생사관 등의 문화적 요소에 따라 다양하게 발달하였고, 원시시대부터 현재에 이르기까지 전 세계적으로 다채롭고 각양각색의 장법이 발견된다. 이 중, 일부 장법은 인류역사에서 완전히 소멸한 것도 있고, 과학문명의 발달에 따라 21세기에 새로이 등장한 장법도 있으며, 앞으로 새로운 장법이 나올 가능성은 얼마든지 있다고 본다.

1) 빙장

빙장은 인간의 시신 등의 유기물을 동결건조 처리해 흙으로 돌려보내는 장묘 방식이다. 이 방식은 우선 시신을 분해 가능한 관에 넣은 다음, 영하 196도의 액체질소탱크에 담가 급속 동결시킨다. 이어 미세한 진동을 통해 동결된 시신과 관을 미세한 조각으로 분해시킨 뒤, 분해된 조각을 건조시켜 수분과 금속성분을 분리한 뒤 유해를 녹말로 만든 관에 안치한다. 이 관을 땅에 묻으면 1년 이내에 완전히 토양화 된다.

화장을 통해 수목장을 하면 그동안 인체를 산화시켜 나온 인 등에 의해 뿌리가 썩는 단점이 있다면, 빙장을 이용하면 이 같은 문제를 해결할 수 있다. 오히려 식물에게 양분으로 공급되기 때문에 수목장에 적용하면 더욱 유리하다.

스웨덴의 생물학자인 수잔 위 메삭에 의해 발명된 이 장묘 방식은 세계 180여 개국에서 국제특허를 획득한 상태다.

2) 해양장

고인의 유지나 유족의 뜻으로 화장한 뒤 어장이나 낚시터 등을 피해 골분을 육지에서 떨어진 바다에 뿌리는 장법 중 하나이다. 해양장은 최근 민간영역에서 활성화되고 있다. 매년 수천 명이 해양장을 선택하는 것으로 추정되고 있다. 생명의 근원인 물로 돌아갈 수 있다는 점, 그리고 환경에 부정적인 영향을 미치지 않는다는 점이 해양장을 지지하는 사람들의 설명이다. 하지만 해양장은 제대로 된 법적 기준이 마련돼 있지 않아 공공영역에서 활성화되지 못하고 있는 실정이며, 부표나 GPS같은 인식기가 없을 경우 사후 장소 식별이 어렵다는 점과 선박을 이용하기 때문에 비용이 발생 할 수 있으며 날씨가 좋지 않을 때 이용하기 어렵다는 점, 멀미와 같은 피로가 따른다는 점 등의 단점이 있다.

3) 바이오화장(Bio-Cremation)

알칼리 가수분해는 현재 알칼리 가수분해(Alkaline Hydrolysis), 아쿠아메이션, 레조메이션(Resomation) 등 여러 이름으로 불리고 있다. 영국에서 개발된 이 방법은 화학적으로 시신을 처리하는 과정으로, 일반 화장에 필요한 천연가스의 10분의 1, 전기의 3분의 1만 있으면 가능하다.

실험용 동물이나 의학 연구용 시신을 처리하는데 실제로 사용되었던 방법이며, 시신을 스테인리스 스틸로 된 장비(레조메이터) 속에 넣고 물과 열, 수산화칼륨과 압력을 가하면 2시간 후, 뼈 일부와 시럽 같은 고동색 액체만 남게 된다. 일반 화장과 마찬가지로 남은 뼈는 갈아서 유족들에게 인도된다.

4) 크라이오메이션(Cryomation)

극초단파와 냉동건조기술을 이용한 크라이오메이션은 시신을 크라이오메이터에 넣고 -196도까지 액체질소를 이용해 동결시켜 분쇄하고, 수분제거 및 건조과정을 거쳐 금속제거 및 박테리아, 바이러스의 살균과정을 거친다. 이후에 가속퇴비과정(accelerated composting process)을 통과해 가루의 형질과 중량을 줄이는 과정을 거치고 자연으로 돌아가게 된다.

영국에서 개발되었으며, 이산화탄소 배출량은 50kg이다. 스웨덴의 빙장과 거의 같은 형태이지만 살균과정과 남은 가루의 형질과 양을 줄이는 '가속퇴비과정'이 추가된 형태이다.

5) 보석장(Algordanza)

인간의 몸은 약 18%가 탄소로 이루어져 있으며, 화장 등의 공정이 끝나면 약 2%가 남는다. 보석장은 남은 탄소를 활용해 흑연으로 만든다. 그리고 흑연에 높은 열과 압력을 가하여 다이아몬드로 만드는 것이다.

이렇게 만들어진 보석은 메모리얼 다이아몬드(Memorial Diamond)라고 불리며, 인간의 몸에 있는 '붕소'로 인해 푸른빛을 띤다. 완성된 보석은 나무 상자에 보관하거나 유족들이 원하는 경우 반지나 목걸이의 형태로 제작하기도 한다.

6) 우주장

도쿄(東京)에서 열린 '엔딩산업전(ENDEX)'에서는 고인의 유골을 우주로 보내는 '우주장' 등이 소개되었다.

우주장은 화장한 고인의 유골 일부를 인공위성이나 로켓 등에 실어 우주로 보내는 서비스다. 한 업체는 소량의 유골을 작은 금속캡슐에 넣어 우주로 보냈다가 다시 지구로 귀환시키는 서비스를 48만6000엔(약 469만원)에 제공하고 있다.

인공위성 대신 대형 풍선을 이용해 유골을 우주로 보내는 '저가형 우주장'은 가격이 24만엔(약 232만원)이다.

7) Eco-mation(녹색장)

녹색장은 한국에서 개발된 장비로 시신에 수분을 전부 제거하는 방법으로 현재 농림축산식품부에서 시행하는 반려동물의 장법에는 적용하고 있다. 시신을 건조하는 공정과정은 사람으로 건조했을 때와 같이 비슷한 과정을 거치며 공정 시간은 거의 40분 정도로 현재의 최신 화장시설인 서울 원지동 화장시설은 1시간 40분의 공정으로 1시간이나 앞서며 기계의 설비공간이나 비용적인 부분은 비교가 안 될 정도로 저렴하고 간단하다.

불로 태우는 공정에 비해서 여러 가지 장점이 많으며 연료는 전기를 사용하고 시신을 건조하는 과정에서 나오는 매연이나 냄새 같은 혐오감을 주는 물질이나 요소는 없기 때문에 앞으로 인류가 채택할 최종의 친환경적인 장법이라고 예측할 수 있다.

8) 캡슐 장례

캡슐 장례는 망자의 시신을 태아 상태의 모습(fatal position)으로 타원형 캡슐에 넣고 캡슐 끝부분에 묘목이나 나무 씨앗을 심은 뒤 그대로 땅에 묻는 매장 방식이다.

십자가나 비석 같은 별도의 표시물은 없다. 캡슐에서 자란 나무가 그 자체로 하나의 무덤이자 표시물이 된다. 캡슐은 감자와 옥수수녹말로 만들어져 매장 후 얼마 지나지 않아 흙의 수분에 의해 녹아내리고 시신은 자연스레 흙과 접촉하며 미생물에 의해 분해돼 자연으로 돌아간다. 이 과정에서 분해된 시신이 캡슐 윗부분에 심어뒀던 나무의 양분이 된다.

이렇게 장례를 진행한 캡슐들이 모인 공동묘지는 하나의 거대한 숲이 된다. 흙에서 그저 흙으로 돌아가는 것이 아니라 생태계에 도움을 주는 방식으로 돌아가는 셈이다. 다음 세대의 지속가능한 성장을 위해 우리 몸을 대지의 양분으로 준다는 점에서 가장 바람직한 매장 방식이라고 할 수 있다.

이렇게 장례를 진행한 캡슐들이 모인 공동묘지는 하나의 거대한 숲이 된다. 흙에서 그저 흙으로 돌아가는 것이 아니라 생태계에 도움을 주는 방식으로 돌아가는 것이다. 다음 세대의 지속가능한 성장을 위해 우리 몸을 대지의 양분으로 준다는 점에서 가장 바람직한 매장 방식이라고 할 수 있다.

9) 폭죽장

불꽃놀이처럼 보이는 폭죽장은 수백 발의 폭죽에 고인의 유골 가루를 담아 하늘에서 터뜨리는 장법이다.

유골 가루가 담긴 상자를 매단 작은 열기구를 하늘로 날려 열기구가 2만 2천 미터 상공에 도착하면 자동으로 상자가 열리고 유골 가루가 뿌려진다. 폭죽장이 이루어지는 모든 장면은 GPS가 달린 카메라에 담아 유족들에게 전달해준다.
폭죽장례식 업체에 따르면 고객이 원하는 대로 넓게 터지게 하거나 부드럽게 비처럼 쏟아지게 할 수도 있다고 한다.

10) 그 외

앞서 소개된 장법 외에도, 살아있을 때 축구나 골프 등 스포츠를 좋아한 사람을 위해 화장한 유골을 축구공이나 골프공 형태 등의 공 모양의 용기에 담거나, 화장한 유골을 시멘트와 섞어 리프 볼(Reef Ball, 인공 암초)로 만들어 바다 속에 넣거나, 유골 중 탄소를 사용하여 연필을 제작하거나, 유골을 분말로 하여 물감과 섞어 초상화를 그리는 장법도 있다.

　　　　　　예서(禮書)에서 이르기를 인간의 죽음을 소인(小人)은 사(死)라 하고 군자(君子)는 종(終)이라 하여 사(死)와 종(終)의 중간을 택해 없어진다는 의미의 상(喪)을 써서 상례(喪禮)라 하였다. 이에 죽음을 처리하는 의례를 상례하고 한다면, 실질적 처리 방법은 장법이라고 하여 이를 함께 표현하여 상·장례라고 하는 것이다.

제2장

장례 산업 보건

1. 시신의 위생적 관리와 감염
2. 산업보건과 질환
3. 장례업 종사자의 질병예방

장례 산업 보건

장례 산업에 있어 보건과 위생은 장례의 모든 사람들에게 해당하는 것이다. 장례는 의례와 함께 고인을 정성스럽게 목욕시키고 깨끗이 한 다음 수의를 바르게 입혀드리는 업무의 하나로, 장례지도사와 그 유가족이 함께 하며 주위에 많은 영향을 끼치기 때문이다.

사망 후 면역계가 소실된 시신의 체내 환경은 많은 병원성 미생물들에게 중요한 영양 공급원이 된다. 급격한 물리적 화학적 변화가 일어나며 급격히 증식한 많은 세균들에 의해 부패가 가속화되고, 냄새, 변색, 체액배출 등 다양한 사후 변화가 일어난다.

따라서 사망의 원인이 무엇이던 간에 시신은 위생처리가 되어야 함은 재론의 여지가 없고 이를 다루는 장례종사자와 가족 모두가 위생에 만전을 기하여야 하는 것이다.

만약 처리가 불충분할 경우에는 여러 가지 감염의 원인이 된다. 특히 사망을 이르게 한 병원성 미생물뿐만 아니라 의료 환경에서 존재하던 병원성 감염균들은 시신과 함께 장례식장으로 이동되기 때문에 시신을 다루는 장례지도사는 반드시 경계해야할 대상이다.

고인의 마지막은 장례지도사의 손길을 거쳐 가므로 장례지도사를 대상으로 한 위생교육 프로그램이 필요할 것이다. 이를 다루기 위해 먼저 시신의 위생적 관리와 사망자 실태 및 국내, 외 감염관리 실태를 살펴보기로 하자.

1. 시신의 위생적 관리와 감염

가. 시신의 사후 변화

심폐가 정지되면 뇌 내의 혈압이 떨어지고 무산소 상태가 수 분간 지속되면서 뇌손상과 함께 불가역적 상태로 된다. 이때 의식과 모든 반사가 소실되고, 통증에 대한 반응도 없어지면서 모든 근육의 긴장은 사라진다.

사망 후 시신의 초기변화로는 체온하강, 혈액 침하 및 시신 경직 등이 비교적 빨리 나타나며, 이러한 사망 후 변화들로는 크게는 물리적 변화와 화학적 변화로 구분할 수 있다.

1) 물리적 변화

물리적 변화는 중력과 같은 자연적 힘에 의해 시신의 체내에서 물리적 위치변화를 말하며, 이는 체온 하강, 혈액 침강, 시반, 탈수, 혈액의 점도 증가 및 미생물의 이동 등을 말한다. 이러한 변화의 주요 원인들로는 혈액 순환의 정지, 중력, 표면 증발과 관련 있다.

그 가운데 시반(livor mortis)은 사망 후 30분에서 2시간정도 시간이 경과하면 혈액 순환이 멈추면서 혈관 내에 있는 혈액들은 중력에 하방으로 이동, 침강하면서 체표면에서 나타나는 변색을 말한다. 체액량이 많거나 혈액이 묽은 시신, 냉동한 시신의 경우는 정상보다 혈액의 점도가 낮아 사망 후 혈액의 침강현상이 가속화 되면서 시반이 바로 나타날 수 있다. 이러한 시반은 시신을 냉장고에 보관한 다음 염습하기 위해 시신을 다루는 가정에서 얼굴 및 손 등에서 볼 수 있는 대표적인 현상이다.

일례로 시신에서 탈수 현상은 보관중이 시신의 체내 조직내부로부터 물의 손실과 표면증발에 의한 수분 손실로 대표적으로 피부에서 발생되는 표면증발과 내부 장기에서 주로 발생되는 혈액과 체액의 침강현상으로 발생된다. 뿐만 아니라 시신을 안치 냉장고에 보관하였을 때 냉장고 내부의 차가운 공기에 의해 수분의 소실이 크게 일어난다. 탈수 결과 시신의 얼굴에 눈과 입의 점막이 점차 암적색으로 어두워지기 시작하며, 이마부위와 관골 부위는 노랑에서 갈색으로 변화가 일어난다.

인체가 사망하면 체내 면역의 소실로그 결과 사망원이에 따라 다르지만 일반적의로 사망 후 4~6시간 내에 대장에 생존해 있던 미생물들이 뇌척수액에까지 침투 할 수 있다. 사망 후 4~8시간 내에 좌심실, 폐, 방광, 소뇌실 등과 같은 표본채취 장소로부터 표본균 미생물의 분리 동정은 사후 미생물의 이동이 낮은, 중간 또는 높은 수준으로 이동할 수 있다는 전파능력의 지표가 된다. 이러한 사후 미생물의 이동과 증식은 체성죽음 시간 안에 시작되며 사후 24~30시간 내 체액 1ML당 도는 조직 $3.0~3.5 \times 10^6$개 정도로 증식하게 되면서 시신의 부패를 촉진시키게 된다.

시신의 체내에서 미생물의 이동결과는 시신의 입, 코, 항문과 같은 체내 개구부를 통해 탈출할 수 있게 되며 주변 환경을 감염 또는 오염시킬 수 있다. 뿐만 아니라, 시신을 다루는 과정에서는 에어로졸 형태나 마른 입자 상태로 되면 공기 매개 입자가 되어 생물학적 위해 인자로 광범위한 확산을 일으킬 수 있다.

2) 화학적 변화

화학적 변화는 체구성 물질이 자가 융해와 같은 화학적 활성에 의해 조직을 구성하는 성분들의 화학적 변화로 말미암아 결과적으로 새로운 물질이 생성되는 것으로 사망 후 열, 산도(pH)의 변화, 사망 후 염색, 사망 후 경직, 자가융해 및 부패 등을 볼 수 있으며 사망 후에는 호흡의 부전과 순환기계의 정지로 점진적으로 산소가 고갈되어지면 근육 조직에 젖산 축적이 일어난다. 젖산 축적은 근육을 산성화 시키고 축적되면서 근육 수축 단백질은 결합 상태로 응고된다.

산성화 현상은 사망 후 약 3시간 정도 지나면서 시작되며, 우리 몸의 산도(pH)가 7.2정도에서 약 6.0까지 떨어지게 된다. 점진적인 산성도 증가로 인해 조직 내 연한 단백질의 변성과 분해가 일어나게 되며 세포들도 자가융해가 일어나며, 단백질의 분해로 암모니아나 아민과 같은 질소화합물이 점점 쌓이게 된다.

부패가 진행될수록 암모니아와 같은 질소 화합물들이 축적되면서 조직 내 산도는 저마알칼리로 변하게 되고, 중성 및 알칼리 상태는 미생물의 서식환경을 좋아지게 하며 더욱 미생물의 증식과 이들에 의한 부패가 가속화 된다.

개체가 사망하면 신경 자극이 소실되고 근육은 이완되며 긴장이 사라진다. 그 후 평균 2~4시간 정도 지나면 근육은 굳어지고 관절의 움직임이 어렵게 되는데 이것을 시강 도는 시신경직이라 하며, 근육조직 내에 더 이상 에너지를 생산하지 못하기 때문에 생기는 현상이다. 이러한 경직현상은 일반적으로 안구의 불수의근에서 시작하여 얼굴, 목, 상지, 몸통 그리고 하지로 진행해 나가며, 6~12시간 내에 신체 전반에 걸쳐 나타나며, 이 상태는 근육의 자가융해가 발생될 때 까지 지속되다가 18~36시간 지나면 완전한 시신 경직이 형성된다.

어느 정도 형성된 경직은 관절과 근육을 구부리고, 펴고, 돌리고 마사지함으로써 풀 수 있으며 한번 풀리면 다시 생성되지 않는다.

경직이 있은 후 36~72시간 정도 경과하면 자연적으로 근육의 경직이 풀리게 되는데 이는 근육 단백질의 부패를 의미한다.

경직의 세기와 온도 및 부패와의 관계는 서로 밀접하며, 주변 온도가 높을수록 경직을 빨리 시작 되고 빨리 끝나서 부패로 진행되며, 반대로 온도가 낮을수록 경직은 서서히 시작해서 오래 진행된다.

일례로 부패는 후기 시신변화의 주요 현상으로 여러 장내 세균과 부패균으로 유발되며, 부패균이 인체의 복잡한 유기물 즉, 아미노산들로 서로 연결된 단백질분자들이 분해하여 단순한 유기 화합물로 바꾸는 것을 말하며, 그 결과 냄새, 가스, pH의 변화 등이 일어난다.

부패 과정은 먼저 단백질의 가수분해(hydrolysis)결과 복합물이 깨어지면서 물과 크기가 펩톤과 폴리펩타이드 등으로 분해되면서 새로운 중간물질이 생성된다.

이러한 중간 분해 산물은 세균이 증식하는데 있어서 좋은 배지가 되어 부패를 더욱 급속하게 진행시킨다. 부패균의 활동결과 최후에는 아민 화합물, 머캅탄, 황화가스 등의 부산물이 형성되면서 여러 가지 변화를 동반한다.

체내에서 부패되는 순서는 가장먼저 세포(cells)가 되고, 그다음으로는 조직(tissues), 및 기관(organs)의 순서로 진행되며, 여러 조직 가운데서도 연부조직(soft tissue)이 먼저 부패가 일어나고 연속해서 중간정도의 굳기(firm tissue), 경조직(hard tissue) 순으로 조직이 부패된다. 부패가 진행됨에 따라 시신에서 나타나는 소견들로는 변색, 냄새, 표피 탈락, 가스 생성 및 체외 분출물을 들 수 있다.

나. 시신으로부터 감염 위험성

1) 일반적 위험

시신의 체내에서 혈액이 가장 먼저 부패되기 시작하며 장기에서 서식하던 각종 병원균들은 시간이 점차 경과하면 심장에서도 발견될 만큼 빠른 속도로 증식과 전파가 이루어진다. 이때 시신의 체내에는 충분한 습기와 영양분이 있으며 면역체계가 존재하지 않기 때문에 각종 병원성 세균이나 바이러스가 빠른 속도로 증가한다.

시신을 안치 냉장고에 보관하더라도 체내에 있는 각종 세균과 바이러스는 저온에 적응 못하는 것은 사멸될 수 있지만 부패균을 포함한 다수의 병원성 균들은 냉장 상태에서도 적응이 이루어지면서 확산과 증식이 계속되면서 부패는 가속화 된다.

사후 수 일 동안은 병원균의 증식과 부패가 진행되며 이 과정에서 시신을 부주의하게 다루게 되면 시신으로부터 탈출 된 병원균들이 주변의 심각한 오염과 감염원으로 작용할 수 있다. 따라서 종사자들이나 유가족뿐만 아니라 조문객 등 장례식장을 이용하는 다수인들에게 심각한 공중보건학적 위협 요소가 되며, 바로 여기에서 시신의 위생적 관리에 대한 필요성이 제기 되는 것이다.

시신의장기나 조직에 있는 각종 병원균들은 사망 후 4시간이 경과되면 왕성한 번식을 하다가 24~30시간이 경과되면 단위 면적 당 3-4백만 마리에 이르는 최고치에 도달하며 사망한 후 4~9시간이 지나면 병원균들은눈, 귀, 코, 입, 항문 등을 통하여 외부로 탈출이 이루어진다.

2) 병원균 등에 의한 위험 사례

결핵균의 경우 사망자의 혈액에서도 대규모로 확산되며, 포도상구균은 기준치보다 100배 이상이 검출되기도 하며, 또한 매독균도 다량으로 증식한다.

시신을 통해 감염되는 질병으로 가장 많이 보고된 것은 결핵과 간염으로 결핵은 주로 호흡기를 통하여 감염이 되며, 간염은 주로 혈액이나 체액을 통하여 감염이 된다. 그 밖에 시신을 통해 감염될 수 있는 대표적인 질병과 병원균으로는 에이즈의 HIV, B형간염의 HBV(hepatitis B virus), C형간염의 HCV(hepatitis C virus)를 비롯하여 Cytomegalovirus, 풍진, 뇌염, 매독, 성병, 결핵, Herpes 등이며 거의 모든 질병이 시체실을 통해서 감염될 수 있다.

시신으로부터 병원균 감염 사례와 관련하여 시신을 위생보존 처리하는 작업자(embalmer)의 경우 결핵균 감염의 위험성을 보고한 사례가 많고, 조사한 결과에서 종사자들이 작업에 있어 가장 위험한 것은 시신으로부터 질병 감염이 가장 위험하다고 하였고, 그 밖에 체액이나 혈액의 노출, 화학물질, 육체노동 및 작업의 실수 등의 순서로 보고 한 바 있다.

체액매개로 감염 될 수 있는 HIV(human immunodeficiency virus) 경우는 냉장 보관하지 않은 일반 실내온도에서는 24-36시간 생존하지만, 6℃에 보관하는 경우 6일 정도까지 생존하며, 2℃냉장 보관하는 경우는 16.5일 이상 HIV 감염성을 보여 저온 냉장 보관한 사망자에서는 HIV의 생존 기간이 현저히 증가한다고 하였고, 시신의 체내 환경에 따라 HIV의 생존 기간이 달라지며 만약, 사망한지 수분 이내에 바이러스는 인체를 떠나게 되면 이런 바이러스는 외부환경에서는 생존하지 못한다는 보고가 있다

다. 시신관리의 필요성

1) 시신관리

 살아 있을 때 체내 일정 장소에만 존재하던 미생물이 사망 후에는 이동을 할 수 있는 주요 원동력으로는 시신의 화학적·물리적 변화, 시신의 이동과 위치 변화, 미생물이 상존하던 신체 장소로부터의 혈액의 수동적 재순환, 혈전의 분절화와 재배치, 장내세균의 자발적 이동능력 등이 있다.
 시신의 체내에서 미생물의 이동결과는 입, 코, 항문 등 신체 자연 개구부나 상처, 수술부위 등 인위적인 개방부위를 통해 탈출할 수 있게 되며 주변 환경을 감염 또는 오염시킬 수 있다.

 특히, 시신을 다루는 과정에서 시신에서 배출된 감염원이 될 수 있는 혈액이나 체액들이 에어로졸 형태나 마른 입자 상태로 되면 공기 매개 입자가 되어 생물학적 위해인자로 광범위한 확산을 일으킬 수 있다.

 시신관리의 필요성은 시신을 다루는 시체실에 있는 장비, 공기, 분비물, 혈액, 쓰레기, 또는 기타 감염되었던 환자의 물건, 기구 등을 매체로 하여 지속적으로 질병을 확산시키는 요인이 되기 때문이다.따라서 시신을 다루는 과정에서 시신으로부터 감염이 될 수 있는 감염의 원인 및 그 경로 등 위험성에 대해 정확히 이해하고 있어야 한다.

2) 감염에 대한 관리

 시신으로부터 감염에 대해 안전하기 위해서는 시신의 관리 요령과 관리 대상을 이해하고 정확한 작업규정에 따라야한다.특히, 안전한 시신관리의 대상이 될 수 있는 요소로는 의료기관에서 발생한 사망자 인수 절차와 방법, 이송 형태, 안치 및 위생약품 처치, 염습[메이크업 포함] 및 입관, 사고사 등 사망의 종류를 비롯하여, 국내외 이송 등 시신 처리 방법 등 시신을 다루는 과정에 이르기 까지 감염균, 감염원, 감염경로 및 위생적 관리방법에 관한 내용을 포함하고 있어야 한다.

장례식장 종사자들이 작업과정에서 각종 병원균으로부터 감염될 수 있는 감염 경로는 공기감염, 비말감염, 접촉감염, 무생물매개체 전파 및 생물매개체 전파로 나눌 수 있고, 그 가운데 의료기관이나 장례식장에서는 공기감염, 비말감염 및 접촉감염이 중요하다.

첫째, 공기감염은 직경 5㎛ 이하의 입자에 미생물이 부착하여 장시간 부유하고 있다가 공기의 흐름에 의해 이를 흡입함으로써 감염을 일으키는 것으로 대표적 세균성 균으로는 결핵균, 수막염균, MRSA(Methicillin Resistant Staphylococcus aureus, 메티실린 내성 황생 포도구균)이며, 바이러스로는 홍역바이러스, 수두, 대상포진바이러스 등이다.

둘째, 비말감염이란 기침, 재채기, 대화, 기관 내 흡인, 기관지경 검사 등을 하고 있을 때 직경 5㎛ 이상의 큰 비말입자에 부착된 미생물에 의한 감염으로, 비말은 공기 중을 부유하지 않고 약1미터 이내 단거리를 비산하여 일어난다. 대표적 세균성 균으로는 결핵균, 디프테리아균, 백일해균 등이며, 바이러스로는 인플루엔자바이러스, 볼거리, 풍진 등이다.

셋째, 접촉감염은 환자 또는 시신으로부터 직접적인 접촉과 시신을 다룰 때 사용했던 오염된 기구나 장비의 접촉으로 발생 되는 간접접촉으로 구분할 수 있으며, 시신관리 측면에서 가장 중요하고, 빈도가 높은 병원감염 전파방식의 하나이다. 대표적 세균성 균으로는 MRSA, VRE(Vancomycin-Resistant Enterococcus) 등의 다제내성균, 장관출혈성대장균, 이질균 등이며, 바이러스로는 단순포진바이러스(Herpes simplex Virus), 이(Louse) 등이다.

시신을 위생적으로 관리하기 위해서는 몇 가지의 원칙과 예방대책이 필요하다.

〈위생적 시신관리를 위한 3원칙〉

(가) 감염원의 인식

- 시신의 감염증 유무에 대해서 바른 정보 입수

(나) 감염원의 방지
- 신체와 감염원과의 직접 접촉하지 않는 것을 원칙으로 하며, 마스크와 수술용 고무장갑 착용

(다) 감염원 제거
- 시신의 소독, 청결, 위생보건과 공중위생이 요망되며, 감염원을 차단

라. 사망자 수

2013년 사망원인 통계자료에 따르면 연간 사망자 수는 266,257명으로 1일 평균 사망자수는 730명으로 조사되었다.

사망자 성비에 있어서 남자 사망률이 여자보다 1.22배 높으며, 연령별로는 49세 이하 및 60-70대 연령층에서는 감소한반면 남자는 80세 이상(2.2%), 여자는 50대(3.5%)에서 주로 증가한 것으로 조사되었다.

(단위: 명)

항목 \ 년도	2013	2012	2009	2006	2003	1993	1983
총사망자 수	266,257	267,221	246,942	242,266	244,506	234,257	254,563

사망자의 사망 장소는 2012년에는 의료기관내 사망자가 전체 사망자의 70.1%이며, 주택 내에서 사망한 비율은 18.8%, 기타 장소가 11.1%로 조사되었다.

이러한 사망 장소는 2003년 이전 까지는 주택 사망자 비율이 높았으나 그 이후부터는 의료기관에서 사망하는 비율이 많아지기 시작하여 2007년에는 약 2배, 그리고 2012년에는 3배 이상 많았다.

(단위:%)

항목 \ 년도	2012	2010	2007	2003	2002
계	100.0	100.0	100.0	100.0	100.0
의료기관	70.1	67.6	60.0	45.0	43.4
주택 내	18.8	20.3	26.0	42.7	45.4
기타	11.1	12.1	14.1	12.3	11.2

[자료출처 : 통계청]

마. 사망 원인과 감염성 시신

2013년 한 해 사망자 가운데 통계청자료에 따르면 19개 질병분류 가운데 정신 및 행동장애, 신경계통의 질환을 포함하여 질병이환 및 사망의 외인 등을 제외한 9개 질병 분류별 사망자 수는 총 192,760명으로 전체 사망자 수의 72.4%를 차지하고 있다. 이들 9개 질병 분류별 사망자의 경우 기타 사망자들과 비교하여 의료기관에서 항생제 등 약물치료가 상대적으로 많고, 치료과정이나 사망 후 처리과정에서 감염성이 상대적으로 높다고 판단되는 것이다.

조사된 9개 질병 분류별 사망자 수가 과거 10년 전과 비교하여 해마다 점진적으로 증가하고 있어 사망자 관리는 무엇보다 중요하다고 판단된다.

항목 \ 년도	2013	2012	2011	2010	2009	2003
총사망자 수	266,257	267,221	257,396	255,405	246,942	244,506
① 신생물	76,621	74,990	72,650	73,147	70,777	63,984
② 순환기계통질환	57,182	58,960	56,878	56,119	54,249	60,004
③ 호흡기계통질환	22,490	22,770	19,932	18,528	17,023	14,448
④ 소화기계통질환	11,170	11,276	11,134	11,062	10,658	12,831
⑤ 특정감염성 및 기생충	6,683	7,106	6,766	6,685	6,022	5,406
⑥ 내분비, 영양 및 대사 질환	11,844	12,543	11,715	11,146	10,562	12,762
⑦ 혈액 및 조혈기관질환	690	626	572	615	571	423
⑧ 비뇨생식기계통의 질환	5,652	5,438	4,922	4,845	4,592	2,866
⑨ 피부 및 피부밑조직의 질환	428	443	470	490	418	405
⑩ ①+ …… +⑨ 계	192,760	194,152	185,039	182,637	174,872	173,129
⑩/총사망자×100=값(%)	72.4	72.6	71.9	71.4	70.8	70.8

2. 산업보건과 질환

> 헌법 제 36조 ③ 모든 국민은 보건에 관하여 국가의 보호를 받는다.

산업은 생산을 주목적으로 한 노동 활동으로, 인간 생활의 기본이며 이것은 생존과 일치 하는 것으로 오늘 날 인간의 생존은 산업 현장에서의 노동으로 이것은 직업과 동일하다고 볼 수 있다. 인간의 노동을 보다 나은 삶을 위한 것으로 노동에 의한 건강을 저해는 인간의 존엄성과 가치 추구에 반하는 것으로 법률이 정하는 행복 추구에 정면으로 배치된다.

수많은 직업군이 존재하지만 본 학문은 장례에 관한 것으로 장례 종사자의 관련자들에 관한 것을 살펴보기로 한다.

가. 산업보건의 목표

ILO는 산업보건사업의 목표로 다음과 같은 3가지를 권장하고 있다.

① 노동과 노동조건으로 일어날 수 있는 건강 장애로부터 근로자를 보호한다.
② 작업에 있어 근로자의 정신적, 육체적 적응, 특히 채용 시 적정 배치한다.
③ 근로자의 정신적, 육체적 안녕 상태를 최대한으로 유지, 증진시킨다.

나. 직업성 질환

해당 직업에 종사하는 근로자들에게서 발생하는 질환으로 해당업무와 명확한 인과관계가 성립 되어야 만이 직업성 질환으로 인정받게 된다. 직업성 질환은 크게 두 가지로, 재해성 질환과 직업병으로 나뉘며 이를 완전히 없애기란 거의 불가능하다.

1) 화학 물질의 인체 내 침입경로

화학물질의 인체 내 침입은 여러 형태로 나타나는데 대략 아래의 3가지 경우가 대부분을 차지하며 기타 2, 3차 경로에 의한 것도 있다.

(가) 호흡기

공기 중의 기체, 증기, 미스트, 분진, 흄, 연무질, 스모그 등이 물리적 성상으로 존재하는 화학물질이 호흡기를 통하여 생체 내로 침입하는 경우로 인간은 하루에 10~15kg의 공기를 흡입하며, 총면적 140㎡의 폐포 내 모세혈관을 통하여 흡수된 화학물질은 폐조직 뿐 아니라 기도를 자극하거나 손상시키고 폐조직의 염증 내지는 섬유화를 일으켜 체액에 녹아 폐포를 둘러싸고 있는 혈관을 통해서 순식간에 흡수되어 전신 장애를 일으키기도 한다.

(나) 피부

신체의 표면을 덮고 있는 1.6㎡ 넓이의 피부는 유기용제를 맨 손으로 취급하거나 만지는 경우에 호흡기보다는 피부를 통해 많은 유해물질의 양이 인체로 들어올 수 있다. 피부의 표피층은 0.1~0.3㎜ 두께의 저항력이 강한 각화층으로 덮여 있어서 상당한 보호 작용을 하고 있지만 모낭(毛囊), 피지선(皮脂腺), 한선(汗腺)에는 개구부(구멍)가 있어서 이곳으로 여러 화학물질이 침입하게 되는데, 피부가 손상을 받아서 염증이 있거나 상처, 화상 등의 피부 손상이 있는 경우에는 유해물질의 침입이 더욱 쉽게 일어난다.

(다) 경구(입)

유해물질이 위장관으로 들어가는 경우는 극히 드물지만 잘못하여 우발적으로 유독물질을 먹거나 필요에 의해 먹는 일이 있으나 산업장에서 흔히 볼 수 있는 것은 아니다. 호흡기로 들어간 유해물질이 가래와 함께 배출되는 것을 삼키거나 오염된 손으로 음식물을 먹는 등 오염된 작업장 안에서 담배를 피우는 경우에 발생할 수 있다.

2) 직업병의 발생 요인

인체에 대한 유해물질의 영향은 같은 물질이더라도 그 물리적 성상과 침입 경로에 따라 차이가 있지만, 다음과 같은 인자의 영향으로 발생한다.

(가) 농도

유해물질의 농도가 높으면 유해도가 높아지지만, 단순한 비례 관계로 생각해서는 안 된다. 몸에 축적되는 성질이 있는 물질은 낮은 농도라 할지라도 근로자가 장기간 노출되면 만성 중독을 일으키며 어떤 물질은 고농도에 노출되면 급성 중독을 일으키는 것도 있다.

(나) 노출시간

유해물질에 노출되는 시간이 갈수록 인체에 대한 영향이 크게 된다. 이것은 장기근무자의 직업병이 높은 수치를 나타내는 것과도 같은 이유다.

(다) 감수성

유해물질에 대한 개인의 감수성의 차이는 인종, 연령, 습관, 성, 영양상태, 질병 상태의 유무, 선천적인 체질에 따라 좌우되기도 한다. 대체로 연소자, 부녀자 그리고 간, 심장, 신장 질환이 있는 경우 감수성이 높다.

(라) 작업 강도

육체노동이 심하면 호흡량이 많아져 심한 경우에는 안정시보다 10배 이상에 이르게 되어 호흡기를 통한 유해물질의 흡수가 증가한다. 더구나 작업 강도가 커지면 땀이 흐르며 신체는 피로하게 되어 유해물질에 의한 건강 영향은 평상시보다 커지게 된다. 또한 땀을 흘리면 수용성 화학물질은 피부를 통해 더 쉽게 침입한다.

(마) 기상조건

공기 중의 오염물질의 농도는 기상조건에 따라 차이가 많다. 습도가 높거나 대기가 안정된 상태에서는 유해가스가 확산되지 않고 농도가 높아져 중독을 일으키게 된다.

3) 직업병의 원인

(가) 물리적 원인

작업환경의 온도, 소음, 진동, 유해광선, 방사선 등 물리적 원인에 의하여 생기는 질환

(나) 먼지에 의한 것

무기 분진, 유기 분진, 금속 분진에 의한 폐질환

(다) 화학적 원인

유해가스, 중금속, 유기용제, 살충제 등 화학적 유해물질에 의해서 생기는 질환

(라) 생물학적 원인

세균, 곰팡이 등 병원성 미생물에 의한 것과 취급하는 동물 또는 식물에 의해 생기는 질환

4) 직업병의 예방대책

유해 작업조건과 유해물질은 근로자들의 건강을 위협하는 직업병의 원인이 될 뿐 아니라 노동 의욕을 감소시켜 작업 능률을 저하시킨다.

직업병을 예방하기 위한 대책은 다음과 같다.

(가) 생산기술 및 작업환경을 개선하여 유해물질이 발생하는 것을 철저하게 관리하고 안전하고 건강한 노동환경을 확립해야 한다.
(나) 근로자들을 새로 채용할 때부터 의학적으로 관리하고 유해물질로 인한 이상 소견을 가능한 한 일찍 발견하여 적절한 조치를 강구해야 한다.
(다) 개인위생 관리를 철저히 해야 한다.

3. 장례업 종사자의 질병예방

> 헌법 제 32조 ③ 근로조건의 기준은 인간의 존엄성을 보장하도록 법률로 정한다.

가. 장례업과 보건위생

장례업 종사자는 노동력을 제공하고 이에 대응되는 재화(돈)를 받는 근로자로서 장례업 종사자가 시신을 위생처리하거나 장례업에서 업무를 보는 동안 발생하거나 발생할 수 있는 건강문제, 유해물질 노출 등에 대하여 장례업 종사자들이 취급하고 있는 유해 화학물질과 시신 위생처리 과정에서 종사자들이 감염될 수 있는 생물학적 인자와 인자에 대한 위험성을 알아보기로 한다.

나. 장례업에서의 유해인자

장례업 종사자의 건강에 유해한 영향을 미치는 인자는 크게 두 가지로 나뉘며, 화학적

인자에는 소독제로 사용하는 에틸알코올, 페놀(석탄수), 크레졸과 방부제로 사용하는 포르말린(프롬알데히드) 등이 있다. 생물학적 인자에는 세균과 바이러스 등이 있다.

1) 화학적 인자

(가) 소독제

장례업 종사자들이 소독제로 사용하는 물질은 에틸알코올, 페놀(석탄수), 크레졸, 헥사클로로펜, 클로로헥사딘, 히비탄, 염소, 차아 염소산나트륨, 요오도포 등이다.

① 에틸알코올

- 외관 및 냄새 : 맑은 무색의 인화성이 있는 휘발성 액체로 포도주 비슷한 냄새와 입 속이 타는 듯 한 맛이 난다.

- 발생원 또는 용도 : 용제, 술, 유기합성

- 독성 : 눈과 점막을 자극한다. 중추신경계를 억제한다. 5,000~10,000 ppm 농도에 노출되면 일시적으로 눈과 코를 자극하고 기침이 난다. 15,000 ppm 농도에서는 눈물이 계속 흐르고 눈물이 난다. 20,000 ppm 까지는 사람이 견딜 수 있으나 그 이상 농도에서는 견디기 어렵고 잠시 노출되더라도 질식하는 듯하다.

- 노출 기준 : 노동부에서 제시하고 있는 노출 기준은 1,000 ppm이다.

② 페놀(석탄수)

- 외관 및 냄새 : 무색 내지 분홍색의 고체 또는 걸쭉한 액체이며 특유의 달콤하고 타르

냄새가 난다.

• 발생원 또는 용도 : 소독제, 화학분석 시약, 방향족 화합물의 생산

• 독성 : 페놀은 눈, 점막 및 피부를 자극하고 체내에 흡수되면 경련을 일으킬 뿐 아니라 간과 신장을 손상시킨다. 치사량(10g)을 먹으면 입과 목에 심한 화상을 일으키고 심한 복통, 청색증, 허탈, 혼수에 이어 사망한다. 진전, 경련 및 근육연축이 생기기도 한다. 페놀은 비특이적인 자극제이나 대량의 페놀이 피부에 반복해서 닿으면 암 발생이 촉진된다.

③ 크레졸

• 외관 및 냄새 : 무색 또는 약간 노랗거나 분홍색이 나는 액체 또는 고체로서 페놀 또는 크레오소트의 냄새가 난다.

• 발생원 또는 용도
  - 방부제, 소독제, 살균제, 살충제, 제초제
  - 산화방지제, 수지류, 가소제, 향수, 폭약물
  - 사진현상제, 용제, 엔진 및 금속 청소제

• 독성
피부와 눈에 화상을 입히며 중추신경장애, 심혈관장애, 위장장애, 간과 신기능장애를 일으킨다. 피부에 닿으면 작열감, 홍반, 마비 증상이 발생한다. 크레졸은 피부로 신속하게 몸 안으로 흡수되어 온 몸에 퍼진다. 90% 크레졸 용액 20㎖를 어린아이의 머리 위에 쏟은 사고가 있었는데 머리에 화학적 화상을 입고 청색증이 일어났으며, 의식이 없고 4시간 만에 사망하였다고 보고된 바 있다.

• 노출 기준

노동부에서 제시하고 있는 노출 기준은 5 ppm이다.

(나) 방부제

① 프롬알데히드

• 외관 및 냄새

숨이 막힐 듯한 자극성 냄새가 나는 무색의 기체이다. 포르말린은 프롬알데히드 기체의 무게로 37~50% 용액을 말한다.

• 발생원 및 용도
 - 이온화 용액
 - 개미산에스테르 수지류, 가죽, 플라스틱류, 고무, 금속, 목재 필름, 화장품 제조
 - 소독제, 동물사료의 첨가제

• 독성

눈과 호흡기를 자극하고 용액은 자극제인 동시에 갑작성 피부염을 일으킨다. 그리고 고농도에서는 동물에 대한 발암성이 있었으나 사람에서는 발암성이 의심되고 있다. 사람이 0.1~0.3ppm 농도에 노출되면 눈물이 나며 눈을 가볍게 자극하고 일시적인 점막자극증상이 나타난다. 25~44% 포르말린 용액이 눈에 들어가면 각막이 손상되며 강한 포르말린 용액이 피부에 닿거나 가스에 노출되면 피부 자극이 일어난다.

• 노출 기준

노동부에서 제시하고 있는 노출 기준은 1 ppm이다.

2) 생물학적 인자

장례 종사자는 시신과의 접촉을 피할 수 없다. 시신의 관리와 운반 시 장례업 종사자는 시신이 가지고 있는 세균, 바이러스 등 생물학적 인자에 노출되어 감염될 수 있다.

(가) 장례 종사자의 시신 접촉 기회

장례 종사자는 다음과 같은 업무 시 시신과 접촉하게 된다. 이로 인해 예상치 못한 세균, 바이러스 등 생물학적 인자에 감염될 수 있다.

① 장례 종사자의 시신 접촉 기회
장례 종사자는 다음과 같은 업무 시 시신과 접촉하게 된다. 이로 인해 예상치 못한 세균, 바이러스 등 생물학적 인자에 감염될 수 있다.

- 병원으로부터의 사체 운반
- 시신의 안치시
- 화장(cremation) 또는 화장(make-up) 시
- 위생처리(방부처리) 시
- 염습시
- 입관시
- 이장, 개장시
- 기타 사항

법적 문제점으로 인해 사망자의 사망원인 사망 후 24시간 이후에 보고된다. 따라서 사망원인이 보고되기 전에 장례 종사자가 시신을 위생처리하게 되면 장례 종사자는 예기치 못한 생물학적 인자에 감염될 수 있다.

② 생물학적 인자의 노출 경로

• 비말 (공기 감염)

비말 감염이란 가래나 대화 등을 통해 병원체가 비산하여 그것이 공기와 함께 흡입됨으로서 발생하는 감염이다. 감염으로 시신을 움직일 때 가슴부위의 압박 등으로 결핵균, 인플루엔자 등이 비산 될 수 있다.

• 경구 감염

경구 감염이란 병원체가 음식물을 통하여 또는 손이나 기타 물건 등을 통해 입으로 들어와 감염되는 것으로 콜레라, A형 간염 등이 있다. 시신의 접촉에 의하여 감염의 위험성이 있는 것으로 사체의 분비물과 같은 오염된 부분에 접촉 후 충분한 세척과 소독 없이 음식을 섭취하는 경우 발생할 수 있다.

• 접촉 감염

접촉 감염이란 병원체가 환부에 직접 접촉 또는 간접적(의료, 침구 등) 접촉에 의하여 감염되는 것으로 대장균 O-157, 피부감염증 등이 발생할 수 있다.

• 혈액 감염

AIDS, B형 간염 바이러스, C형 간염 바이러스 등과 같이 혈액에 의하여 감염 되는 것으로, 일반적으로 수혈이나 성행위에 의해 감염되나 시신을 취급하는 경우 오염된 혈액에 의해 접촉감염될 위험성이 있다. 따라서 장례 관련 종사자들은 혈액감염이란 혈액의 접촉감염이라는 것을 인식해야 한다.

③ 생물학적 인자의 노출로 인한 질환

장례업 종사자의 시신으로부터의 감염은 대부분 세균과 바이러스에 의한 것이다. 1982년 미국의 CDC에서는 AIDS 감염자 또는 의심자에 대한 취급 방법에 대해 관리 기준을 권고하였고 최근에는 확실치 않은 모든 사망자에 대해 혈액과 체액에 주의할 것을 권고하였다.

• 결핵

결핵균에 의한 감염으로 감염력이 매우 강하여 시신을 이동시킬 때에는 시신에 마스크를 씌워 결핵균이 밖으로 나오지 못하게 해야 하며 사후의 처리 과정 중 코와 후두에 알코올 솜을 채워 기관지까지 다다르게 하여 방지해야한다. 특히 결핵환자의 가슴을 압박하지 않게 주의해야 한다. 결핵을 가진 시신을 위생 처리 시에는 가능하면 호흡보호구와 위생 장갑을 착용하는 것이 중요하다.

• 간염

간염 바이러스 감염으로 인해 만성 간염이 될 수 있으며 간경변과 간암으로 진행될 위험성이 높다. 따라서 장례업 종사자는 간염 바이러스가 있는 시신이나 의심되는 시신을 위생처리 할 경우에는 혈액이나 체액으로 통해 감염되므로 혈액이나 체액에 접촉하지 않도록 하며 특히 시신과 접촉해야 하는 장례업 종사자의 손에 상처가 있는 경우에는 가능하면 항시 위생 장갑과 보호의 등을 착용하고 시신 위생 처리하는 것이 필요하다.

• AIDS

AIDS는 Acquired Immune Deficiency Syndrome의 약자로 HIV(Human Immunodeficiency Virus)에 의해 발생하는 질환이다. 면역에 중요한 T4 세포를 죽임으로써 면역결핍을 유발하여 사망하게 하는 질병이다. AIDS 감염은 HIV(인간 면역 결핍 바이러스, human immunodeficiency virus) 감염자가 다른 이들에게 전파시켜 발생하며 의사, 간호사의 0.5~0.6%가 바늘 등을 통해 HIV 보균자에 의해 감염되었다는 보고가 있다. HIV는 실온에서 15일 동안 생존이 가능하다.

HIV를 가진 시신을 위생처리 시 시신의 혈액이 장례업 종사자의 체액과 점막과 같은 조직을 통해 HIV가 전파될 수 있다.

제3장

장사 관련 법규

1. 장사 등에 관한 법률의 개요
2. 장사 등에 관한 법률
3. 장례식장 표준약관
4. 시체 해부 및 보존에 관한 법률
5. 산업안전보건법

장사 관련 법규

1. 장사 등에 관한 법률의 개요

> 헌법 제 10조 모든 국민은 인간으로서의 존엄과 가치를 가지며, 행복을 추구할 권리를 가진다. 국가는 개인이 가지는 불가침의 기본적 인권을 확인하고 이를 보장할 의무를 진다.

가. 장사법의 기본방향

① 도시화와 핵가족화에 따른 국민의 의식관행 개선과 자연장, 화장봉안문화의 확대 보급

② 묘지, 화장시설, 봉안시설, 자연장지의 설치 및 조성, 관리의 합리화·적정화를 통한 국토의 효율적 이용과 공공복리의 증진

③ 1차 장법인 매장보다 2차 장법(화장 후 봉안, 자연장)의 확대·보급

④ 법의 실효성 확보 및 장사행정의 역량강화

⑤ 시신의 위생적 관리를 통한 보건위생상의 위해방지

나. 주요 내용

1) 보건위생상의 위해 방지, 국토의 효율적 이용과 공공복리의 증진

- 매장, 화장 및 개장에 관한 사항과 묘지, 화장시설, 봉안시설, 및 장례식장의 설치, 관리 등에 관한 사항을 규정하여, 설치, 관리를 합리화, 적정화함으로써 보건위생상 위해 방지, 국토의 효율적 이용과 공공복리의 증진을 도모

2) 분묘사용기간의 합리화 도모

- 2001년 1월 13일 이후 설치되는 묘지로부터 '분묘의 설치기간(시한부 매장제도)'을 도입하여 묘지의 기본 사용기간을 30년(개정 2015.12.29)으로 하고, 1회에 걸쳐 그 설치기간을 연장(총 60년)할 수 있도록 함으로써 분묘사용기간의 합리화를 도모하고 화장봉안자연장 문화로 유도

- 시, 도지사 또는 시장, 군수, 구청장은 관할 구역안의 묘지의 수급을 위하여 필요하다고 인정되는 때에는 조례가 정하는 바에 따라 5년 이상 30년 미만의 기간 내에 분묘 설치 기간의 연장기간을 단축할 수 있음.

3) 개인묘지 등의 설치 억제 및 면적 축소

- 개인묘지(가족, 종중묘지, 문중묘지 포함)가 전체 묘지사용비율의 70~80% 이상을 차지하고 전국적으로 산재되어 있거나 무연분묘로 방치되어 국토의 훼손이 과다하므로 묘지설치의 집중화를 유도함.

- 묘지설치허가를 받은 후 매장 시 신고토록 규정하고 있었으나 현실적으로 3일장일 경우 묘지허가를 받아 매장 신고까지 이행하기는 곤란함에 따라 개정 법률안에서는 개

인묘지의 설치 및 매장 후 30일 이내에 신고토록 규제를 완화함.

• 묘지, 화장시설, 봉안시설의 설치제한 지역과 설치금지구역을 명확히 하고 지방자치단체의 조례로 정하는 경우를 추가함으로써 유연성을 도모하였고, 지방자치단체의 허가권의 남용을 방지하고, 설치금지구역의 행정편의적 판단에 따른 허가기준의 불일치를 배제하여 통일성을 기함.

4) 분묘기지권 배제 및 벌칙강화

• 토지 소유자 또는 묘지 연고자의 승낙 없이 타인의 토지 또는 묘지에 설치된 분묘의 연고자는 그 분묘의 보존을 위한 권리를 주장할 수 없도록 함.

• 불법묘지의 정비제도를 개선하고 법의 실효성을 확보하기 위하여 강제이행금, 과징금 및 과태료 등의 경제적 재제수단 및 벌칙을 강화함.

2. 장사 등에 관한 법률

가. 목적

제1조(목적) 이 법은 장사(葬事)의 방법과 장사시설의 설치·조성 및 관리 등에 관한 사항을 정하여 보건위생상의 위해(危害)를 방지하고, 국토의 효율적 이용과 공공복리 증진에 이바지하는 것을 목적으로 한다.

나. 장례식장 영업

제29조(장례식장 영업의 신고 등)
① 장례의식을 하는 장소(이하 "장례식장"이라 한다)를 설치·운영하려는 자는 대통령령으로

정하는 시설·설비 및 안전기준을 갖추어 보건복지부령으로 정하는 바에 따라 장례식장 소재지를 관할하는 시장 등에게 신고하여야 한다. 신고한 사항을 변경하려는 경우에도 같다.

② 제1항에 따라 신고하고 장례식장을 운영하는 자(이하 "장례식장영업자"라 한다)는 장례식장에서 시신을 보관·안치·염습·운구 등을 할 때에는 보건복지부령으로 정하는 바에 따라 시신을 위생적으로 관리하여야 한다.

③ 장례식장영업자는 장례식장 임대료와 장례에 관련된 수수료 및 장례용품의 품목별 가격을 표시한 가격표를 이용자가 보기 쉬운 곳에 게시하여야 하고, 제33조의2제1항에 따른 장사정보시스템에 등록하여야 한다. 이 경우 임대료는 오전 12시부터 다음 날 오전 12시까지를 1일로 계산하고, 염습실은 1회 사용요금을 기준으로 한다.

④ 장례식장영업자는 다음 각 호의 어느 하나에 해당하는 행위를 하여서는 아니 된다.

1. 제3항에 따라 게시한 장례식장 임대료·수수료 및 장례용품의 품목별 가격 외의 금품을 받는 것

2. 장례용품의 구매 또는 사용을 강요하는 것

⑤ 장례식장영업자는 장례식장영업을 폐업한 경우에는 폐업한 날부터 20일 이내에 보건복지부령으로 정하는 바에 따라 관할 시장 등에게 신고하여야 한다.

⑥ 다음 각 호에 해당하는 자는 보건복지부령으로 정하는 바에 따라 장례 관련 법규, 보건위생, 장례서비스 준수사항 등에 관한 교육을 받아야 한다.

1. 장례식장영업자와 그 종사자

2. 제1항에 따라 신고하려는 자

⑦ 제3항에 따라 게시하거나 등록하는 사항에 관한 세부기준 등은 보건복지부령으로 정한다.

제29조(장례식장영업의 신고 등)

① 시·도지사 또는 시장·군수·구청장이 아닌 자가 장례식장을 설치·운영하려는 경우에는 대통령령으로 정하는 시설·설비 및 안전기준을 갖추어 보건복지부령으로 정하는 바에 따라 장례식장 소재지를 관할하는 시장 등에게 신고하여야 한다. 신고한 사항을 변경하려는 경우에도 같다.

② 제1항에 따라 신고하고 장례식장을 운영하는 자(이하 "장례식장영업자"라 한다)는 장례식장에서 시신을 보관·안치·염습·운구 등을 할 때에는 보건복지부령으로 정하는 바에 따라 시신을 위생적으로 관리하여야 한다.

③ 장례식장영업자는 장례식장 임대료와 장례에 관련된 수수료 및 장례용품의 품목별 가격을 표시한 가격표를 이용자가 보기 쉬운 곳에 게시하여야 하고, 제33조의2제1항에 따른 장사정보시스템에 등록하여야 한다. 이 경우 임대료는 오전 12시부터 다음 날 오전 12시까지를 1일로 계산하고, 염습실은 1회 사용요금을 기준으로 한다.

④ 장례식장영업자는 다음 각 호의 어느 하나에 해당하는 행위를 하여서는 아니 된다.

1. 제3항에 따라 게시한 장례식장 임대료·수수료 및 장례용품의 품목별 가격 외의 금품을 받는 것
2. 장례용품의 구매 또는 사용을 강요하는 것

⑤ 장례식장영업자는 장례식장영업을 폐업한 경우에는 폐업한 날부터 20일 이내에 보건복지부령으로 정하는 바에 따라 관할 시장 등에게 신고하여야 한다.

⑥ 다음 각 호에 해당하는 자는 보건복지부령으로 정하는 바에 따라 장례 관련 법규, 보건위생, 장례서비스 준수사항 등에 관한 교육을 받아야 한다.

1. 장례식장영업자와 그 종사자
2. 제1항에 따라 신고하려는 자

⑦ 제3항에 따라 게시하거나 등록하는 사항에 관한 세부기준 등은 보건복지부령으로 정한다.

제29조의2(장례지도사)

① 시·도지사는 시신의 위생적 관리와 장사업무에 관한 전문지식과 기술을 가진 사람에게 장례지도사 자격을 부여할 수 있다.

② 장례지도사가 되려는 사람은 제29조의3에 따른 장례지도사 교육기관에서 교육과정을 마쳐야 한다.

③ 시·도지사는 제2항에 따라 장례지도사 교육과정을 마친 사람에게 장례지도사의 자격을 무시험검정하고 자격증을 교부하여야 한다.

④ 장례지도사의 자격검정 기준, 교육과정 및 자격증 교부 등에 관하여 필요한 사항은 보건복지부령으로 정한다.
⑤ 시·도지사는 제3항에 따라 장례지도사 자격증을 교부 및 재교부받고자 하는 사람에게 보건복지부령으로 정하는 바에 따라 수수료를 납부하게 할 수 있다.

제29조의3(장례지도사 교육기관의 설치)
① 장례지도사를 교육하는 기관을 설치하려는 자는 보건복지부령으로 정하는 기준을 갖추고 시·도지사에게 신고하여야 한다.
② 장례지도사 교육기관의 신고절차 등에 관하여 필요한 사항은 보건복지부령으로 정한다.

제29조의4(장례지도사의 결격사유)
다음 각 호의 어느 하나에 해당하는 사람은 장례지도사가 될 수 없다.
1. 피성년후견인
2. 「정신보건법」 제3조제1호에 따른 정신질환자. 다만, 정신건강의학과 전문의가 장례지도사로서 적합하다고 인정하는 사람은 그러하지 아니하다.
3. 마약·대마 또는 향정신성의약품 중독자
4. 금고 이상의 형을 선고받고 그 형의 집행이 종료되지 아니하거나 집행이 면제되지 아니한 자

제29조의5(장례지도사의 자격취소 등)
① 시·도지사는 장례지도사가 다음 각 호의 어느 하나에 해당하는 경우에는 그 자격을 취소하거나 6개월의 범위에서 자격의 정지를 명할 수 있다. 다만, 제1호 및 제2호에 해당하는 경우에는 그 자격을 취소하여야 한다.
1. 거짓이나 그 밖에 부정한 방법으로 자격증을 교부받은 경우
2. 제29조의4 각 호의 어느 하나에 해당하게 된 경우
3. 장례지도사 자격증을 대여한 경우
4. 「형법」 제158조를 위반하여 징역 이상의 형의 선고를 받은 때

② 제1항에 따른 자격의 취소 및 정지 처분에 대한 기준은 보건복지부령으로 정한다.

제29조의6(청문)
시·도지사는 제29조의5제1항에 따라 자격의 취소 또는 정지를 명하려면 청문을 하여야 한다.

3. 장례식장 표준약관

장례식장 표준약관

표준약관 제10029호

제1조(목적) 이 약관은 장례식장을 운영하는 사업자(이하 '사업자'라 한다)와 장례식장을 이용하는 유족 등(이하 '이용자'라 한다) 간의 장례식장의 이용에 관한 제반 계약사항을 규정함을 목적으로 합니다.

제2조(관계법령의 적용) 이 약관에서 규정되지 아니한 사항 또는 이 계약의 해석에 관하여 다툼이 있는 경우에는 사업자와 이용자가 합의하여 결정하되, 합의가 이루어지지 아니한 경우에는 약관의규제에관한법률, 민법, 상법 등 관계법령 및 공정타당한 일반관례에 따릅니다.

제3조(용어의 정의)

① '장례식장'이라 함은 안치실, 빈소, 접객실, 예식실 등 시신을 모시고 조문객의 조문을 받으며 예식을 올리기 위한 일체의 시설을 말합니다.

② '안치'라 함은 시신의 부패와 세균번식 등을 막기 위하여 시신보관용 냉장시설에 시신을 모시는 것을 말합니다.

③ '염습'이라 함은 시신을 씻은 다음에 수의를 입히고 염포로 묶는 것을 말합니다.

④ '입관'이라 함은 시신을 관속으로 모시는 것을 말합니다.

⑤ '빈소'라 함은 조문객의 조문을 받기 위하여 마련된 장소를 말합니다.

⑥ '접객실'이라 함은 조문객을 대접하기 위하여 마련된 장소를 말합니다.

⑦ '예식실'이라 함은 고인에 대한 예식을 올리기 위해 마련된 장소를 말합니다.

⑧ '발인'이라 함은 이용자가 장사를 치르기 위해서 장례식장에서 관을 가지고 장지로 떠나는 것을 말합니다.

제4조(계약기간) 계약기간은 0년 0월 0일부터 0월 ()일까지로 합니다.

제5조(이용시설) 사업자와 이용자는 다음과 같이 안치실, 빈소, 접객실, 예식실, 안치일시, 입관일시 등을 정합니다.

안치실	호	안치일시	월일시분
빈소	호	입관일시	월일시분
접객실	호		
예식실	호		

제6조(이용료)

① 이용료는 안치실.빈소.접객실.예식실의 이용료, 염습비, 예식비, 청소 및 관리비 등으로 구성합니다.

② 안치실·빈소.접객실의 이용료는 안치일시를 기준으로 24시간을 1일로 하여 산정합니다. 다만, 24시간에 미달하는 시간은 그 시간이 12시간 이상인 경우에는 1일로 산정하고 12시간 미만인 경우에는 시간단위로 산정하되, 1시간미만의 시간은 1시간으로 산정합니다.

③ 이용자가 직접 염습을 하는 경우에도 사업자는 염습을 하는 데 소요되는 실비(수시비 등)를 청구할 수 있습니다.

④ 이용자는 발인하기 전에 제1항 내지 제3항의 규정에 의한 이용료의 전액을 지급하여야 하며, 이때 사업자는 각 내역에 따른 계산서를 교부하여야 합니다.

제7조(사업자의 의무)

① 사업자는 계약을 체결하는 장소인 사무실내의 보기 쉬운 곳에 이 약관과 이용료(내역별 금액)를 게시하여야 하며, 이용자의 요구가 있을 때에는 이 약관을 교부하여야 합니다.

② 사업자는 이용자가 장례절차(종교별, 가문별 등)에 따라 엄숙하고도 편리하게 장례를 치를 수 있도록 장례식장을 쾌적하게 유지해야 하고, 적절한 양질의 서비스를 제공하여야 합니다.

③ 사업자 및 그 종업원은 이용자에게 계약에서 정한 이용료 이외의 일체의 금품이나 물품을 요구하지 않으며, 사업자가 제공하는 장례용품의 사용을 강제하지 아니합니다.

제8조(이용자의 의무)

① 이용자는 장례식장의 질서를 유지하기 위한 사업자의 공정타당한 제반 요청사항을 최대한 준수하도록 노력하여야 합니다.

② 이용자는 장례식장의 이용과 관련하여 타인에게 불편을 주지 않도록 다음의 행위를 하지 말아야 합니다.

1. 장례식장내에 인화성, 폭발성 등이 있는 위험한 물품을 반입 또는 보관하는 행위
2. 타인의 장례 또는 조문에 방해가 되는 고성방가, 소란, 지나친 종교행사 등 불쾌감을 주는 일체의 행위
3. 장례식장의 시설물, 기구 등을 멸실.훼손하는 행위

제9조(계약해지)

① 사업자 또는 이용자는 상대방이 고의 또는 과실로 계약을 위반하는 경우에는 계약을 해지할 수 있습니다.

② 제1항에 의하여 계약이 해지된 경우, 이용자는 시설물 및 기구를 반환하고 그때까지의 기간 동안의 이용료를 사업자에게 지급하여야 하며, 사업자는 이미 이용자에게서 수령한 금액이 있는 때에는 그 기간 동안의 이용료를 공제한 나머지 금액을 이용자에게 반환하여야 합니다. 이때 사업자는 각 내역에 따른 계산서를 교부하여야 합니다.

③ 제1항에 의하여 계약을 해지한 사업자 또는 이용자는 상대방의 고의.과실로 인해 손해를 입은 경우에는 제10조의 규정에 의하여 상대방에게 손해배상을 청구할 수 있고, 이때 제2항에 의하여 지급할 이용료나 반환해야 할 금액에서 상대방이 책임져야 할 손해배상액을 공제할 수 있습니다.

제10조(계약위반으로 인한 책임) 사업자 또는 이용자는 고의 또는 과실로 계약을 위반하여 상대방에게 손해를 입힌 경우에는 그 손해를 배상할 책임을 집니다.

제11조(사고로 인한 책임) 사업자는 시설물의 하자, 종업원의 고의.과실 등 사업자의 책임 있

는 사유로 인하여 장례식장내에서 발생한 사고에 대해서는 그 사고로 인한 손해를 배상할 책임을 집니다.

제12조(휴대물에 대한 책임)

① 사업자는 이용자 또는 조문객이 휴대한 물건(이하 '물건'이라 합니다)을 사업자나 종업원에게 보관을 맡긴 경우에는, 그 물건의 멸실.훼손.도난 등에 대하여 불가항력으로 인한 것임을 증명하지 아니하면 그 손해를 배상할 책임을 면하지 못합니다.

② 사업자는 이용자 또는 조문객이 보관을 맡기지 아니한 물건이라도 사업자나 종업원의 고의.과실로 인하여 멸실.훼손.도난 등이 된 때에는 그 손해를 배상할 책임을 집니다.

③ 사업자는 이용자 또는 조문객의 물건에 대하여 책임이 없음을 게시한 때에도 제1항과 제2항에 의한 책임을 면하지 못합니다.

④ 화폐, 유가증권 등의 고가물에 대하여는 이용자 또는 조문객이 그 종류와 액을 명시하여 사업자나 종업원에게 보관을 맡기지 아니한 경우에는, 사업자는 그 멸실.훼손.도단 등에 대하여 손해를 배상할 책임을 지지 아니합니다.

제13조(면책) 사업자는 손해가 천재지변 등 불가항력적인 사유로 인하여 발생한 때에는 배상할 책임을 지지 아니합니다.

제14조(재판관할) 이 계약과 관련된 분쟁에 관한 소는 민사소송법상의 관할법원에 제기하여야 합니다.

4. 시체 해부 및 보존에 관한 법률

가. 목적

제1조(목적) 이 법은 사인(死因)의 조사와 병리학적·해부학적 연구를 적정하게 함으로써 국민 보건을 향상시키고 의학(치과의학과 한의학을 포함한다. 이하 같다)의 교육 및 연구에 기여하기 위하여 시체(임신 4개월 이후에 죽은 태아를 포함한다. 이하 같다)의 해부 및 보존에 관한 사항을 정함을 목적으로 한다.

나. 유족의 승낙

제4조(유족의 승낙)
① 시체를 해부하려면 그 유족의 승낙을 받아야 한다. 다만, 다음 각 호의 어느 하나에 해당할 때에는 그러하지 아니하다.

1. 시체의 해부에 관하여 「민법」 제1060조에 따른 유언이 있을 때

1의2. 본인의 시체 해부에 동의한다는 의사표시, 성명 및 연월일을 자서·날인한 문서에 의한 동의가 있을 때

2. 사망을 확인한 후 60일이 지나도 그 시체의 인수자가 없을 때. 다만, 사회복지시설 수용자는 제외한다.

3. 2명 이상의 의사가 진료하던 환자가 사망한 경우 진료에 종사하던 의사 전원이 사인(死因)을 조사하기 위하여 특히 해부가 필요하다고 인정하고 또한 그 유족이 있는 곳을 알 수 없어 유족의 승낙 여부가 판명될 때까지 기다려서는 해부의 목적을 달성할 수 없을 때. 이 경우 다음 각 목의 어느 하나에 해당하는 사람이 해부하여야 한다.

가. 제2조제1호 및 제3호부터 제6호까지의 규정에 따라 시체를 해부한 경험이 있는 사람

나. 의과대학의 해부학·병리학 또는 법의학을 전공한 교수·부교수 또는 조교수

4. 제2조제3호부터 제5호까지의 규정에 따라 해부할 때

② 제1항 본문에 따른 승낙은 서면으로 하여야 한다.

③ 제1항 제1호의2에 따른 문서의 서식 및 같은 항 제2호에 따른 시체의 인수자가 있는지를 확인하기 위한 방법·절차 등에 관한 사항은 대통령령으로 정한다.

제4조(시체 해부에 대한 유족의 동의)
① 시체를 해부하려면 그 유족의 동의를 받아야 한다. 다만, 다음 각 호의 어느 하나에 해당할 때에는 그러하지 아니하다.

1. 시체의 해부에 관하여 「민법」 제1060조에 따른 유언이 있을 때

1의2. 본인의 시체 해부에 동의한다는 의사표시, 성명 및 연월일을 자서·날인한 문서에 의한 동의가 있을 때

2. 삭제

3. 2명 이상의 의사가 진료하던 환자가 사망한 경우 진료에 종사하던 의사 전원이 사인(死因)을 조사하기 위하여 특히 해부가 필요하다고 인정하고 또한 그 유족이 있는 곳을 알 수 없어 유족의 동의 여부가 판명될 때까지 기다려서는 해부의 목적을 달성할 수 없을 때. 이 경우 다음 각 목의 어느 하나에 해당하는 사람이 해부하여야 한다.

가. 제2조제1호 및 제3호부터 제6호까지의 규정에 따라 시체를 해부한 경험이 있는 사람

나. 의과대학의 해부학·병리학 또는 법의학을 전공한 교수·부교수 또는 조교수

4. 제2조제3호부터 제5호까지의 규정에 따라 해부할 때

② 제1항 본문에 따른 동의는 서면으로 하여야 한다.

③ 삭제

다. 시체에 대한 예의

제17조(시체에 대한 예의)
① 시체를 해부하거나 시체의 전부 또는 일부를 표본으로 보존하는 사람은 시체를 취급할 때 정중하게 예의를 지켜야 한다.

② 시체나 그 시체의 해부 과정에서 부수적으로 발생하는 조직은 시체를 인도하거나 화장이 이루어질 때까지 주의하여 보존·관리하여야 한다.

조문체계도버튼 제17조의2(시체 해부 동의자 등에 대한 예우)
① 국가는 시체 해부에 동의한 사람 및 그 가족, 시체 해부를 승낙한 유족("가족" 또는 "유족"은 「장기 등 이식에 관한 법률」 제4조제6호를 준용한다)에 대하여 국가의 의학발전을 위한 헌신성을 고려하여 적절한 예우 및 지원을 할 수 있다.

② 제1항에 따른 예우 및 지원에 필요한 사항은 보건복지부령으로 정한다.

5. 산업안전보건법

제1장 총칙

제1조(목적) 이 법은 산업안전·보건에 관한 기준을 확립하고 그 책임의 소재를 명확하게 하여 산업재해를 예방하고 쾌적한 작업환경을 조성함으로써 근로자의 안전과 보건을 유지·증진함을 목적으로 한다.

제2조(정의) 이 법에서 사용하는 용어의 뜻은 다음과 같다.
1. "산업재해"란 근로자가 업무에 관계되는 건설물·설비·원재료·가스·증기·분진 등에 의하거나 작업 또는 그 밖의 업무로 인하여 사망 또는 부상하거나 질병에 걸리는 것을 말한다.
2. "근로자"란 「근로기준법」 제2조제1항 제1호에 따른 근로자를 말한다.
3. "사업주"란 근로자를 사용하여 사업을 하는 자를 말한다.
4. "근로자대표"란 근로자의 과반수로 조직된 노동조합이 있는 경우에는 그 노동조합을, 근로자의 과반수로 조직된 노동조합이 없는 경우에는 근로자의 과반수를 대표하는 자를 말한다.
5. "작업환경측정"이란 작업환경 실태를 파악하기 위하여 해당 근로자 또는 작업장에 대하여 사업주가 측정계획을 수립한 후 시료(試料)를 채취하고 분석·평가하는 것을 말한다.
6. "안전·보건진단"이란 산업재해를 예방하기 위하여 잠재적 위험성을 발견하고 그 개선대책을 수립할 목적으로 고용노동부장관이 지정하는 자가 하는 조사·평가를 말한다.
7. "중대재해"란 산업재해 중 사망 등 재해정도가 심한 것으로서 고용노동부령으로 정하는 재해를 말한다.

제3조(적용 범위)
① 이 법은 모든 사업 또는 사업장(이하 "사업"이라 한다)에 적용한다. 다만, 유해·위험의 정도, 사업의 종류·규모 및 사업의 소재지 등을 고려하여 대통령령으로 정하는 사업에

는 이 법의 전부 또는 일부를 적용하지 아니할 수 있다.

② 이 법과 이 법에 따른 명령은 국가·지방자치단체 및 「공공기관의 운영에 관한 법률」 제5조에 따른 공기업에 적용한다.

제5조(사업주 등의 의무)

① 사업주는 다음 각 호의 사항을 이행함으로써 근로자의 안전과 건강을 유지·증진시키는 한편, 국가의 산업재해 예방시책에 따라야 한다.

1. 이 법과 이 법에 따른 명령으로 정하는 산업재해 예방을 위한 기준을 지킬 것
2. 근로자의 신체적 피로와 정신적 스트레스 등을 줄일 수 있는 쾌적한 작업환경을 조성하고 근로조건을 개선할 것
3. 해당 사업장의 안전·보건에 관한 정보를 근로자에게 제공할 것

② 다음 각 호의 어느 하나에 해당하는 자는 설계·제조·수입 또는 건설을 할 때 이 법과 이 법에 따른 명령으로 정하는 기준을 지켜야 하고, 그 물건을 사용함으로 인하여 발생하는 산업재해를 방지하기 위하여 필요한 조치를 하여야 한다.

1. 기계·기구와 그 밖의 설비를 설계·제조 또는 수입하는 자
2. 원재료 등을 제조·수입하는 자
3. 건설물을 설계·건설하는 자

제6조(근로자의 의무) 근로자는 이 법과 이 법에 따른 명령으로 정하는 기준 등 산업재해 예방에 필요한 사항을 지켜야 하며, 사업주 또는 근로감독관, 공단 등 관계자가 실시하는 산업재해 방지에 관한 조치에 따라야 한다.

제31조(안전·보건교육)

① 사업주는 해당 사업장의 근로자에 대하여 고용노동부령으로 정하는 바에 따라 정기적으로 안전·보건에 관한 교육을 하여야 한다.

② 사업주는 근로자를 채용(건설 일용근로자를 채용하는 경우는 제외한다)할 때와 작업내용을 변경할 때에는 그 근로자에 대하여 고용노동부령으로 정하는 바에 따라 해당 업무와

관계되는 안전·보건에 관한 교육을 하여야 한다.
③ 사업주는 유해하거나 위험한 작업에 근로자를 사용할 때에는 고용노동부령으로 정하는 바에 따라 그 업무와 관계되는 안전·보건에 관한 특별교육을 하여야 한다.
④ 제1항부터 제3항까지의 규정에도 불구하고 해당 업무에 경험이 있는 근로자에 대하여 교육을 실시하는 등 고용노동부령으로 정하는 경우에는 안전·보건에 관한 교육의 전부 또는 일부를 면제할 수 있다.
⑤ 사업주는 제1항부터 제3항까지의 규정에 따른 안전·보건에 관한 교육을 그에 필요한 인력·시설·장비 등을 갖춘 전문기관으로서 대통령령으로 정하는 기관에 위탁할 수 있다.

제31조(안전·보건교육)
① 사업주는 해당 사업장의 근로자에 대하여 고용노동부령으로 정하는 바에 따라 정기적으로 안전·보건에 관한 교육을 하여야 한다.
② 사업주는 근로자를 채용(건설 일용근로자를 채용하는 경우는 제외한다)할 때와 작업내용을 변경할 때에는 그 근로자에 대하여 고용노동부령으로 정하는 바에 따라 해당 업무와 관계되는 안전·보건에 관한 교육을 하여야 한다.
③ 사업주는 유해하거나 위험한 작업에 근로자를 사용할 때에는 고용노동부령으로 정하는 바에 따라 그 업무와 관계되는 안전·보건에 관한 특별교육을 하여야 한다.
④ 제1항부터 제3항까지의 규정에도 불구하고 해당 업무에 경험이 있는 근로자에 대하여 교육을 실시하는 등 고용노동부령으로 정하는 경우에는 안전·보건에 관한 교육의 전부 또는 일부를 면제할 수 있다.
⑤ 사업주는 제1항부터 제3항까지의 규정에 따른 안전·보건에 관한 교육을 그에 필요한 인력·시설·장비 등의 요건을 갖추어 고용노동부장관에게 등록한 안전보건교육위탁기관(이하 "안전보건교육위탁기관"이라 한다)에 위탁할 수 있다.
⑥ 제5항에 따른 안전보건교육위탁기관의 등록 요건 및 절차 등에 필요한 사항은 대통령령으로 정한다.

제39조의2(유해인자 허용기준의 준수)

① 사업주는 발암성 물질 등 근로자에게 중대한 건강장해를 유발할 우려가 있는 유해인자로서 대통령령으로 정하는 유해인자는 작업장 내의 그 노출 농도를 고용노동부령으로 정하는 허용기준 이하로 유지하여야 한다. 다만, 다음 각 호의 어느 하나에 해당하는 경우에는 그러하지 아니하다.
1. 시설 및 설비의 설치나 개선이 현존하는 기술로 가능하지 아니한 경우
2. 천재지변 등으로 시설과 설비에 중대한 결함이 발생한 경우
3. 고용노동부령으로 정하는 임시 작업과 단시간 작업의 경우
4. 그 밖에 대통령령으로 정하는 경우
② 제1항 단서에도 불구하고 사업주는 유해인자의 노출 농도를 제1항에 따른 허용기준 이하로 유지하도록 노력하여야 한다.

제5장 근로자의 보건관리

제42조(작업환경측정 등)
① 사업주는 유해인자로부터 근로자의 건강을 보호하고 쾌적한 작업환경을 조성하기 위하여 인체에 해로운 작업을 하는 작업장으로서 고용노동부령으로 정하는 작업장에 대하여 고용노동부령으로 정하는 자격을 가진 자로 하여금 작업환경측정을 하도록 한 후 그 결과를 기록·보존하고 고용노동부령으로 정하는 바에 따라 고용노동부장관에게 보고하여야 한다. 이 경우 근로자대표가 요구하면 작업환경측정 시 근로자대표를 입회시켜야 한다.
② 제1항에 따른 작업환경측정의 방법·횟수, 그 밖에 필요한 사항은 고용노동부령으로 정한다.
③ 사업주는 제1항에 따른 작업환경측정의 결과를 해당 작업장 근로자에게 알려야 하며 그 결과에 따라 근로자의 건강을 보호하기 위하여 해당 시설·설비의 설치·개선 또는 건강진단의 실시 등 적절한 조치를 하여야 한다.
④ 사업주는 제1항에 따른 작업환경측정 및 작업환경측정에 따른 시료의 분석을 고용노동부장관이 지정하는 측정기관(이하 "지정측정기관"이라 한다)에 위탁할 수 있다.

⑤ 제4항에 따라 사업주로부터 작업환경측정을 위탁받은 지정측정기관이 작업환경측정을 한 후 그 결과를 고용노동부령으로 정하는 바에 따라 고용노동부장관에게 전산자료로 제출한 경우에는 제1항에 따른 작업환경측정 결과보고를 한 것으로 본다.

⑥ 사업주는 제19조에 따른 산업안전보건위원회 또는 근로자대표가 요구하면 작업환경측정 결과에 대한 설명회를 직접 개최하거나 작업환경측정을 한 기관으로 하여금 개최하도록 하여야 한다.

⑦ 지정측정기관의 유형, 업무 범위, 지정 요건 및 절차, 그 밖에 필요한 사항은 대통령령으로 정한다.

⑧ 고용노동부장관은 작업환경측정의 정확성과 신뢰성을 확보하기 위하여 지정측정기관의 작업환경측정·분석 능력을 평가하고, 평가 결과에 따라 지도·교육을 하여야 한다. 이 경우 평가 및 지도·교육의 방법·절차 등은 고용노동부장관이 정하여 고시한다.

⑨ 고용노동부장관은 작업환경측정의 수준을 향상시키기 위하여 필요한 경우 지정측정기관을 평가(제8항에 따른 평가를 포함한다)한 후 그 결과를 공표할 수 있다. 이 경우 평가 기준 등은 고용노동부령으로 정한다.

⑩ 지정측정기관에 관하여는 제15조의2를 준용한다.

제43조(건강진단)

① 사업주는 근로자의 건강을 보호·유지하기 위하여 고용노동부장관이 지정하는 기관 또는 「국민건강보험법」에 따른 건강검진을 하는 기관(이하 "건강진단기관"이라 한다)에서 근로자에 대한 건강진단을 하여야 한다. 이 경우 근로자대표가 요구할 때에는 건강진단 시 근로자대표를 입회시켜야 한다.

② 고용노동부장관은 근로자의 건강을 보호하기 위하여 필요하다고 인정할 때에는 사업주에게 특정 근로자에 대한 임시건강진단의 실시나 그 밖에 필요한 조치를 명할 수 있다.

③ 근로자는 제1항 및 제2항에 따라 사업주가 실시하는 건강진단을 받아야 한다. 다만, 사업주가 지정한 건강진단기관에서 진단 받기를 희망하지 아니하는 경우에는 다른 건강진단기관으로부터 이에 상응하는 건강진단을 받아 그 결과를 증명하는 서류를

사업주에게 제출할 수 있다.
④ 건강진단기관은 제1항 및 제2항에 따라 건강진단을 실시한 때에는 고용노동부령으로 정하는 바에 따라 그 결과를 근로자 및 사업주에게 통보하고 고용노동부장관에게 보고하여야 한다.
⑤ 사업주는 제1항·제2항 또는 다른 법령에 따른 건강진단 결과 근로자의 건강을 유지하기 위하여 필요하다고 인정할 때에는 작업 장소 변경, 작업 전환, 근로시간 단축, 야간근로(오후 10시부터 오전 6시까지 사이의 근로를 말한다)의 제한, 작업환경측정 또는 시설·설비의 설치·개선 등 적절한 조치를 하여야 한다.
⑥ 사업주는 제19조에 따른 산업안전보건위원회 또는 근로자대표가 요구할 때에는 직접 또는 건강진단을 한 건강진단기관으로 하여금 건강진단 결과에 대한 설명을 하도록 하여야 한다. 다만, 본인의 동의 없이는 개별 근로자의 건강진단 결과를 공개하여서는 아니 된다.
⑦ 사업주는 제1항 및 제2항에 따른 건강진단 결과를 근로자의 건강 보호·유지 외의 목적으로 사용하여서는 아니 된다.
⑧ 제1항에 따른 건강진단의 종류·시기·주기·항목·비용 및 건강진단기관의 지정·관리, 제2항에 따른 임시건강진단, 제5항에 따른 적절한 조치, 그 밖에 건강진단에 필요한 사항은 고용노동부령으로 정한다.
⑨ 고용노동부장관은 건강진단의 정확성과 신뢰성을 확보하기 위하여 건강진단기관의 건강진단·분석 능력을 평가하고, 평가 결과에 따른 지도·교육을 하여야 한다. 이 경우 평가 및 지도·교육의 방법·절차 등은 고용노동부장관이 정하여 고시한다.
⑩ 고용노동부장관은 건강진단의 수준향상을 위하여 건강진단기관 중 제1항에 따라 고용노동부장관이 지정하는 기관을 평가(제9항에 따른 평가를 포함한다)한 후 그 결과를 공표할 수 있다. 이 경우 평가 기준, 평가 방법 및 공표 방법 등에 관하여 필요한 사항은 고용노동부령으로 정한다.
⑪ 건강진단기관 중 제1항에 따라 고용노동부장관이 지정하는 기관에 관하여는 제15조의2를 준용한다. 이 경우 "안전관리전문기관"은 "건강진단기관"으로 본다.

제43조의2(역학조사)
① 고용노동부장관은 직업성 질환의 진단 및 예방, 발생 원인의 규명을 위하여 필요하다고 인정할 때에는 근로자의 질병과 작업장의 유해요인의 상관관계에 관한 직업성 질환 역학조사(이하 "역학조사(疫學調査)"라 한다)를 할 수 있다.
② 역학조사를 실시하는 경우 사업주 및 근로자는 적극 협조하여야 하며, 정당한 사유 없이 이를 거부·방해하거나 기피하여서는 아니 된다.
③ 고용노동부장관은 역학조사를 위하여 필요하면 제43조에 따른 근로자의 건강진단 결과, 「국민건강보험법」에 따른 요양급여기록 및 건강검진 결과, 「고용보험법」에 따른 고용정보, 「암관리법」에 따른 질병정보 및 사망원인 정보 등을 관련 기관에 요청할 수 있다. 이 경우 자료의 제출을 요청받은 기관은 특별한 사유가 없으면 요청에 응하여야 한다.
④ 역학조사의 방법·대상·절차, 그 밖에 필요한 사항은 고용노동부령으로 정한다.

제45조(질병자의 근로 금지·제한)
① 사업주는 감염병, 정신병 또는 근로로 인하여 병세가 크게 악화될 우려가 있는 질병으로서 고용노동부령으로 정하는 질병에 걸린 자에게는 의사의 진단에 따라 근로를 금지하거나 제한하여야 한다.
② 사업주는 제1항에 따라 근로가 금지되거나 제한된 근로자가 건강을 회복하였을 때에는 지체 없이 취업하게 하여야 한다.

제46조(근로시간 연장의 제한)
사업주는 유해하거나 위험한 작업으로서 대통령령으로 정하는 작업에 종사하는 근로자에게는 1일 6시간, 1주 34시간을 초과하여 근로하게 하여서는 아니 된다.

제47조(자격 등에 의한 취업 제한)
① 사업주는 유해하거나 위험한 작업으로서 고용노동부령으로 정하는 작업의 경우 그 작업에 필요한 자격·면허·경험 또는 기능을 가진 근로자가 아닌 자에게 그 작업을 하

게 하여서는 아니 된다.
② 고용노동부장관은 제1항에 따른 자격·면허 취득자의 양성 또는 근로자의 기능 습득을 위하여 교육기관을 지정할 수 있다.
③ 제1항에 따른 자격·면허·경험·기능, 제2항에 따른 교육기관의 지정 요건 및 지정 절차, 그 밖에 필요한 사항은 고용노동부령으로 정한다.
④ 제2항에 따른 교육기관에 관하여는 제15조의2를 준용한다.

제6장의2 산업안전지도사 및 산업보건지도사

제52조의2(지도사의 직무)
① 산업안전지도사는 다음 각 호의 직무를 수행한다.
1. 공정상의 안전에 관한 평가·지도
2. 유해·위험의 방지대책에 관한 평가·지도
3. 제1호 및 제2호의 사항과 관련된 계획서 및 보고서의 작성
4. 그 밖에 산업안전에 관한 사항으로서 대통령령으로 정하는 사항
② 산업보건지도사는 다음 각 호의 직무를 수행한다.
1. 작업환경의 평가 및 개선 지도
2. 작업환경 개선과 관련된 계획서 및 보고서의 작성
3. 근로자 건강진단에 따른 사후관리 지도
4. 직업성 질병 진단(「의료법」에 따른 의사인 산업보건지도사만 해당한다) 및 예방 지도
5. 산업보건에 관한 조사·연구
6. 그 밖에 산업보건에 관한 사항으로서 대통령령으로 정하는 사항
③ 산업안전지도사 및 산업보건지도사(이하 "지도사"라 한다)의 업무 영역별 종류 및 업무 범위 등에 관하여 필요한 사항은 대통령령으로 정한다.

제52조의3(지도사의 자격 및 시험)
① 고용노동부장관이 시행하는 지도사시험에 합격한 사람은 지도사의 자격을 가진다.
② 대통령령으로 정하는 자격의 보유자에 대하여는 제1항에 따른 지도사시험의 일부를

면제할 수 있다.
③ 고용노동부장관은 제1항에 따른 지도사시험 실시를 대통령령으로 정하는 전문기관으로 하여금 대행하게 할 수 있다. 이 경우 그에 소요되는 비용을 예산의 범위에서 보조할 수 있다.
④ 제3항에 따라 지도사시험 실시를 대행하는 전문기관의 임직원은 「형법」 제129조부터 제132조까지의 규정을 적용할 때에는 공무원으로 본다.
⑤ 지도사시험의 과목, 다른 자격 보유자에 대한 시험 면제의 범위, 그 밖에 필요한 사항은 대통령령으로 정한다.

제52조의4(지도사의 등록)
① 지도사가 그 직무를 시작할 때에는 고용노동부령으로 정하는 바에 따라 고용노동부장관에게 등록하여야 한다.
② 제1항에 따라 등록한 지도사는 그 직무를 조직적·전문적으로 하기 위하여 법인을 설립할 수 있다.
③ 다음 각 호의 어느 하나에 해당하는 자는 제1항에 따른 등록을 할 수 없다.
1. 금치산자 또는 한정치산자
2. 파산선고를 받은 자로서 복권되지 아니한 자
3. 금고 이상의 실형을 선고받고 그 집행이 끝나거나(집행이 끝난 것으로 보는 경우를 포함한다) 집행이 면제된 날부터 2년이 지나지 아니한 자
4. 금고 이상의 형의 집행유예를 선고받고 그 유예기간 중에 있는 자
5. 이 법을 위반하여 벌금형을 선고받고 1년이 지나지 아니한 자
6. 제52조의15에 따라 등록이 취소된 후 2년이 지나지 아니한 자
④ 제1항에 따라 등록을 한 지도사는 고용노동부령으로 정하는 바에 따라 5년마다 등록을 갱신하여야 한다.
⑤ 제4항에 따른 갱신등록은 고용노동부령으로 정하는 지도실적이 있는 지도사만이 할 수 있다. 이 경우 지도실적이 고용노동부령으로 정하는 기준에 못 미치는 지도사는 고용노동부령으로 정하는 보수교육을 받아야 한다.

⑥ 제2항에 따른 법인에 관하여는 「상법」 중 합명회사에 관한 규정을 적용한다.

제52조의4(지도사의 등록)

① 지도사가 그 직무를 시작할 때에는 고용노동부령으로 정하는 바에 따라 고용노동부장관에게 등록하여야 한다.

② 제1항에 따라 등록한 지도사는 그 직무를 조직적·전문적으로 하기 위하여 법인을 설립할 수 있다.

③ 다음 각 호의 어느 하나에 해당하는 자는 제1항에 따른 등록을 할 수 없다.

1. 피성년후견인 또는 피한정후견인
2. 파산선고를 받은 자로서 복권되지 아니한 자
3. 금고 이상의 실형을 선고받고 그 집행이 끝나거나(집행이 끝난 것으로 보는 경우를 포함한다) 집행이 면제된 날부터 2년이 지나지 아니한 자
4. 금고 이상의 형의 집행유예를 선고받고 그 유예기간 중에 있는 자
5. 이 법을 위반하여 벌금형을 선고받고 1년이 지나지 아니한 자
6. 제52조의15에 따라 등록이 취소된 후 2년이 지나지 아니한 자

④ 제1항에 따라 등록을 한 지도사는 고용노동부령으로 정하는 바에 따라 5년마다 등록을 갱신하여야 한다.

⑤ 제4항에 따른 갱신등록은 고용노동부령으로 정하는 지도실적이 있는 지도사만이 할 수 있다. 이 경우 지도실적이 고용노동부령으로 정하는 기준에 못 미치는 지도사는 고용노동부령으로 정하는 보수교육을 받아야 한다.

⑥ 제2항에 따른 법인에 관하여는 「상법」 중 합명회사에 관한 규정을 적용한다.

제52조의5(지도사에 대한 지도 등)

고용노동부장관은 공단으로 하여금 다음 각 호의 업무를 하게 할 수 있다.

1. 지도사에 대한 지도·연락 및 정보의 공동이용체제의 구축·유지
2. 지도사의 업무 수행과 관련된 사업주의 불만·고충의 처리 및 피해에 관한 분쟁의 조정
3. 그 밖에 지도사 업무의 발전을 위하여 필요한 사항으로서 고용노동부령으로 정하는

사항

제52조의6(비밀 유지)
지도사는 그 직무상 알게 된 비밀을 누설하거나 도용하여서는 아니 된다.

제52조의7(손해배상의 책임)
① 지도사는 업무 수행과 관련하여 고의 또는 과실로 의뢰인에게 손해를 입힌 경우에는 그 손해를 배상할 책임이 있다.
② 제52조의4제1항에 따라 등록한 지도사는 제1항에 따른 손해배상책임을 보장하기 위하여 대통령령으로 정하는 바에 따라 보증보험에 가입하거나 그 밖에 필요한 조치를 하여야 한다.

제52조의8(유사명칭의 사용 금지)
제52조의4제1항에 따라 등록한 지도사가 아닌 자는 산업안전지도사, 산업보건지도사 또는 이와 유사한 명칭을 사용하여서는 아니 된다.

제52조의9(부정행위자에 대한 제재)
고용노동부장관은 지도사시험에서 부정한 행위를 한 응시자에 대하여는 그 시험을 무효로 하고, 그 처분이 있은 날부터 5년간 시험응시자격을 정지한다.

제52조의10(지도사의 교육)
지도사 자격이 있는 사람(제52조의3제2항에 해당하는 사람 중 대통령령으로 정하는 사람은 제외한다)이 직무를 개시하려면 제52조의4에 따른 등록을 하기 전 1년의 범위에서 고용노동부령으로 정하는 연수교육을 받아야 한다.

제52조의11(품위유지와 성실의무 등)
① 지도사는 항상 품위를 유지하고 신의와 성실로써 공정하게 직무를 수행하여야 한다.

② 지도사는 제52조의2제1항 또는 제2항에 따라 작성하거나 확인한 서류에 기명하거나 날인하여야 한다.

제52조의12(금지 행위)
지도사는 다음 각 호의 행위를 하여서는 아니 된다.
1. 거짓이나 그 밖의 부정한 방법으로 의뢰인에게 법령에 따른 의무를 이행하지 아니하게 하는 행위
2. 의뢰인으로 하여금 법령에 따른 신고·보고, 그 밖의 의무를 이행하지 아니하게 하는 행위
3. 법령에 위반되는 행위에 관한 지도·상담

제52조의14(자격대여행위 등의 금지)
지도사는 다른 사람에게 자기의 성명이나 사무소의 명칭을 사용하여 지도사의 직무를 수행하게 하거나 그 자격증이나 등록증을 대여(貸與)하여서는 아니 된다.

제52조의15(등록의 취소 등)
고용노동부장관은 지도사가 다음 각 호의 어느 하나에 해당하는 경우에는 그 등록을 취소하거나 2년 이내의 기간을 정하여 그 업무의 정지를 명할 수 있다. 다만, 제1호부터 제3호까지의 규정에 해당할 때에는 그 등록을 취소하여야 한다.
1. 거짓이나 그 밖의 부정한 방법으로 등록 또는 갱신등록을 한 경우
2. 업무정지 기간 중에 업무를 수행한 경우
3. 제52조의4제3항 제1호부터 제5호까지의 규정 중 어느 하나에 해당하게 된 경우
4. 제52조의6, 제52조의12 또는 제52조의14를 위반한 경우
5. 그 밖에 제1호부터 제4호까지의 규정에 준하는 합리적인 사유가 있는 경우로서 대통령령으로 정하는 경우

[별표 2]

장례지도사 교육과정(제20조의6제1항 관련)

1. 교육과정의 구분과 그 내용

가. 표준교육과정

1) 표준교육과정은 이론강의, 실기연습 및 현장실습으로 구분하여 실시한다.
2) 표준교육과정의 과목, 교육내용 및 교육시간은 다음 표와 같다.

구분	과목	교육내용	세부내용	교육시간 이론	교육시간 실기
이론강의 (150시간) /실기연습 (100시간)	장례상담	유족상담	• 상담방법이해 • 상담기법과 대화방법 실제	4	4
		장례상담 절차	• 장례절차(일반/종교별 등) • 계약상담 및 진행 • 장례용품 안내 및 상담	8	8
	장사시설 관리	장사시설	• 시설의 종류 및 정의 • 장사시설의 설치 및 운영관리 • 장사시설의 기능 및 역할	6	
		장례식장 실무	• 장례식장 설치 및 운영관리 • 장례식장 실무 이해	4	4
	위생관리	관리실 및 장비기구 위생관리	• 적출물, 폐기물 처리관리 • 소독제의 특성 및 사용방법 • 안치염습실 위생관리 및 소독 • 안치염습실 관련 장비 및 기구의 사용법 및 소독방법	6	8
		시신의 위생관리	• 인체에 대한 기본적 이해와 사후 변화과정 • 시신 관련 각종 질병감염 방지 및 위생적 시신처리 방법 • 시체검안서, 사망진단서 이해 • 감염물질 및 위해물질 대처방안	8	12
	염습 및 장법실습	수시 및 염습	• 수시절차 및 방법 • 염습절차 및 방법	5	30
		발인 및 운구	• 운구절차 및 방법 • 운구 및 종교에 따른 장례행렬 준비	5	16

구분	과목	교육내용	세부내용	교육시간	
				이론	실기
이론강의 (150시간) /실기연습 (100시간)	공중 보건	총론	• 공중보건의 개념	4	
		건강과 질병	• 역학 • 환경위생 및 식품위생 • 산업보건 및 직업성 질환	8	
		예방대책	• 전염성 및 비전염성 질환관리 • 종사자의 질병예방대책	10	
	장례학 개론	장례의 의미와 기능	• 장례의 의미와 사회적 기능 • 장례의 역사적 변천	8	
		상장제의례 이해	• 전통상제의례 • 현대 장례의 이해와 절차 • 종교별 장례와 제례	15	
		상장의례의 실제	• 상장의례 실습 • 종교별 상장의례 안내		6
		종사자 직업윤리	• 직업윤리 • 종사자의 역할 및 자세	4	
	장사법규	장사관련 법규	•「장사 등에 관한 법률」, 같은 법 시행령·시행규칙	25	
		그 밖의 관련 법규 안내	•「시체해부 및 보존에 관한 법률」 •「독점 및 공정거래에 관한 법률」 •「대기환경보전법」 및 「산업안전보건법」 •「국토의 계획 및 이용에 관한 법률」 • 그 밖의 관계 법규 소개	12	
	장사행정	장사행정절차	• 장사제도 등 행정안내 • 장사관련 전문용어	10	
		장사행정실제	• 인터넷 화장예약 방법 등 안내 • 사고사 및 무연고 시신처리 행정실습	8	12
			소계	① 150	② 100
현장실습 (50시간)	장례식장실습		• 장례상담 및 장사행정 • 염습 및 입관 등 • 시신의 위생적 관리 • 의례지도, 빈소설치 등	50	
			소계	③ 50	
총계(① + ② + ③)				300	

비고

1. 장례지도사 교육기관 중 대학등의 경우에는 강의하는 과목명과 위 표의 과목명이 다르더라도 과목의 내용이 유사하다고 인정되면 같은 과목으로 인정한다.
2. 같은 과목 인정 여부에 대한 기준은 보건복지부장관이 정한다.
3. 대학등이 장례지도사 교육기관으로 신고할 당시 재학 중인 사람이 신고 전에 대학등에서 위 표의 표준교육과정에 해당하는 과목을 이수한 경우에는 해당 과목을 이수한 것으로 본다.

나. 전공자 교육과정

1) 전공자 교육과정은 2012년 8월 5일 이전에 대학등의 장례지도 관련 학과를 졸업하고, 장사업무에 관한 실무경험이 없는 사람을 교육대상으로 한다.
2) 전공자 교육과정은 이론강의, 실기연습 및 현장실습으로 구분하여 실시한다.
3) 전공자 교육과정의 과목 및 교육시간은 다음 표와 같다.

구분	과목	교육내용	교육시간 이론	교육시간 실기
이론강의 (25시간) / 실기연습 (17시간)	장례상담	유족상담	1	1
		장례상담 절차	1	
	장사시설 관리	장사시설	1	
		장례식장 실무		
	위생관리	관리실 및 장비기구 위생관리	1	2
		시신의 위생관리	1	2
	염습 및 장법실습	수시 및 염습	2	5
		발인 및 운구	1	2
	공중보건	총론	1	
		건강과 질병	2	
		예방대책	2	
	장례학개론	장례의 의미와 기능	1	
		상장제의례 이해	1	
		상장의례의 실제		2
		종사자 직업윤리	2	
	장사법규	장사관련 법규	2	
		그 밖의 관련 법규 소개	2	
	장사행정	장사행정절차	2	
		장사행정실제	2	3
		소계	① 25	② 17
현장실습 (8시간)		장례식장실습	8	
		소계	③ 8	
		총계(① + ② + ③)	50	

비고
1. 교육내용의 세부내용은 제1호가목을 준용한다.
2. 장례지도 관련 학과 해당 여부의 판단 기준은 보건복지부장관이 정한다.

2. 교육과정 운영기준
가. 실기연습의 1회당 교육인원은 40명을 초과할 수 없다.
나. 현장실습은 다음의 기준을 준수하여 실시하여야 한다.
 1) 현장실습은 이론강의 및 실기연습을 마친 후 실시하여야 한다.
 2) 장례지도사 교육기관의 장은 현장실습을 실시하기 위하여 장례지도사 교육기관과 동일한 시·도 관할구역 내에 소재한 3)에 따른 현장실습기관과 현장실습 실시 연계에 관한 계약을 체결하는 등 필요한 조치를 하여야 한다.
 3) 현장실습기관은 법 제29조에 따라 영업 중인 장례식장으로서 보건복지부장관이 정하는 기준에 적합하여야 한다.
다. 장례지도사 교육기관 및 현장실습기관은 보건복지부장관이 정하는 교육과정 운영지침에 따라 교육을 실시하여야 한다.

3. 평가
가. 이론강의 및 실기연습
 1) 이론강의 및 실기연습의 평가는 이론강의 및 실기연습의 교육을 마친 후 장례지도사 교육기관이 실시한다.
 2) 이론강의 및 실기연습 평가의 세부 절차 및 방법은 장례지도사 교육기관의 장이 정한다.
 3) 모든 과목에서 60점 이상 득점한 경우 이론강의 및 실기연습 평가에 합격한 것으로 한다.
나. 현장실습
 1) 현장실습 평가는 현장실습을 마친 후 현장실습기관에서 실시한다.
 2) 현장실습 평가는 장례지도사 교육기관의 장 또는 교수 1명과 현장실습기관의 실습지도자 1명이 공동으로 한다.

3) 현장실습 평가의 세부 절차 및 방법은 장례지도사 교육기관의 장 또는 교수 1명과 현장실습기관의 실습지도자가 협의하여 정한다.

4) 다음의 모든 평가항목에서 60점 이상 득점한 경우 현장실습 평가에 합격한 것으로 한다.

평가항목	세부 평가항목	점수	점수 계
수시(收屍) 등	• 시신수습에 대한 절차 및 위생처리 • 적정 시신 안치온도 • 수시 관련 용어 및 용품 • 사망자 발생에 따른 행정서류 확인 사항 • 사망자 인적사항 확인(신체 특이점 등) • 사망자 유족 확인 및 안내(전염병 안내 등)	30점 10점 10점 20점 15점 15점	100점
염습 및 입관 등	• 염습 및 입관 시신위생처리 등 • 시신실 · 염습실에서 배출된 폐기물의 관리 • 법령에 따른 시신위생관리 • 염습 및 입관 용어 및 용품 • 염습 및 입관의 시행 전 · 후 유족확인 • 감염 및 안전보호장치 착용 여부	50점 10점 10점 10점 10점 10점	100점
빈소 설치 등	• 영정, 신위 설치 등 • 제단 꽃, 향로, 헌화대 등 설치 • 빈소설치 용어 및 용품 • 지방, 명정, 축문, 부고장 작성 • 일정별 제사상 안내 등	25점 25점 20점 20점 10점	100점
장례상담 및 장례행정 등	• 장례 상담(매 · 화장, 봉안 및 자연장) • 화장예약(e-하늘장사정보 시스템) • 장례행정절차 • 유가족 의례지도 및 위로 등	25점 25점 25점 25점	100점
소 계			400점

다. 평가 불합격자에 대한 조치

1) 이론강의 및 실기연습 평가 불합격자

가) 불합격한 과목에 대해서만 2차 평가를 받을 수 있도록 한다.

나) 2차 평가는 재교육 없이 실시한다.

다) 2차 평가를 받은 모든 과목에서 60점 이상 득점한 경우 평가에 합격한 것으로 한다.

2) 현장실습 평가 불합격자

가) 일정시간 재교육 후 불합격한 평가항목에 대해서만 2차 평가를 받을 수 있도록 한다.
나) 현장실습기관은 현장실습 불합격자에게 재교육시간을 통보하여야 한다.
다) 재교육시간 등 그 밖에 현장실습 재교육에 필요한 사항은 보건복지부장관이 정한다.

4. 수료기준

교육 대상자가 제1호에 따른 교육과정의 이론강의, 실기연습 및 현장실습을 각각 100분의 90 이상 출석하고, 제3호에 따른 평가에 합격한 경우에 교육과정을 수료한 것으로 인정한다. 다만, 제1호나목에 따른 전공자 교육과정의 수료기준은 교육대상자의 특성 및 교육시간 등을 고려하여 보건복지부장관이 따로 정할 수 있다.

5. 교육실시 후 조치

가. 장례지도사 교육기관의 장은 이론강의, 실기연습 및 현장실습의 모든 평가내용을 3년간 보관하여야 한다.
나. 장례지도사 교육기관의 장은 장례지도사 교육수료자 명부를 작성하여 3년간 보관하여야 한다.
다. 장례지도사 교육기관은 교육과정을 수료한 사람에게 별지 제23호의7서식의 교육과정 수료증명서를 발급한다.
라. 장례지도사 교육기관과 현장실습기관은 함께 별지 제23호의8서식의 현장실습확인서를 발급한다.

[별표 3]

장례지도사 교육기관 설치기준(제20조의8 관련)

1. 시설기준
가. 시설의 규모·구조 및 설비

강의실 · 사무실	1) 강의실과 사무실의 연면적의 합은 80㎡ 이상이어야 한다. 2) 강의실은 다음의 기준에 적합하여야 하며, 전용강의실 또는 통합강의실 중 어느 하나를 갖추어야 한다. 가) 전용강의실 ⑴ 이론강의: 1명당 1㎡ 이상 ⑵ 실기연습: 1명당 2㎡ 이상 나) 통합강의실: 1명당 2㎡ 이상 ※ 통합강의실은 이론강의와 실기연습을 병행할 수 있는 강의실을 말한다.
교구 보관시설	강의 및 실기에 필요한 교구를 보관하는 시설을 갖추어야 한다.
소방시설	「소방시설설치유지 및 안전관리에 관한 법률」에서 정하는 바에 따라 소화용 기구를 비치하고, 경보시설과 비상구를 갖추어야 한다.
그 밖의 시설	그 밖에 시설규모에 맞는 적절한 화장실 및 급수시설을 갖추어야 하며, 채광·환기·냉난방 시설 등 보건위생상 적절한 학습 환경을 갖추어야 한다.

나. 장례지도사 교육기관을 운영하려는 자는 교육기관을 운영할 토지 및 건물의 소유권 또는 사용권을 확보하여야 한다.

2. 학습교구 기준
가. 인체모형, 이동식 인체모형 운반 트레이를 각각 4개 이상 갖추어야 한다.
나. 수시용품, 염습용품, 입관용품, 영좌용품, 상주용품은 10명당 1세트를 갖출 것
1) 수시용품: 수시복, 수시포, 시상판 등
2) 염습용품: 수의 등
3) 입관용품: 관, 관보, 결관바 등
4) 영좌용품: 영정, 교의 등

5) 상주용품: 남상복, 여상복, 두건, 완장 등
6) 그 밖의 용품: 조등 등

다. 시청각 학습에 필요한 기자재를 갖출 것

3. 인력기준

구분		수	자격기준
교육기관의 장		1명	장사 또는 교육업무에 5년 이상 종사한 경력
교수 요원	전임	교육인원 40명당 1명 이상	가. 「고등교육법」 제14조제2항에 따른 교원(교수·부교수·조교수 및 전임강사) 또는 제17조에 따른 겸임교원(명예교수, 시간강사 등을 포함한다)으로서 대학·대학교에서 장례지도 관련 학과의 과목(교양과목은 제외한다)을 1년 이상 강의하고 있거나 2년 이상 강의했던 사람 나. 장례, 보건학, 법학 등 관련 분야 박사학위를 가진 자로 해당 분야의 업무경력이 1년 이상인 사람 다. 장례, 보건학, 법학 등 관련 분야 석사 이상의 학위를 가진 사람으로서 해당 분야의 업무경력이 3년 이상인 사람 라. 전문학사학위 이상을 취득하고 장례 관련 분야의 업무경력이 5년 이상인 사람
	외래	필요한 수	가. 법 제29조의2에 따른 장례지도사로서 해당 분야의 업무경력이 5년 이상인 사람 나. 전임교수요원의 자격기준에 해당하는 사람

비고: 1. 과목 또는 교육내용별 교수요원의 자격기준과 업무경력의 구체적인 범위는 보건복지부장관이 정한다.
2. 교육기관의 장과 전임교원은 구분되어야 한다.

[별표 4]

장례지도사에 대한 행정처분기준(제20조의11제1항 관련)

위반행위	해당 법조문	행정처분기준
1. 거짓이나 그 밖에 부정한 방법으로 자격증을 교부받은 경우	법 제29조의5 제1항제1호	자격취소
2. 법 제29조의4 각 호의 어느 하나의 결격사유에 해당하게 된 경우	법 제29조의5 제1항제2호	자격취소
3. 장례지도사 자격증을 대여한 경우로서 다음 각 목의 어느 하나에 해당하는 경우	법 제29조의5 제1항제3호	
가. 2회 이상 대여한 경우 나. 1회 대여한 경우 다. 자격증 대여로 인하여 다른 사람에게 손해를 입힌 경우		자격취소 자격정지 6개월 자격취소
4. 「형법」 제158조를 위반하여 징역 이상의 형을 선고받은 경우	법 제29조의5 제1항제4호	자격취소

비고

　제3호가목 및 나목에 따른 위반행위의 차수에 따른 행정처분기준은 최근 2년간 같은 위반행위로 행정처분을 받은 경우에 적용한다. 이 경우 그 기준적용일은 같은 위반사항에 대한 행정처분일과 그 처분 후의 적발일을 기준으로 한다.

■ 장사 등에 관한 법률 시행규칙 [별지 제23호의6서식] <개정 2016.1.29.>

장례지도사 자격증 [ ] 발급
[ ] 재발급 신청서

※ [ ]에는 해당되는 곳에 √표를 하시기 바랍니다. (앞쪽)

접수번호	접수일	발급일	처리기간	30일

유형구분 (교육이수시간)	[ ] 표준교육과정 이수자 (300시간) [ ] 전공자 교육과정 이수자 (50시간)				

신청인	성명(한글)			사 진 (3cm×4cm)	
	(한자)				
	주민등록번호				
	주소				
	전화번호				

장례지도사 교육과정 수료내용	교육기관명	교육기간	이수시간 총 ( )시간	
		. . ~ . .	이론강의	시간
	현장실습기관명	현장실습기간	실기연습	시간
		. . ~ . .	현장실습	시간

재발급 신청내용	자격증 발급번호	자격증 발급기관명(시·도)	자격증 발급연월일
	신청사유		

「장사 등에 관한 법률」 제29조의2제3항, 같은 법 시행규칙 제20조의7제1항·제3항에 따라 위와 같이 장례지도사 자격증의 발급(재발급)을 신청합니다.

년 월 일

신청인 (서명 또는 인)

시·도지사 귀하

발급신청 첨부서류	1. 「장사 등에 관한 법률 시행규칙」(이하 "규칙"이라 합니다) 별지 제23호의7서식의 장례지도사 교육과정 수료증명서 1부 2. 대학 또는 전문대학의 장례지도 관련 학과 졸업증명서 1부(전공자 교육과정 이수자만 제출합니다) 3. 규칙 별지 제23호의8서식의 현장실습확인서 1부 4. 「장사 등에 관한 법률」 제29조의4제2호 및 제3호에 따른 결격사유에 해당하지 아니함을 증명하는 의사의 진단서 1부 5. 사진 2장(6개월 이내에 모자를 벗은 상태에서 배경 없이 촬영된 상반신 컬러사진으로 규격은 가로 3cm, 세로 4cm)	수수료 1만원
재발급 신청 첨부서류	1. 자격증(훼손되거나 기재사항의 변경이 필요한 경우에만 제출합니다) 1부 2. 사진 2장(6개월 이내에 모자를 벗은 상태에서 배경 없이 촬영된 상반신 컬러사진으로 규격은 가로 3cm, 세로 4cm) 3. 기재사항을 변경할 필요가 있음을 증명하는 서류(기재사항 변경의 경우만 해당한다) 1부	

210mm×297mm[백상지(80g/㎡) 또는 중질지(80g/㎡)]

■ 장사 등에 관한 법률 시행규칙 [별지 제23호의7서식] <개정 2016.1.29.>

년   제   호

장례지도사 교육과정 수료증명서

유형구분 (교육이수시간)	신규 대상자	[ ] ① 표준교육과정 이수자 (300시간)	실무 경험자	[ ] ① 기본교육과정 이수자 (6시간)
				[ ] ② 장례지도 관련 학과 졸업자 (25시간)
		[ ] ② 전공자 교육과정 이수자 (50시간)		[ ] ③ 민간자격증 소지자 (50시간)
				[ ] ④ 일반경력자 (100시간)
				[ ] ⑤ 종교단체 경력자 (50시간)

인적 사항	성 명	
	주 소	
	생년월일	전화번호 (휴대전화)

이수 실적	교육기관명			
	강의과정 (이론·실기)	이수기간		이수시간(①)
		년 월 일 ~ 년 월 일		시간
	현장실습 과정	현장실습기관명	실습기간	실습시간
		( )	년 월 일 ~ 년 월 일	
		( )	년 월 일 ~ 년 월 일	
		( )	년 월 일 ~ 년 월 일	
		총 실습시간(②)		시간
	총 이수시간 (①+②)			시간

「장사 등에 관한 법률 시행규칙」 제20조의7제1항 및 별표 2 제5호다목에 따라 장례지도사 교육을 수료하였음을 증명합니다.

년   월   일

장례지도사교육기관의 장   [직인]

210mm×297mm[백상지 80g/㎡]

■ 장사 등에 관한 법률 시행규칙 [별지 제23호의8서식] <개정 2016.1.29.>

현장실습확인서

1. 실습이수자 기본사항

이름	생년월일	주소	교육기관명

2. 현장실습기관

시설명	시설종류	소재지	연락처

3. 실습지도자

이름	생년월일	소속	직위	담당 업무	담당업무 재직기간
					년 월 일 ~ 년 월 일

4. 실습확인

실습기간	년 월 일 ~ 년 월 일		
실습시간	총 시간		
합격여부	[ ]합격 [ ]불합격	평가점수(평균)	
비 고		실습지도자	(서명)

※ 실습지도자 서명은 실습지도자가 자필로 작성합니다.

「장사 등에 관한 법률 시행규칙」 제20조의7제1항 및 별표 2 제5호라목에 따라 위 실습이수자의 현장실습이수를 확인합니다.

년   월   일

현장실습기관의 장   [직인]

장례지도사교육기관의 장   [직인]

210mm×297mm[백상지 80g/㎡]

■ 장사 등에 관한 법률 시행규칙 [별지 제23호의9서식] <개정 2016.1.29.>

제   호

장례지도사 자격증

성   명:

생년월일:

사진

3cm×4cm

「장사 등에 관한 법률」 제29조의2제3항 및 같은 법 시행규칙 제20조의7 제2항에 따라 위 사람에게 장례지도사 자격증을 발급합니다.

년   월   일

시 · 도지사   직인

210mm×297mm[백상지 120g/m²]

■ 장사 등에 관한 법률 시행규칙 [별지 제23호의10서식] <개정 2016.1.29.>

장례지도사 자격증 발급대장

연번	자격증번호	성명	주민등록번호	주소	전화번호	발급 연월일	재발급 연월일

297㎜×210㎜[백상지 80g/㎡]

제3장 장사 관련 법규 **183**

■ 장사 등에 관한 법률 시행규칙 [별지 제23호의11서식] <개정 2016.1.29.>

장례지도사 교육기관 설치신고서

접수번호		접수일		처리기간	30일
신고인	성명(대표자)			생년월일	
	주소			전화번호	
	법인명			법인등록번호	
교육기관 개요	명칭				
	소재지				

「장사 등에 관한 법률」 제29조의3제1항 및 같은 법 시행규칙 제20조의9제1항에 따라 장례지도사 교육기관 설치를 신고합니다.

년   월   일

신고인

(서명 또는 인)

시 · 도지사 귀하

신고인 제출서류	1. 정관 1부(법인인 경우에만 제출합니다) 2. 현장실습기관과의 현장실습 실시 연계에 관한 사항을 증명할 수 있는 서류 1부 3. 시설의 구조별 면적이 표시된 평면도와 시설 및 설비의 목록(학습교구 목록을 포함합니다) 1부 4. 시설을 설치할 토지 및 건물의 소유권 또는 사용권을 증명할 수 있는 서류 각 1부 5. 사업계획서 1부 6. 인력의 명단과 그 자격 및 경력을 증명할 수 있는 서류	수수료 없음
담당 공무원 확인사항	법인 등기사항증명서(법인인 경우만 해당합니다)	

처리 절차

신고서 제출 (신고인) → 신고서 접수 시·도 (장사업무 담당부서) → 검토 시·도 (장사업무 담당부서) → 결재 시·도 (장사업무 담당부서) → 통보

210mm×297mm[백상지 80g/m²]

■ 장사 등에 관한 법률 시행규칙 [별지 제23호의12서식] <개정 2016.1.29.>

(앞쪽)

제   호

장례지도사 교육기관 설치신고 확인증

교육기관명:

소 재 지:

설치자(법인은 대표자):

교육기관의 장: (생년월일: .   .   )

「장사 등에 관한 법률」 제29조의3제1항 및 같은 법 시행규칙 제20조의9 제3항에 따라 위와 같이 장례지도사 교육기관 설치신고 확인증을 발급합니다.

년   월   일

시 · 도지사   [직인]

210mm×297mm(백상지 120g/㎡)

(뒤쪽)

변경사항		
변경일	변경내용	기록자 (서명 또는 인)

■ 장사 등에 관한 법률 시행규칙 [별지 제23호의13서식] <개정 2016.1.29.>

장례지도사 교육기관 변경신고서

접수번호		접수일		발급일		처리기간	7일
신고인	성명(대표자)				생년월일		
	주소				전화번호		
	법인명				법인등록번호		
	소재지				전화번호		
신고사항	신고확인증 번호		신고기관명(시·도)			신고확인증 발급연월일		
변경사항	구분		변경 전		변경 후		변경일
	[ ] 교육기관 명칭						
	[ ] 교육기관 소재지						
	[ ] 교육기관의 장						

변경사유

「장사 등에 관한 법률」 제29조의3 및 같은 법 시행규칙 제20조의10제1항에 따라 위와 같이 장례지도사 교육기관의 변경을 신고합니다.

년   월   일

신고인   (서명 또는 인)

시·도지사 귀하

첨부서류	1. 장례지도사 교육기관 설치신고 확인증 2. 변경사항을 증명할 수 있는 서류 1부	수수료 없음

처리 절차

신고서 제출 → 신고서 접수 → 검토 → 결재 → 통보
신고인   시·도   시·도   시·도
          (장사업무 담당부서) (장사업무 담당부서) (장사업무 담당부서)

210mm×297mm[백상지 80g/㎡]

■ 장사 등에 관한 법률 시행규칙 [별지 제23호의14서식] <개정 2016.1.29.>

장례지도사 교육기관 [ ] 휴업 신고서
[ ] 폐업

접수번호		접수일	발급일		처리기간	7일
신고인	성명(대표자)			법인명(법인등록번호)		
	주소			전화번호		
교육기관명				신고번호		
소재지						
휴업·폐업 예정일	휴업기간		년 월 일 ~ 년 월 일까지			
	폐업일		년 월 일			
휴업·폐업 사유						

「장사 등에 관한 법률」 제29조의3 및 같은 법 시행규칙 제20조의10제2항에 따라 위와 같이 교육기관의 휴업·폐업을 신고합니다.

년 월 일

신고인 (서명 또는 인)

시·도지사 귀하

첨부서류	1. 장례지도사 교육기관을 휴업 또는 폐업하려는 의사를 증명하는 서류 1부 2. 교육 중인 교육생에 대한 조치계획서 1부 3. 장례지도사 교육기관 설치신고 확인증(폐업하려는 경우에만 제출합니다)	수수료 없음

처리 절차

신고서 제출 (신고인) → 신고서 접수 (시·도 장사업무 담당부서) → 검토 (시·도 장사업무 담당부서) → 결재 (시·도 장사업무 담당부서) → 통보

210mm×297mm[백상지 80g/㎡]

제4장

부록

1. 전국 화장 시설 현황

2. 전국 공원 묘원 현황

3. 전국 공설 및 사설 봉안 시설 현황

4. 제수 진설과 명정 및 지방 서식

5. 한국의 성씨

6. 각종 서식

1. 전국 화장시설 현황

화장장	주소	연락처
서울(2)		
1. 서울시립승화원	경기도 고양시 덕양구 통일로 504	031-960-0236
2. 서울추모공원	서울특별시 서초구 양재대로12번길 74	1577-2082
경기(3)		
1.수원시연화장	경기도 수원시 영통구 광교호수로 278	031-218-6501
2.성남영생관리사업소	경기도 성남시 중원구 순암로 787	031-754-2268
3.용인평온의숲	경기도 용인시 처인구 이동면 어비리 37	031-329-5900
인천(1)		
1.인천가족공원	인천 부평구 평온로 61	032-510-1900
부산(1)		
1.부산영락공원	부산 금정구 금정도서관로 108	051-790-5000
대구(1)		
1.대구명복공원	대구 수성구 달구벌대로 541길 47	053-743-3880
광주(1)		
1.광주영락공원	광주 북구 영락공원로 170	062-572-4384
대전(1)		
1.대전시정수원	대전 서구 계백로1249번길 174-82	042-610-2300
울산(1)		
1.울산하늘공원	울산 울주군 삼동면 보삼길 55	052-255-3800
세종(1)		
1.세종시은하수공원	세종시 연기면 정안세종로 1527	044-901-1700
강원(8)		
1.춘천안식원	강원 춘천시 동산면 종자리로 331-21	033-261-7314
2.원주시화장장	강원 원주시 치악로 2068-10	033-742-3584
3.동해시승화원	강원 동해시 서동로 925	033-522-1451
4.태백시화장장	강원 태백시 백두대간로 844	033-550-2844
5.속초시화장장	강원 속초시 이목로 194	033-635-7023
6.정선군하늘화장터	강원 정선군 사북읍 사북리 247	033-592-2847
7.인제군하늘내린도리안강원	인제군 남면 원남로 444-62	033-462-6989
8.강릉솔향하늘길	강원 강릉시 사천면 청솔공원길 292-5	033-660-3858

	충북(3)	
1.청주시목련공원	충북 청주시 상당구 목련로 731	043-270-8578
2.충주시하늘나라	충북 충주시 목벌길 256	043-850-3261
3.제천시영원한쉼터	충북 제천시 송학면 송학주천로9길 12	043-644-6613
	충남(3)	
1.천안추모공원	충남 천안시 동남구 광덕면 밤나무골길 38	041-566-0404
2.홍성군추모공원	충남 홍성군 금마면 금마로516번길 85	041-633-7780
3.공주나래원	충남 공주시 이인면 삼배실길 70	041-840-8980
	전북(5)	
1.전주시승화원	전북 전주시 완산구 콩쥐팥쥐로 1705-138	063-239-2690
2.군산시승화원	전북 군산시 임피면 서원석곡로 436-34	063-454-7950
3.남원시승화원	전북 남원시 솔터길 40-36	063-632-5874
4.익산시정수원	전북 익산시 무왕로 1471-63	063-859-3840
5.서남권추모공원	전북 정읍시 정읍북로 1850	063-539-6725
	전남(5)	
1.목포추모공원	전남 목포시 고하대로 1140-41	061-272-0095
2.여수시영락공원	전남 여수시 소라면 의곡길 494	061-659-1795
3.순천시립추모공원	전남 순천시 양율길 142	061-749-6168
4.국립소록도병원화장장	전남 고흥군 도양읍 소록리 1번지	061-840-0586
5.광양시화장장	전남 광양시 광양읍 직동1길 300	061-762-4449
	경북(10)	
1.포항시립우현화장장	경북 포항시 북구 소티재로 69-12	054-270-5815
2.포항시립구룡포화장장	경북 포항시 남구 구룡포읍 804-1	054-270-6571
3.김천시공설화장장	경상북도 김천시 속구미3길 78	054-430-1300
4.안동시영면원	경북 안동시 석숫골길 100	054-858-1348
5.영주시화장장	경북 영주시 조와로 48-186	054-633-9473
6.상주시승천원	경북 상주시 병성천2길 560	054-533-3277
7.문경예송원	경북 문경시 유곡불정로 239-39	054-550-6507
8.의성군공설화장장	경북 의성군 의성읍 의성길안로 287-29	054-833-1103
9.울릉군추모공원	경북 울릉군 서면 남서리 303	054-791-1888
10.경주하늘마루	경북 경주시 서면 하늘마루길 330	054-779-8547

경남(10)		
1.창원시립마산화장장	경남 창원시 마산합포구 진동면 공원묘원로 232	055-712-0224
2.진주시안락공원	경남 진주시 진산로 141-42	055-759-3672
3.창원시립진해화장장	경남 창원시 진해구 진해대로 1201번길 60	055-712-0842
4.통영시추모공원	경남 통영시 장대길 14	055-650-4883
5.사천시누리원	경남 사천시 해안관광로 208-66	055-834-3001
6.밀양공설화장시설	경남 밀양시 북성로7길 59	055-359-5592
7.고성군화장장	경남 고성군 상리면 장치로 220-163	055-670-2923
8.김해추모의공원	경남 김해시 주촌면 서부로1637번길 574	055-337-3946
9.남해추모누리영화원	경남 남해군 서면 연죽리 46-77	055-860-3780
10.창원시립상복공원	경남 창원시 성산구 상복동 산68-5	055-712-0900
제주(1)		
1.제주도 양지공원	제주특별자치도 제주시 516로	064-702-4065
계57개소		

2. 전국 공원 묘원 현황

가. 공설묘지

공설묘지 현황

서울
제수 진설과 명정 및 지방 서식

묘지명	위치	전화번호	사용료(평당)	관리비(년)
용미리1묘지	경기도 파주시 광탄면 용미리 산91-1	031)942-0642	-	-
용미리2묘지	경기도 파주시 광탄면 산65-1	031)943-3937	-	-
벽제리묘지	경기도 고양시 덕양구 벽제동 산4-1	031)964-3443	-	-
망우리 묘지	서울시 중랑 망우동 산 51	02)434-3337	-	-
내곡리묘지	경기도 남양주시 진접읍 내곡산99	02)434-3337	-	-

부산광역시 | 1개소

묘지명	위치		사용료(평당)	관리비(년)
시립공원묘지	금정구 두구동, 남산동, 청룡동 일원	051)508-6022	90,000원	-

대구광역시 | 4개소

묘지명	위치	전화번호	사용료(평당)	관리비(년)
시립공원묘지	칠곡군 지천면 낙산리 산 71, 167일대	053)312-1755	35,000원(1.5평)	29,000원(15년)
동명가족묘지	칠곡군 칠곡면 동명면 금암리 산25일대	053)350-7344	9,917원	-
동명공동묘지	칠곡군 동명면 학명리 산145-1 일대	053)350-7344	6,611원	-
성서공동묘지	달서구 장동산 49 일대	053)630-0311	6,611원	-

인천광역시 | 118개소

묘지명	위치	전화번호	사용료(평당)	관리비(년)
영종공설묘지	중구 운북동 산 154-1	032)760-7341	3,600원	17,800원
주안8동 공설묘지	남구 주안8동62-6 ~산63 일원	032)880-4341	-	-
옥련동 공설묘지	연수구 옥련 산52-1	032)880-4341	-	-
청학동 외국인묘지	연수구 청학동 산 53-2	-	-	-
장수동 공동묘지	남동구장수동 산 1333	032)466-3804	-	-
운연 공동묘지	남동구 운연동 산45 ~ 산 89	032)466-3804	-	-
수산동 공동묘지	남동구 수산동 산14	032)466-3804	-	-
도림동 공동묘지	남동구 도림동 산 33	032)466-3804	-	-
논현동 공동묘지	논현동 산 40-1~2번지	032)466-3804	-	-
부평묘지공원	부평2동 산 57번지	032)522-0570	-	-
가정동 공설묘지	가정동 산 53번지	032)560-4973	3,600원	17,800원
검암동 공설묘지	검암동 산73번지	032)560-4973	-	-
경서동 공설묘지	경서동 산 249번지	032)560-4973	-	-
원창동 공설묘지	원창동 산 143번지	032)560-4973	-	-
원당 묘지	원당동 산 87번지	032)560-4544	-	-
왕길 묘지	왕길동 산 120번지	032)560-4544	95,040원	17,800원
불로 묘지	불로동 산 80번지	032)560-4544	16,170원	17,800원
대곡 묘지	대곡동 산 202번지	032)560-4544	42,240원	17,800원
인천개발 묘원	왕길동 116	032)564-0008	15,400원	48,900원
국화 공원묘지	강화읍 국화리 산 295-1	032)934-0002	7,700원	16,300원
국화 공원묘지	강화읍 국화리 산 295-1	032)934-0002	1,200원	6,400원
월곳 공설묘지	강화읍 월곳리 산 8번지	032)933-0001	1,200원	6,400원

묘지명	위치	전화번호	사용료(평당)	관리비(년)
남산묘지	강화읍 남산리 산 50번지	032)933-0001	1,200원	6,400원
창리 공설묘지	강화군 선원면 창리 산 84번지	032)933-4303	1,200원	6,400원
신정리 공설묘지	강화군 선원면 신정리 산 63번지	032)933-4303	1,200원	6,400원
두운리 공설묘지	강화군 불은면 두운리 산 243번지	032)937-5301	1,200원	6,400원
삼동암묘지	강화군 불은면 삼동암리 산 217-2	032)937-5301	1,200원	6,400원
고능묘지	강화군 불은면 고능리 산 172번지	032)937-5301	1,200원	6,400원
넙성묘지	강화군 불은면 넙성리 산 5번지	032)937-5301	1,200원	6,400원
신현묘지	강화군 불은면 신현리 산 59-3번지	032)937-5301	1,200원	6,400원
덕성묘지	강화군 불은면 덕성리 산 118번지	032)937-5301	1,200원	6,400원
삼성묘지	강화군 불은면 삼성리 산 77-2번지	032)937-5301	1,200원	6,400원
길직2리 묘지	강화군 길상면 길직리	032)937-0002	7,700원	16,300원
온수묘지	강화군 길상면 온수리 산 16번지	032)937-0002	7,700원	16,300원
선두묘지	강화군 길상면 선두리 산 204번지	032)937-0002	7,700원	16,300원
동검묘지	강화군 길상면 동검리 산 122번지	032)937-0002	7,700원	16,300원
초지묘지	강화군 길상면 초지리 산 20번지	032)937-0002	7,700원	16,300원
장흥묘지	강화군 길상면 장흥리 산 69-1번지	032)937-0002	7,700원	16,300원
길직1리묘지	강화군 길상면 길직리 산 247번지	032)937-0002	7,700원	16,300원
내리묘지	강화군 화도면 내리 산 18, 44번지	032)937-1001	1,200원	6,400원
덕포묘지	강화군 화도면 덕포리 산 83번지	032)937-1001	1,200원	6,400원
사기묘지	강화군 화도면 사기리 산 116번지	032)937-1001	1,200원	6,400원
장화묘지	강화군 화도면 장화리 산 354번지	032)937-1001	1,200원	6,400원
길정묘지	강화군 양도면 길정리 산 228-5번지	032)937-2001	7,700원	16,300원
도장공설묘지	강화군 양도면 도장리 산 121번지	032)937-2001	1,200원	6,400원
하일묘지	강화군 양도면 하일리 산 21번지	032)937-2001	1,200원	6,400원
삼흥묘지	강화군 양도면 삼흥리 산 171번지	032)937-2001	1,200원	6,400원
인산묘지	강화군 인산면 인산리 산 225, 227번지	032)937-2001	1,200원	6,400원
고천공설묘지	강화군 내가면 고천리 산 6, 11번지	032)932-6302	1,200원	6,400원
오상묘지	강화군 내가면 오상리 산 91-2번지	032)932-6302	1,200원	6,400원
외포묘지	강화군 내가면 외포리 산 98-1번지	032)932-6302	1,200원	6,400원
황청묘지	강화군 내가면 황청리 산 170-1번지	032)932-6302	1,200원	6,400원
삼거묘지	강화군 하점면 삼거리 산 175번지	032)933-5302	1,200원	6,400원

묘지명	위치	전화번호	사용료(평당)	관리비(년)
장정묘지	강화군 하점면 장정리 산 188번지	032)933-5302	1,200원	6,400원
신삼묘지	강화군 하점면 신삼리 산 107번지	032)933-5302	7,700원	16,300원
망월 공설묘지	강화군 하점면 망월리 산 44번지	032)933-5302	1,200원	6,400원
부근묘지	강화군 하점면 부근리 산 148번지	032)933-5302	1,200원	6,400원
덕하1묘지	강화군 양사면 덕하리 산 353번지	032)932-6301	7,700원	16,300원
2공설묘지	강화군 양사면 덕하리 산 304번지	032)932-6301	1,200원	6,400원
북성묘지	강화군 양사면 북성리 산 179번지	032)932-6301	1,200원	6,400원
교산1묘지	강화군 양사면 교산리 산 307번지	032)932-6301	1,200원	6,400원
교산2묘지	강화군 양사면 교산리 산 355-1~3번지	032)932-6301	1,200원	6,400원
인화묘지	강화군 양사면 인화리 산 336번지	032)932-6301	1,200원	6,400원
하도 공설묘지	강화군 송해면 하도리 산 2~13번지	032)934-4302	1,200원	6,400원
양오 공설묘지	강화군 송해면 양오리 산 184번지	032)934-4302	1,200원	6,400원
숭뢰 공설묘지	강화군 송해면 숭뢰리 산 63번지	032)934-4302	1,200원	6,400원
당산 공설묘지	강화군 송해면 당산리 산 58번지	032)934-4302	1,200원	6,400원
상룡 공설묘지	강화군 교동면 상룡리 산 215번지	032)932-5001	1,200원	6,400원
붕소 공설묘지	강화군 교동면 붕소리 산 180-1~2번지	032)932-5001	1,200원	6,400원
지석 공설묘지	강화군 교동면 지석리 산 155번지	032)932-5001	1,200원	6,400원
동산 공설묘지	강화군 교동면 동산리 산 5번지	032)932-5001	1,200원	6,400원
석모 공설묘지	강화군 삼산면 석모리 산 308번지	032)932-3001	1,200원	6,400원
석포 공설묘지	강화군 삼산면 석포리 산 83번지	032)932-3001	1,200원	6,400원
매음 공설묘지	강화군 삼산면 매음리 산 296번지	032)932-3001	1,200원	6,400원
상리 공설묘지	강화군 삼산면 상리 산 177번지	032)932-3001	1,200원	6,400원
서검 공설묘지	강화군 삼산면 서검리 산 50번지	032)932-3001	1,200원	6,400원
미법 공설묘지	강화군 삼산면 미법리 산 12번지	032)932-3001	1,200원	6,400원
주문 공설묘지	강화군 서도면 주문리 산 33~34번지	032)932-7004	1,200원	6,400원
볼음 공설묘지	강화군 서도면 불음리 산 82번지	032)932-7004	1,200원	6,400원
아차 공설묘지	강화군 서도면 아차리 산 13번지	032)932-7004	1,200원	6,400원
말도 공설묘지	강화군 서도면 말도리 산 21번지	032)932-7004	1,200원	6,400원
북도면 공설묘지	옹진군 북도면 신도 1~2리	032)880-2601	1,200원	3,600원
북도면 공설묘지	옹진군 북도면 신도 3~4리	032)880-2601	1,200원	3,600원
북도면 공설묘지	옹진군 북도면 시도리	032)880-2601	1,200원	3,600원

묘지명	위치	전화번호	사용료(평당)	관리비(년)
북도면 공설묘지	옹진군 북도면 모도리	032)880-2601	1,200원	3,600원
북도면 공설묘지	옹진군 북도면 장봉1리	032)880-2601	1,200원	3,600원
북도면 공설묘지	옹진군 북도면 장봉2리	032)880-2601	1,200원	3,600원
연평면 공설묘지	옹진군 연평면 연평리	032)880-2602	1,200원	3,600원
백령면 공설묘지	옹진군 백령면 진촌1리	032)880-2603	1,200원	3,600원
백령면 공설묘지	옹진군 백령면 진촌2리	032)880-2603	1,200원	3,600원
백령면 공설묘지	옹진군 백령면 진촌4리	032)880-2603	1,200원	3,600원
백령면 공설묘지	옹진군 백령면 진촌5리	032)880-2603	1,200원	3,600원
백령면 공설묘지	옹진군 백령면 진촌6리	032)880-2603	1,200원	3,600원
백령면 공설묘지	옹진군 백령면 남포리	032)880-2603	1,200원	3,600원
대청면 공설묘지	옹진군 대청면 청수동	032)880-2604	1,200원	3,600원
대청면 공설묘지	옹진군 대청면 사탄동	032)880-2604	1,200원	3,600원
대청면 공설묘지	옹진군 대청면 소청리	032)880-2604	1,200원	3,600원
덕적면 공설묘지	옹진군 덕적면 진리	032)880-2605	1,200원	3,600원
덕적면 공설묘지	옹진군 덕적면 서포리	032)880-2605	1,200원	3,600원
덕적면 공설묘지	옹진군 덕적면 북리	032)880-2605	1,200원	3,600원
덕적면 공설묘지	옹진군 덕적면 소야리	032)880-2605	1,200원	3,600원
덕적면 공설묘지	옹진군 덕적면 문갑리	032)880-2605	1,200원	3,600원
덕적면 공설묘지	옹진군 덕적면 백아리	032)880-2605	1,200원	3,600원
덕적면 공설묘지	옹진군 덕적면 울도리	032)880-2605	1,200원	3,600원
자월면 공설묘지	옹진군 자월면 자월리	032)880-2605	1,200원	3,600원
자월면 공설묘지	옹진군 자월면 이작1리	032)880-2605	1,200원	3,600원
자월면 공설묘지	옹진군 자월면 이작2리	032)880-2605	1,200원	3,600원
자월면 공설묘지	옹진군 자월면 승봉리	032)880-2605	1,200원	3,600원
영흥면 공설묘지	옹진군 영흥면 내리	032)880-2607	1,200원	3,600원
영흥면 공설묘지	옹진군 영흥면 내5리	032)880-2607	1,200원	3,600원
영흥면 공설묘지	옹진군 영흥면 외리	032)880-2607	1,200원	3,600원
영흥면 공설묘지	옹진군 영흥면 선재리	032)880-2607	1,200원	3,600원

광주광역시 | 2개소

묘지명	위치	전화번호	사용료(평당)	관리비(년)
망월동묘지	북구 운정동산 45번지	062)222-4742	286,300원	30,000원(5년)
영락공원묘지	북구 효령동산 100-2	062)572-4384	968,300원	30,000원(5년)

대전광역시 | 1개소

묘지명	위치	전화번호	사용료(평당)	관리비(년)
시립공원묘지	서구 괴곡동 산 55번지	042)583-4708	24,000원(2평)	-

경기도 | 57개소

묘지명	위치	전화번호	사용료(평당)	관리비(년)
성남시 공설공원묘지	성남시 분당구 수내동 산 6-2외 3필지	031)729-4330~1	15,400원	16,300원
의정부시 공설공원묘지	양주군 광적면 석우리 산 230외 3필지	031)828-2721~5	45,000원	15,000원
안양시 공설공원묘지	안산시 화정동 산 117번지	031)389-2261	10,567원	-
평택시송탄 공설공원묘지	평택시 가재동 산 64-1번지	031)610-8341	91,000원	10,000원
평택시청북 공설공원묘지	평택시 청북면 율북리 산 41번지	031)659-6060	91,000원	10,000원
평택시안중 공설공원묘지	평택시 안중면 학현리 산12-1번지	031)659-6093	91,000원	10,000원
동두천시안흥 공설공원묘지	동두천시 안흥동 산62, 70-2번지	031)860-2262	132,000원	96,000원
안산시 공설공원묘지	안산시 와동 37-2	031)486-4716	15,000원	50,000원
고양시내유동 공설공원묘지	고양시 덕양구 내유동 산 82번지	031)961-6263	17,500원	-
고양시성석동 공설공원묘지	고양시 일산구 성석동 산 153번지	031)961-6263	17,500원	-

묘지명	위치	전화번호	사용료(평당)	관리비(년)
구리시 공설공원묘지	구리시 사노동 산 175-20	031)550-2261	60,000원	40,000원
남양주시화도 공설공원묘지	남양주시 화도읍 묵현리 151	031)590-2613	15,400원	16,300원
남양주시수동 공설공원묘지	남양주시 수동면 운수리 산400-1	031)590-2618	15,400원	16,300원
오산시 공설공원묘지	오산시 가장동 산 72-2번지	031)370-3228	22,500원	1,000원
시흥시정왕 공설공원묘지	시흥시 정왕동 산 2-1,3	031)310-2264	45,000원	15,000원
시흥시군자 공설공원묘지	안산시 선부동 산3	031)310-2264	45,000원	15,000원
용인시상현 공설공원묘지	용인시 수지읍 상현리 산 14번지	031)329-8211	31,500원	4,000원
용인시송전 공설묘지	용인시 이동면 송전리 산 6번지	031)329-3126	31,500원	4,000원
파주시교하 공설묘지	파주시 교하면 동패리 산 166-3	031)940-8109	7,700원	-
파주시월롱 공설묘지	파주시 월롱면 덕은리 산 203-8	031)945-0062	31,700원	-
파주시통일촌 공설묘지	파주시 군내면 백연리 산27	031)952-6401	31,700원	-
파주시탄현 공설묘지	파주시 탄현면 금승리 산22	031)940-8081	31,700원	-
파주시파평 공설묘지	파주시 파평면 율곡리 산5-3	031)940-8168	15,400원	-
이천시백사 공설공원묘지	이천시 백사면 조읍리 산99-1	031)630-0261	102,500원	-
이천시장호원 공설공원묘지	이천시 장호원읍 방추리 산64-7	031)641-3001	102,500원	-
이천시대월 공설공원묘지	이천시 대월면 초지리 산107	031)632-1001	102,500원	-
이천시설성 공설공원묘지	이천시 설성면 수산리	031)641-6001	102,500원	-
안성시사곡 공설공원묘지	안성시 사곡동 산12-1	031)675-3766	15,300원	16,400원
안성시금광 공설공원묘지	안성시 금광면 금광리 산29	031)672-3003	15,300원	16,400원

묘지명	위치	전화번호	사용료(평당)	관리비(년)
김포시초원지 공원묘지	김포시 대곶면 초원지리 산 14,15	031)980-2607	243,750원	162,500원
김포시포내 공설공원묘지	김포시 월곶면 포내리 산36	031)980-2608	243,750원	162,500원
김포시양택 공설공원묘지	김포시 월곶면 고양리 산37-2	031)980-2608	243,750원	162,500원
여주군점봉 공설공원묘지	여주군 여주읍 점봉리 산11-3	031)880-3766	7,712원	8,165원
여주군삼교 공설공원묘지	여주군 점동면 처리 산86-1	031)880-3766	7,712원	8,165원
여주군광대 공설공원묘지	여주군 능서면 광대리 산60-1	031)880-3854	7,712원	8,165원
여주군하다 공설공원묘지	여주군 홍천면 하다리 산21-1	031)880-3874	7,712원	8,165원
화성군남양 공설공원묘지	화성군 남양면 북양리 109-14	031)369-2741	80,000원	-
화성군향남 공설공원묘지	화성군 향남면 상신리 96	031)369-2611	80,000원	-
광주시문형 공설공원묘지	광주시 오포면 문형리 산65	031)760-2626	30,000원	63,000원
광주시신월 공설공원묘지	광주시 오포면 신월리 산68	031)760-2632	30,000원	63,000원
연천군연천읍 공설공원묘지	연천군 연천읍 현가리 산16-1	031)839-2651	15,400원	16,300원
연천군전곡읍 공설공원묘지	연천군 전곡읍 고능리 산21-2	031)839-2652	15,400원	16,300원
연천군남면 공설공원묘지	연천군 군남면 선곡리 산193	031)839-2603	15,400원	16,300원
연천군신서면 공설공원묘지	연천군 신서면 도신리 산37-1	031)839-2608	15,400원	16,300원
연천군답곡 공설공원묘지	연천군 신서면 답곡리 산269	031)839-2261	187,000원	113,000원
포천군포천읍 공설공원묘지	포천군 포천읍 동교리 산32	031)530-8615	13,300원	50,000원
포천군소흘읍 공설공원묘지	포천군 소흘읍 이동교리 산2	031)530-8635	13,000원	50,000원
포천군관인면 공설공원묘지	포천군 관인면 냉정리 산149-1	031)530-8612	13,300원	50,000원

묘지명	위치	전화번호	사용료(평당)	관리비(년)
포천군화현면 공설공원묘지	포천군 화현면 지현리 산24	031)530-8613	13,300원	50,000원
가평군가평읍 공설묘지	가평군 가평읍 상색리 산64-4	031)580-2611	125,000원	80,000원
가평군설악면 공설묘지	가평군 가평읍 선촌리 산50	031)580-2621	125,000원	80,000원
가평군외서면 공설묘지	가평군 외서면 상색리 산64-3	031)580-2631	128,000원	80,000원
가평군상면 공설공원묘지	가평군 상면 연하리 산88-6	031)580-2641	125,000원	80,000원
가평군하면 공설공원묘지	가평군 하면 현리 산5-12	031)580-2651	125,000원	80,000원
가평군북면 공설공원묘지	가평리 북면 제령리 산78-3	031)580-2661	125,000원	80,000원
양평군양평읍 공설공원묘지	양평군 양평읍 공홍리 159-2	031)770-2601	147,500원	-

강원도 ㅣ 8개소

묘지명	위치	전화번호	사용료(평당)	관리비(년)
태백시공설묘지	태백시 창죽동 산78-11	033)550-2844	188,790원	16,000원
삼척시공설묘지	삼척시 등봉동산115-2	033)574-7912	572,000원	16,000원
횡성군공설묘지	횡성군 갑천면구방리 산9	033)345-2341	120,380원	16,000원
영월군공설묘지	영월군 주천면신일리 산270	033)370-2311	302,500원	20,000원
평창군공설묘지	방림면 방림리산692	033)330-2310	373,500원	16,000원
양구군공설묘지	양구군 양구읍하리 산6	033)480-2311	183,060원	-
고성군공설묘지	고성군 죽왕면가진리 산44-3	033)682-4448	149,290원	24,000원
양양군공설묘지	양양군 양양읍월리 산29	033)670-2341	179,720원	169,000원

충청북도 | 6개소

묘지명	위치	전화번호	사용료(평당)	관리비(년)
청주시목련공원	청주시 상당구 월오동 산2-1	043)220-6805	695,550원	214,500원
충주시공설묘지	충주시 주덕읍 화곡리 산32-1	043)850-5223	250,000원	20,000원
청원군오창공원묘지	오창면 양청리 산84	-	1,302,600원	153,750원
옥천군공원묘지	옥천군 군서면 월전리 산19-1	043)730-3315	35,000원	20,000원
진천군공설묘지	진천군 진천읍 장관리 732-1	043)539-3345	45,600원	26,400원
청원군가덕공원묘지	청원군 가덕면 청룡리	043)297-5088	70,000원	-

충청남도 | 9개소

묘지명	위치	전화번호	사용료(평당)	관리비(년)
천안시립 공설묘지	천안시 백석동산24-1	041)550-2315	78,000원	149,000원
보령시공설 공원묘원	보령시 성주면 개화리 산42-1	041)933-5671	310,000원	60,000원
보령시공설 공원묘원	보령시 웅천읍 수부리 산33-1	041)930-3343	550,000원	17,000원
서산시 공설묘지	서산시 인지면 산동리 산32-1	041)660-3602	150,000원	225,000원
연기군 공설묘지	연기군 전동면 봉대리 산30-2	041)865-0893	65,000원	50,000원
청양군 공설묘지	청양군 화성면 수정리 산126	-	231,000원	27,000원
예산군 공설묘지	예산군 응봉면 평촌리 산37-1	041)330-2277	319,000원	8,000원
당진군 공설묘지	당진군 석문면 통정리 산146-1	041)350-3341	130,000원	60,000원
당진군 공설묘지	당진군 우강면 송산리 산367-2	-	130,000원	80,000원

전라북도 | 10개소

묘지명	위치	전화번호	사용료(평당)	관리비(년)
전주시효자공원묘지	전주시 완산구 효자동3가 1026	063)281-2788	120,000원	80,000원
군산시공설묘지	군산시 임피면 보석리 산24	063)453-4055	215,000원	45,000원 (영구)
팔봉공설묘지	익산시 팔봉동 산 79-1	063)833-3657	87,000원	21,000원
여산공설묘지	익산시 여산면 두여리 산44	063)833-3657	53,000원	21,000원
입암공원묘지	정읍시 입암면 연월리 산159	063)530-7723	172,200원	-
완주공설묘지	완주군 봉동읍 구암리 산123-1	063)291-0235	342,000원	36,700원

묘지명	위치	전화번호	사용료(평당)	관리비(년)
망향공설묘지	진안군 용담면 송풍리 산101-1	063)435-2602	60,000원	-
장계공설묘지	장수군 장계면 금덕리 산74-1	063)350-2341	100,000원	100,000원
임실공설묘지	임실군 성수면 월평리 산193	063)640-2605	-	-
고창공설묘지	고창군 부안면 용산리 산121	063)562-2004	90,000원	60,000원

전라남도 | 10개소

묘지명	위치	전화번호	사용료(평당)	관리비(년)
여수시 공설묘지공원	여수시 소라면 봉두리 산190	061)685-8100	52,500원	48,000원(15년)
순천시 공설묘지	순천시 삼거동 산413-1	061)749-3794	65,000원	100,000원(15년)
완도군 공설묘지	완도군 군외면 삼두리 산97	061)552-4406	53,780원	135,040원(15년)
구례군시범 공동묘지	구례군 마산면 사도리 산34	061)780-6095	100,000원	
보성군 공설묘지	보성군 보성읍 대야리 1644-1	061)850-5311	-	
장흥유치 공설묘지	장흥군 유치면 대리 산105-1	061)860-0344	-	
장흥군 공설묘지	장흥군 장흥읍 금산리 산28	061)863-0545	48,000원	80,000원(15년)
해남군 공설묘지	해남군 황산면 송호리 890외 2	061)532-2573	45,000원	100,000원(15년)
영암군 공설묘지	영암군 덕진면 영보리 산24외 5개소	061)470-2314	18,000원	25,000원(5년)
광양시 영세공원	광양시 광양읍 죽림리 산1-2	061)797-2444	194,000원	150,000원(15년)

경상북도 | 11개소

묘지명	위치	전화번호	사용료(평당)	관리비(년)
포항시공설묘지	남구 동해면약전리 산22	054)245-6211	50,000원	3,000원
김천시공설묘지	김천시 신음동산41-1	054)430-1300	50,000원	3,000원
	구미시 옥계동산5-1, 산6-1	054)450-6211	30,000원	2,000원
신상공설묘지	상주시 낙동면신상리 산8-1	054)532-5301	50,000원	3,000원
영덕군공설묘지	영덕군 영덕읍 지품면삼계리 산66	054)730-6211	25,000원	-
성주군공설묘지	성주군 신남면관화리 산 31-1	054)930-6211	50,000원	3,000원
울진군공설묘지	울진군 북면덕천리 산3-1	054)785-6162	25,000원	2,000원
울진군공설묘지	울진군 죽변면화성리 산177	054)785-6162	25,000원	2,000원
충해공원묘지	거제시 연초면천곡리 산71번지	055)639-3329	60,000원	9,300원

묘지명	위치	전화번호	사용료(평당)	관리비(년)
남해군공설묘지	남해군 서면연죽리 산8	055)860-3317	198,000원	8,000원
산청군공설묘지	산청군 신동면가술리 산4	055)973-2491	350,000원	10,000원

제주도 | 22개소

묘지명	위치	전화번호	사용료(평당)	관리비(년)
제주시공설묘지	제주시 연동 2488-1	064)750-7314	50,000(3평)	-
서부공설묘지	제주시 연동 1203	064)750-7314	-	-
무연묘지	제주시 연동 산134-1	064)750-7314	-	-
제주애향묘지	제주시 노형동 산18-1	064)750-7314	50,000원	250,000원
상효공설공원묘지	서귀포시 상효동1627	064)735-3341	10,000원	-
색달공설공원묘지	서귀포시 색달동 산2	064)735-3344	10,000원	-
애월읍공설묘지	북제주군 애월읍 광령리 산157, 160	064)799-8551	47,143원	-
구좌읍공설묘지	북제주군 구좌읍 성당리 54-1외 2필지	064)783-9957	47,143원	-
조천읍공설묘지	북제주군 조천읍 선흘리 4116, 외 3필지	064)782-6591	47,143원	-
우도면공설묘지	북제주군 우도면 연평리 349, 외 2필지	064)783-0080	47,143원	-
월정리공동묘지	북제주군 구좌읍 행원리 3274외 2필지	064)783-5798	-	-
세화리공동묘지	북제주군 구좌읍 세화리 산5	064)783-2004	-	-
하도리공동묘지	북제주군 구좌읍 상도리 1148, 1149, 1150	064)783-3073	-	-
종달리 공동묘지	북제주군 구좌읍 종달리 산3-1	064)783-3216	-	-
함덕리 공동묘지	북제주군 조천읍 선흘리 1935외 1필지	064)783-8014	-	-
조천리공동묘지	북제주군 조천읍 와흘리 산18	064)783-6044	-	-
북촌리공동묘지	북제주군 조천읍 선흘리 4112	064)783-8522	-	-
판포리공동묘지	북제주군 한경면판포리 934	063)773-1936	-	-
저지리공동묘지	북제주군 한경면 저지리 산54	063)773-1948	-	-
대정읍공설묘지	남제주군 대정읍 보성리 2135	064)730-1613	-	-
남원읍공설묘지	남제주군 남원읍 수망리 산158-2	064)730-1623	-	-
성산읍공설묘지	남제주군 성산읍 수산리 4711	064)730-1633	-	-
안덕면공설묘지	남제주군 안덕면 상창리 1119	064)730-1604	-	-
표선면공설묘지	남제주군 표선면 성읍리 138외 1필지	064)730-1605	-	-

나. 사설묘지

부산광역시 | 5개소

묘지명	위치	전화번호	사용료(평당)	관리비(년)
범물천주교 공동묘지	수성구 범물동 산227	053)253-4856	-	-
백운제2공원	기장군 정관면모전리 산88-8	051)727-3188	130,000원	4,400원
대정공원	기장군 정관면용수리 산115-10	051)728-4949	142,000원	4,400원
실로암공원	기장군 철마면고촌리 산95-10	051)721-5115	130,000원	4,400원
천주교용호동 공동묘지	남구 용호4동산232 외 6	051)629-8730	-	-

대구광역시 | 1개소

묘지명	위치	전화번호	사용료(평당)	관리비(년)
범물천주교 공동묘지	수성구 범물동 산227	053)253-4856	-	-

광주광역시 | 3개소

묘지명	위치	전화번호	사용료(평당)	관리비(년)
기독교공원묘지	남구 행암동산53-1	062)513-1859	-	-
천주교공원묘지	남구 임암동산86-3	062)222-0427	-	-
천주교공원묘지	북구 양산동산87	062)227-7124	-	-

대전광역시 | 1개소

묘지명	위치	전화번호	사용료(평당)	관리비(년)
천주교산내공원묘원	동구 삼괴동 산9-1, 10번지	042)630-7734	220,000원	370,000 (영구)

울산광역시 | 2개소

묘지명	위치	전화번호	사용료(평당)	관리비(년)
울산공원 묘원	남구 옥동산77-3	052)272-1075	130,000원	4,400원
삼덕공원묘원	울주군 삼동면조일리 산412	052)851-1822	280,000원	6,000원

경기도 | 42개소

묘지명	위치	전화번호	사용료(평당)	관리비(년)
남서울 공원묘원	성남시 분당구야탑동 13-1	031)704-6508	602,800원	11,880원
매화 공원묘원	동두천시탑동 산1	031)867-4150	495,800원	15,700원
안양 공원묘원	안산시양산동 산50	031)482-2949	100,000원	7,000원
국제 공원묘원	고양시 일산구문봉동 산44	031)977-8351	610,000원	10,000원
백란 공원묘원	고양시 덕양구내유동 산83	031)941-7271	85,000원	5,000원
모란공원	남양주시 화도읍월산리 606-1	031)594-6362	1,423,000원	36,000원
영락공원	남양주시 진건면사능리 산1-1	031)573-8123	-	-
용인 공원묘원	용인시 모현면초부리 산67	031)333-6544	420,000원	12,000원
천주교공원	용인시 모현면오산리 산31-1	031)334-0807	350,000원	6,000원(평당)
정자 공원묘원	용인시 수지읍죽전리 산25-1	031)264-8481	-	8,800원
서울 공원묘원	용인시 이동면서리 758-1	031)332-2444	310,000원	8,000원
낙원공원	파주시 아동동산17-1	031)941-6200	667,000원	9,800원
일산공원	파주시 교하면동패리 산91-3	02)752-4495	700,000원	9,500원
기독교 상조회	파주군 탄현면축현리 산890	02)752-1686	655,000원	10,000원
해방교회 공원묘지	파주시 월롱면도내리 산30-1	02)793-8830	300,000원	20,000원
화교화원	파주시 광탄면용미리 558	031)942-0451	670,000원	9,800원
동화 경모공원	파주시 탄현면법흥리 산12	031)945-3227	866,000원	5,800원
천주교수원 교구공원	안성시 보개면 북가현리 산49-1	031)672-3701	150,000원	5,000원
우성 공원묘원	안성시 일죽면화곡리 산2	031)672-5008	693,000원	46,200원
초동교회 공원묘원	안성시 삼죽면배태리 산44-2	02)674-4746	1,000,000원	5,000원
고려 공원묘지	김포시 감정동산107-1	031)983-8433	665,246원	7,700원
김포 공원묘지	김포시 대곶면상마리 산50-1, 5	031)-984-5941	665,246원	7,700원
김포 공원묘지	김포시 풍무동산141-23,25	031)984-5941	665,246원	7,700원
삼성개발 공원묘원	양주군 양주읍산북리 산76-1	02)843-8444	100,000원	5,400원
세보 공원묘원	양주군 광적면비암리 산19	02)545-2432	100,000원	5,400원
운경공원묘원	양주군 장흥면울대리 산6-1	02)826-4821	100,000원	5,400원
신세계 공원묘원	양주군 장흥면일영리 산33-1	02)822-4960	100,000원	5,400원
남한강 공원묘원	여주군 가남면금곡리 산45-1	02)703-2241	760,000원	90,000원
충현공원	광주시 묵현동산173	031)764-9617	무상	10,000원
판교공원	광주시 오포읍능평리 산59	031)719-2780	650,000원	10,000원

묘지명	위치	전화번호	사용료(평당)	관리비(년)
삼성 공원묘원	광주시 오포읍능평리 16-1	031)766-4260	180,000원	6,000원
성남공원	광주시 오포읍능평리 산12-1	031)766-4219	1,050,000원	10,000원
한남공원	광주시 오포읍매산리 산58-1	031)766-4278	2,451,500원	3,000원
광주공원	광주시 오포읍매산리 산17	031)762-0077	775,000원	10,000원
정주동산	연천군 청산면장탄리 산200-5	02)982-1135	200,000원	680,000원
서능 관광묘원	포천군 내촌면2005-05-16마명리 산12-3	031)532-2520	80,000원	5,000원
의정부묘원	포천군 소홀읍무봉리 산38-1, 3	031)542-1058	80,000원	5,000원
금주공원	포천군 영중면금주리 산161-1	031)532-6534	80,000원	5,000원
기독교상조회	포천군 소홀읍무봉리 산39외 7필지	031)542-1032	80,000원	5,000원
팔당공원 묘원	양평군 양서면목왕리 산34	031)772-7102	86,250원	7,500원
무궁화공원 묘지	양평군 서종면도장리 산26	02)771-1400	485,000원	7,000원
갑산공원 묘원	양평군 양서면양수리 산10-1	031)922-0095	86,250원	4,600원

강원도 | 7개소

묘지명	위치	전화번호	사용료(평당)	관리비(년)
춘천 공원묘원	춘천시 신북읍 천전리 산39-4외 2필지	033)252-4444	150,000원	8,800원
경춘 공원묘원	춘천시 서 안보리 산90-12	033)263-7300	588,000원	9,800원
원주 공원묘원	원주시 귀래면 귀래리 산1701	033)732-7684	150,000원	8,000원
충효 공원묘원	원주시 문막읍 궁촌리 산145	033)732-7684	150,000원	8,000원
강릉 공원묘원	강릉시 사천면 석교리 산 320	033)644-0528	150,000원	24,000원
영동 공원묘원	강릉시 강동면 안인진리 62	033)645-7444	150,000원	24,000원
목련 공원묘원	철원군 서면 자등리 산 155-1	033)458-4444	200,000원	8,000원

충청북도 | 6개소

묘지명	위치	전화번호	사용료(평당)	관리비(년)
충주 공원묘원	충주시 목행동산64-1	043)853-3414	79,000원	3,500원
진달래공원 묘원	충주시 앙성면본평리 산43-13	043)855-4444	86,000원	3,850원
개나리공원 묘원	제천시 송학면도화리 138	043)642-4444	395,000원	5,500원
대지 공원묘원	음성군 생극면신양리 산45-1	043)878-3854	94,000원	3,500원
천주교가덕 공원묘원	청원군 가덕면시동리 산15	043)298-5880	460,000원	200,000원
꽃동네 법인묘지	음성군 맹동면통동리 산56-21	043)879-0181	-	-

충청남도 | 7개소

묘지명	위치	전화번호	사용료(평당)	관리비(년)
천안 공원묘원	천안시 광덕면 신덕리 산 22	041)567-0044	473,000원	19,000원
풍산공원묘원	천안시 병천면 봉황리	041)554-4199	425,000원	16,000원
대전 공원묘원	공주시 장기면 금암리 산23-31	041)856-8851	526,000원	14,000원
천주교성환공원묘원	아산시 음봉면 소동리 산124-1	041)546-7265	495,000원	20,000원
진달래 공원묘원	논산시 벌곡면 신알리 산79	042)253-5770	450,000원	14,000원
대성공원묘원	논산시 두마면입암리 산37-14	042)585-9127	490,000원	16,000원
동삼공원묘원	금산군 복수면 신대리 산27	041)752-8503	580,000원	15,000원

전라북도 | 5개소

묘지명	위치	전화번호	사용료(평당)	관리비(년)
(재)봉황 공원묘원	군산시 임피면 미원리 98	063)453-5533	450,900원	9,500원
(재)영모 묘원	익산시 왕궁면 동봉리 산109	063)836-4311	800,000원	20,000원
(재)화신 공원묘원	정읍시 옹동면 용호리 산116	063)538-4905	200,000원	22,000원
(재)금선화 공원묘원	김제시 금구면 선암리 산274	063)855-3157	-	-
(재)선경 공원묘원	무주군 적상면 방이리 158-1	1688-7925	-	-

전라남도 | 5개소

묘지명	위치	전화번호	사용료(평당)	관리비(년)
여순공원묘원	여수시 소라면 봉두리 산205-5	02)722-2443	65,000원	-
여수천주교공원묘지	여수시 소라면 봉두리 산190-6	061)662-3038	300,000원 (영구)	100,000원(20년)
담양천주교공원묘원	담양군 월산면 광암리 산18	061)382-2400	117,000원	5,850원
칠량자연공원묘원	강진군 칠량면 삼홍리 산92-1	061)433-2011	500,000원	10,000원
유달공원묘원	무안군 삼향면 지산리 산24-1	061)282-4437	150,800원	5,500원

경상북도 | 23개소

묘지명	위치	전화번호	사용료(평당)	관리비(년)
동산공원	포항시 남구 동해면 상정리 산300	054)284-5669	360,000원	5,500원

묘지명	위치	전화번호	사용료(평당)	관리비(년)
포항공원	포항시 북구 홍해읍 대현리 산351	054)261-0945	360,000원	5,500원
대명공원	경주시 강동면 단구리 산20	054)761-3810	360,000원	5,500원
서라벌공원	경주시 서면운대리 산14-7	054)751-9445	360,000원	5,500원
경주공원	경주시 강동면 왕신리 산260	054)763-0910	360,000원	5,500원
금릉공원	김천시 봉산면 광천리 산199	054)430-0333	360,000원	5,500원
안동공원	안동시 풍산읍노리 산15-1	054)857-7023	360,000원	5,500원
선산공원	구미시 옥성면초곡리 산6	054)481-0409	360,000원	5,500원
경맥백합공원	경산시 남천면홍산리 산6-1	053)815-5126	360,000원	5,500원
금곡장미공원	경산시 남천면금곡리 산54-2	053)814-8800	360,000원	5,500원
경산공원	경산시 남천면하도리 산341	053)814-9900	360,000원	5,500원
하양공원	경산시 하양읍서사리 산33-1	053)851-2100	-	-
대구공원	경산시 남천면하도리 산185	054)816-0834	-	-
금산공원	군위군 효령면고곡리 산44	053)555-1010	360,000원	5,500원
신세계공원	군위군 효령면내리산204	053)321-0140	360,000원	5,500원
카토릭공원	군위군 군위읍용대리 산69	053)253-9440	76,000원	
남양공원	성주군 선남면오도리 산6-1	053)353-0022	360,000원	5,500원
우성공원	성주군 선남면용신리 산46	054)933-4774	36,000원	5,500원
현대1공원	칠곡군 지천면낙산리 산134-2	053)312-1755	360,000원	5,500원
현대2공원	칠곡군 동명면가천리 산23-1	054)972-6375	360,000원	5,500원
청구공원	칠곡군 지천면백운리 산14-1	053)766-1009	360,000원	5,500원
조양공원	칠곡군 동명면달서리 산2-2	054)972-2205	360,000원	5,500원
학명공원	칠곡군 동명면학명리 산81-1	054)972-5560	360,000원	5,500원

경상남도 | 12개소

묘지명	위치	전화번호	사용료(평당)	관리비(년)
마산공원묘원	마산시 합포구 진동면인곡리 산72	055)271-1700	142,000원	4,400원
나동공원묘원	진주시 내동면유수리 산303	055)756-1500	142,000원	4,400원
천자봉공원묘원	진해시서중동 51	055)545-8200	142,000원	4,400원
낙원공원묘원	김해시 주촌면원지리 산130	055)343-0656	142,000원	4,400원

묘지명	위치	전화번호	사용료(평당)	관리비(년)
영락공원묘원	김해시 주촌면덕암리 산102	055)337-3223	142,000원	4,400원
기독교공원묘원	김해시 생림면봉림리 산97-2	055)235-9716	142,000원	4,400원
김해공원묘원	김해시 삼계동276-1	055)331-0823	142,000원	4,400원
신불산공원묘원	양산시 어곡동산370-1	055)388-4567	142,000원	4,400원
석계공원묘원	양산시 상북면외석리 산8-1	055)374-8436	142,000원	4,400원
양산천주교공원묘원	양산시 상북면상삼리 산8	055)374-3612	-	-
솔발산공원묘원	양산시 하북면답곡리 산174	055)382-7714	142,000원	4,400원
이화공원묘원	고성군 상리면자은리 산85	055)674-3650	142,000원	4,400원

제주도 | 3개소

묘지명	위치	전화번호	사용료(평당)	관리비(년)
모슬포천주교 공원묘지	대정읍 동일리 1429	064)794-2074	33,000원	-
제일교회 공동묘지	대정읍 보성리 1408	064)794-2232	33,000원	-
모슬포교회 공동묘지	대정읍 동일리 1277	064)794-2157	33,000원	-

3. 전국 공설 및 사설 봉안 시설 현황

서울특별시 | 5개소

봉안당명	위치	전화번호	구분	안치료	관리비
벽제리 추모의집	경기도 고양시 덕양구 대자동 산178-1	02)356-9069	공설	120,000원 (서울,고양,파주) 240,000원 (타지역)	-
장재장 추모의집	경기도 고양시덕양구 대자동 산178-1	02)356-9069	공설	200,000원 (서울,고양,파주) 600,000원 (타지역)	100천원 (관내) 180천원 (타지역)
합동분묘 추모의집	경기도 파주시광탄면 용미리 산107	031)943-8028	공설	120,000원 (서울,고양,파주) 240,000원 (타지역)	-
옥외벽식 추모의집	경기도 파주시 광탄면 용미리 산107	031)943-8028	공설	120,000원 (서울,고양,파주) 240,000원 (타지역)	-
용미리 추모의집	경기도 파주시 광탄면 용미리 산65-7	031)943-3937	공설	120,000원 (서울,고양,파주) 240,000원 (타지역)	-

부산광역시 | 3개소

봉안당명	위치	전화번호	구분	안치료	관리비
제1영락원	금정구 선두구동 1494-1	051)508-9000	공설	120,000원	-
구영락원	금정구 선두구동 산80	051)508-9000	공설	-	-
제2영락원	금정구 선두구동 1494-1	051)508-9000	공설	120,000원	-

대구광역시 | 2개소

봉안당명	위치	전화번호	구분	안치료	관리비
공설납골당	경북 칠곡군 지천면 낙산리 산167	053)312-1755	공설	13,000원	12,000원
극락당	대구광역시 남구 봉덕3동 1301-20	053)474-8228	사설	무료	무료

인천광역시 | 4개소

봉안당명	위치	전화번호	구분	안치료	관리비
인천시납골당	부평구 부평2동 산57-1	032)522-4897	공설	500원	-
시립금마총	부평구 부평2동 산52-4	032)522-0570	공설	-	-
월곶리납골당	강화군 강화읍 월곶리 산8	032)934-0002	공설	3,600원	6,400원
봉련사추모원	강화군 송해면 하도리	032)933-9501	사설	2,000원	-

광주광역시 | 1개소

봉안당명	위치	전화번호	구분	안치료	관리비
영락공원납골당	북구 효령동 100-2	062)572-4384	공설	120,000원 (10년)	20,000원

대전광역시 | 2개소

봉안당명	위치	전화번호	구분	안치료	관리비
구봉산영락원	서구 괴곡동산 55-1	042)583-4708	공설	관내 10만원 관외 20만원	-
구암사극락전	유성구 안산동 93-1	042)822-2377	사설	2,900원	-

경기도 | 9개소

봉안당명	위치	전화번호	구분	안치료	관리비
수원시연화장	수원시 팔달구 하동26	031)218-0555	공설	관내 300,000원 관외 600,000원	-
성남시납골당	성남시 중원구 갈현동 산112	031)754-2268	공설	관내 100,000원 관외 240,000원	-
태고종극락사	고양시 덕양구 대자동 278-5	031)963-9152	사설	2,500000원	30,000원
유일추모공원	고양시 덕양구 대자동 351-6	031)962-4144	사설	200~550만원	36,000원
관음종장안사	고양시 일산구 풍동 138-6	031)901-1954	사설	2,000,000원	-
청아공원납골당	고양시 일산구 설문동 478-11	031)916-6700	사설	180~400만원	570,000원 (영구)
모란납골당	남양주시 화도읍 창현리 산21-1	031)594-6362	사설	40,000원	20,000원
오봉정사	의왕시 고천동 산26-4	031)452-4814	사설	150~350만원	30,000원/년
상락원	파주시 아동동 산17-1	031)941-3416	사설	20,000원	2,000원
오류!	안성시 일죽면 화곡리 213-1	080-092-4444	사설	350~450만원	500,000원 (10년)
보장사 영각당	안양시 만안구 석수동 240-10	031)471-3322	사설	250~300만원	20,000원 (연간)
분당스카이캐슬 추모공원	광주시 오포읍 신현리 637-1	031)712-2004	사설	180~750만원	500,000원 (10년납)

강원도 | 9개소

봉안당명	위치	전화번호	구분	안치료	관리비
춘천시립납골당	춘천시 동래면 학곡리 산6-3	033)261-7314	공설	10,000원(2년)	-
원주시납골당	원주시 태장2동 산150	033)742-3584	공설	30,000원(2년)	-
강릉시납골당	사천면 석교리 산163	033)640-4848	공설	265,000원	100,000원
태백시납골당	창죽동 산78-11	033)550-2844	공설	113,000원 (15년)	-
속초시납골당	속초시 노학동 산155-8	033)635-7023	공설	10,000원(2년)	3,000원
삼척시납골당	삼척시 등봉동 산115-2	033)574-7912	공설	118,000원 (15년)	-
정선군납골당	정선군 사북읍 사북1리 247	033)592-2847	공설	10,000원(1년)	-
보타사 미타전	춘천시 칠전동 647-1번지	033)263-1668	사설	190-350만원 (영구적)	50만원 (15년)
하늘원 추모공원	원주시 흥업면 사제리107번지	033)763-4444	사설	80-180만원 (영구적)	3만원 (1년)

충청북도 | 10개소

봉안당명	위치	전화번호	구분	안치료	관리비
청주시 목련당	청주시 상당구 월오동 산2-1	043)220-6805	공설	58,050원	116,250원
제천시립 납골당	제천시 송학면 포전리 594	043)644-6613	공설	60,000원	40,000원
청원군시범 납골당	청원군 가덕면 청용리 산24-9	043)297-5088	공설	60,000원	50,000원
청원군오창면 공원묘지 납골당	청원군 오창면 양청리 산84-85	-	공설	48,450원	105,000원
숭조당(영동군)	영동군 용산면 매금리 산65-4	043)622-3675	사설	-	-
대지공원 납골당	음성군 생극면 신양리 산45-1	043)878-3854	사설	31,000원	-
음성 납골공원	음성군 생극면 관성리 392-16	043)878-4444	사설	50,000원	-
한마음선원 납골당	음성군 금왕읍 무극리 산5-36	043)877-5000	사설	-	-
용흥사지장전 납골당	음성군 금왕읍 용계리 166-1			-	-
대한불교조계종 미타사납골당	음성군 소이면 비산리 89-1	043)873-0330		-	-

충청남도 | 17개소

봉안당명	위치	전화번호	구분	안치료	관리비
천안시립 납골당	천안시 백석동 산24-1	041)550-2448	공설	무료	-
보령시 공설납골당	보령시 성주면 개화리 산42-1	041)933-5671	공설	141,000원	60,000원

봉안당명	위치	전화번호	구분	안치료	관리비
서산시 공설납골당	서산시 인지면 산동리 산42-6	041)660-3719	공설	50,000원	유 30,000원 무 20,000원
논산영명각	논산시 양촌면 중산리 산13-2	041)730-1341	공설	88,000원	30,000원
논산시 공설납골당	논산시 양촌면 중산리 산13-2	041)730-1341	공설	88,000원	30,000원
계룡정명각	논산시 두마면 입암리 140-1	041)840-2342	공설	88,000원	30,000원
금산군 공설납골당	금산군 복수면 신대리 산30-2	041)752-8503	공설	유 100,000원 무 50,000원	유 50,000원 무 25,000원
연기군 공설납골당	연기군 전동면 봉대리 산30-2	041)861-2341	공설	무 25,000원	무 25,000원
서천군 공설납골당	서천군 판교면 심동리 산73-1	041)955-4440	공설	100,000원	50,000원
청양군 공설납골당	청양군 화성면 수정리 산126	041)940-9314	공설	100,000원	50,000원
홍성군 공설납골당	홍성군 금마면 봉서리 120-13	041)633-7780	공설	유 100,000원 무 50,000원	-
예산 영안각	예산군 예산읍 주교리 38-2	041)231-2681	공설	무료	무료
예산군 공설납골당	예산군 응봉면 평촌리 산37-1	041)330-2277	공설	150,000원	60,000원
태안군 영묘전	태안군 남면 당암리 908-2	041)670-2311	공설	82,000원	유 82,000원 무 50,000원
당진군 공설납골당	당진군 우강면 송산리 산53	041)350-3345	공설	86,000원	22,000원
아산영각 납골당	아산시 송악면 유곡리 산74	042)736-6016	사설	무료	무료
영각납골당 부여영호각	부여군 세도면 수고리 100-3	042)584-3618	사설	80,000원	120,000원
영생원	익산시 석왕동 산83-1	063)833-3657	공설	57,000원	43,000원
대원전	익산시 왕궁면 동봉리 산109	063)836-4311	사설	270,000원	180,000원
남원시 납골당	남원시 광치동 690-1	063)620-6357	공설	관내 : 22,000원 관외 : 33,000원	관내 : 30,000원 관외 : 60,000원
평화원	김제시 공덕면 공덕리 1167	063)853-1024	사설	유 300,000원 무 100,000원	-

전라남도 | 8개소

봉안당명	위치	전화번호	구분	안치료	관리비
목포시 납골당	무안군 삼향면 기산리 산115-8	061)272-2171	공설	70,000원 (10년)	-
여수시 공설납골당	여수시 소라면 봉두리 산190	061)685-4269	공설	5,000원(2년)	-
순천시 공설납골당	순천시 양흥동 270-2	061)749-3345	공설	-	-
광양시영락당	광양시 광양읍 죽림리 산18-1	061)762-4449	공설	39,500원 (15년)	45,000원

봉안당명	위치	전화번호	구분	안치료	관리비
국립소록도 병원납골당	고흥군 도양면 소록리 2	061)840-0507	공설	-	-
백양사 영각당	장성군 북하면 약수리 29	061)392-7502	사설	1,900,000원 (영구)	50,000원
불문사 납골당	화순군 도곡면 효산리 367-5	061)372-4567	사설	2,000,000원 (영구)	30,000원
담양천주교 부활의집	담양군 월산면 광암리 산57-1	062)227-7124	사설	1,000,000원 (50년)	-

경상북도 | 13개소

봉안당명	위치	전화번호	구분	안치료	관리비
경주시 공설납골당	경주시 강동면 단구리 산41-1	054)761-3810	공설	12,000원	13,000원
안동시 공설납골당	안동시 임하면 고곡리 499	054)822-8870	공설	9,000원	11,000원
구미시 공설숭조당	구미시 옥성면 초곡리 산6-1	054)481-0572	공설	60,000원	40,000원
칠곡군 공설납골당	칠곡군 지천면 낙산리 산132-7	054)312-1755	공설	13,000원	-
영호공원 사설납골당	경주시 산내면 감산리 1976-1	054)751-6831	사설	100,000원	-
안동공원 사설납골당	안동시 풍산읍 노리 422	054)857-7023	사설	136,000원	64,000원
만불지장회 사설납골당	영천시 북안면 고지리 10-1	054)335-0101	사설	800,000원	-
카톨릭군위 공원납골당	군위군 군위읍 용대리 산69	054)382-0168	사설	100,000원	-
남양 사설납골당	성주군 선남면 오도리 산6-1	054)932-4444	사설	500,000원	-
우성 사설납골당	성주군 선남면 용신리 산46	054)933-4774	사설	18,000원	21,000원
조양 사설납골당	칠곡군 지천면 달서리 산2-2	054)972-2922	공설	30,000원	300,000원
영남납골당	성주군 선남면 오도리 92-1	054)429-7771	공설	300,000원	-
영락 공원납골당	영주시 이산면 신암리 1395-24	054)634-3444	공설	100,000원	300,000원

경상남도 | 12개소

봉안당명	위치	전화번호	안치료	관리비
진주시 공설납골당	진주시 장재동 245	055)759-3672	10,000원	-
진해시 공설납골당	진해시 제덕동 750	055)548-2152	100,000원	-
통영시 공설납골당	통영시 정량동 51-2	055)645-4133	20,000원	-

봉안당명	위치	전화번호	안치료	관리비
남해군 공설납골당	남해군 서면 연죽리 산8	055)860-3317	90,000원	5,000원
산청군 공설납골당	산청군 신동면 가술리 산4	055)973-2491	100,000원	5,000원
마산공원 묘원납골당	마산시 진동면 인곡리 산72-4	055)271-1700	20,000원	14,000원
한마음선원	진주시 미천면 오방리 산27-2	055)744-1321	14,000,000원 (영구)	-
은적 납골공원	사천시 곤명면 마곡리 산68	055)757-0008	3,000,000원	30,000원
김해공원 묘원납골당	김해시 삼계동 산160-1	055)331-0823	20,000원	1,400원
용국사 영혼의 쉼터	의령군 의령읍 하리 844	055)572-3233	500,000원	100,000원
김해시립 추모의집	김해시 주촌면 덕암리 137-16	055)337-3946~8	250,000원	-

제주도 | 2개소

봉안당명	위치	전화번호	구분	안치료	관리비
제주시 공설납골당	제주시 노형동 산17-4	064)750-7314	공설	10,000원	10,000원
남제주군 납골당	남제주군 성산읍 수산리 4711-7	064)787-6044	-	-	-

4. 제수 진설과 명정 및 지방 서식

가. 제수진설

제수(祭需)란 제사에 쓰이는 제물(祭物)을 말하는 것으로서 깨끗하게 차려야 한다. 그러므로 제수를 차리는 주부나 기타 사람들도 몸과 마음을 깨끗이 하고 제사에 임하는 것이 인간의 근본이요, 정성일 것이다.

주부는 제삿날 며칠 전부터 제사에 대한 계획과 준비로써 제수의 종류, 분량, 제주(祭酒) 등에 이르기까지 집안 어른들과 상의해야 한다. 또한 제사에 써야할 기구도 모두 꺼내어 깨끗이 닦아야 한다. 즉 주인은 제상이며, 교의(交椅)며, 탁자(卓子), 병풍, 돗자리 등을 꺼내어 청소하고 주부는 향로, 향합, 모사(茅沙)그릇과 제기(祭器) 등을 꺼내어 깨끗이 닦는다.

1) 제수 종류

메	백반
탕(湯)	육, 생선, 굴, 대합, 두부
좌반(左飯)	미역, 콩잎, 어, 육 등
숙채(熟菜)	무나물, 콩나물, 숙주나물
침채(沈菜)	동치미
포(脯)	북어, 건대구, 건상어, 오징어, 육포 등
저채(菹菜)	생김치
어물	생선
육물	간회 또는 천엽, 육회
혜	식혜
적(炙)	육, 생선 등으로 만들고 5 ~7 꼬챙이를 쓴다.
병(餠)	떡
조과 (造果)	유과 또는 엽과 등을 쓴다.
과실 (果實)	밤, 대추, 곶감, 배, 은행 등을 쓴다. 적으면 세 가지, 많아도 다섯 가지 이상을 쓰지 않는다.
청장 (淸醬)	간장을 쓴다.
작	초를 쓴다.
*제수에는 마늘과 고춧가루를 쓰지 않는다.	

2) 제사상 차리는 법(제수진설법)

(가) 지역에 따른 제수 진설법

주자가례 제찬도

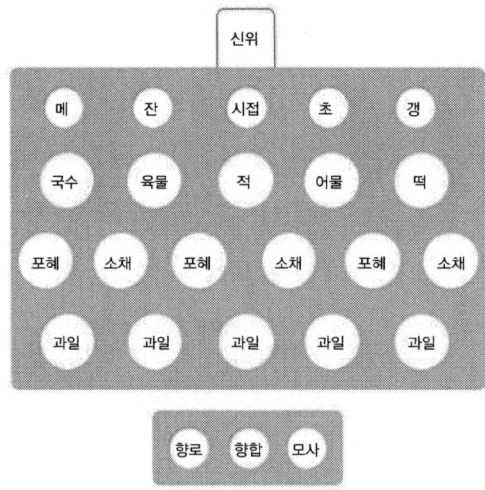

경기도지방 제찬도

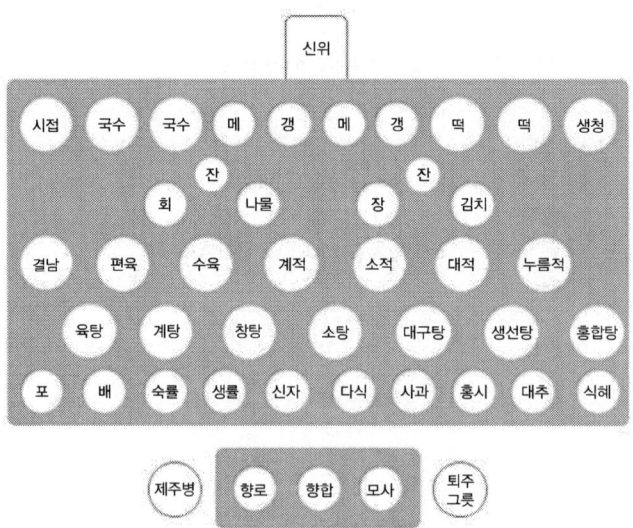

격몽요결 제찬도-한 분일 경우

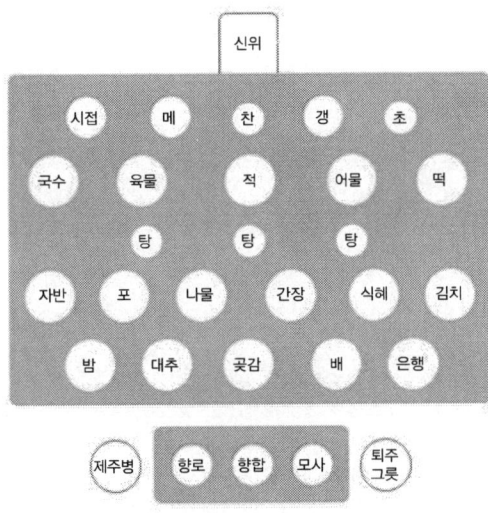

격몽요결 제찬도-두 분일 경우

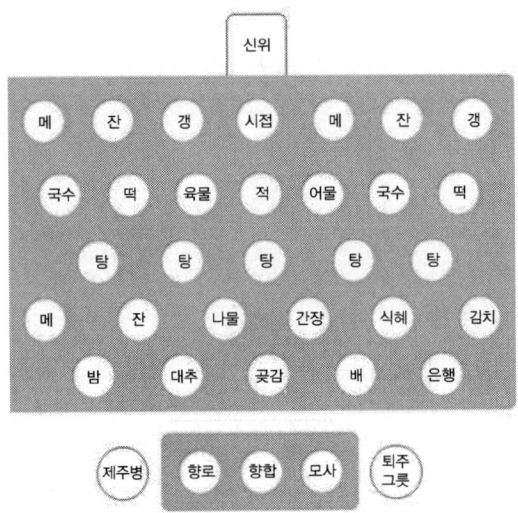

사례편람 제찬도

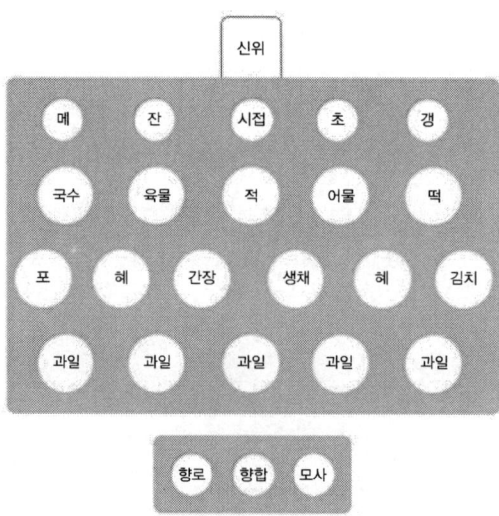

강원도 지방 제찬도

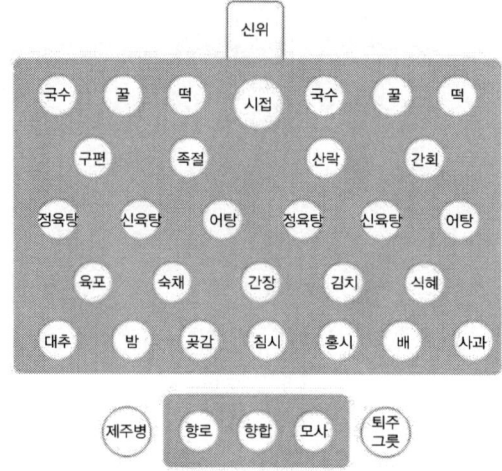

가정의례법에 의한 진설도-한 분일 경우

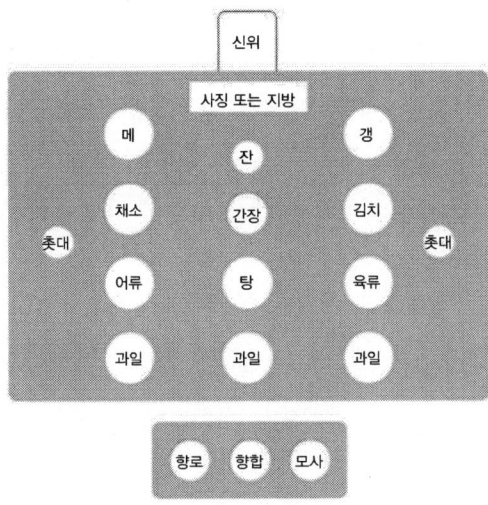

가정의례법에 의한 진설도-두 분일 경우

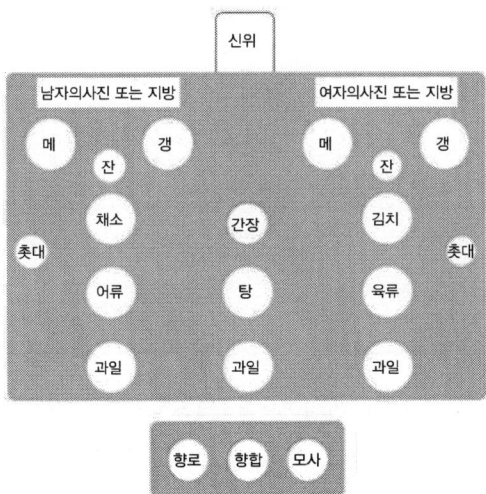

3) 제수진설의 순서

⑴ 1열- 메와 갱을 놓는 줄

㈎ 반서갱동(飯西羹東): 메(밥)는 서쪽, 갱(국)은 동쪽에 놓는다.

㈏ 고서비동(考西妣東): 신위, 메, 갱, 술잔을 놓을 때 아버지 것은 서쪽에, 어머니 것은 동쪽에 놓고 술잔과 송편을 놓는 줄 앞에서 볼 때 떡국(송편)은 우측에 술잔을 좌측에 올린다. 시접(수저를 놓는 빈 대접)은 단위제(한 분을 모신)의 경우 앞에서 볼 때 왼쪽 위치에 놓으며 양위합제(두 분을 모신)의 경우 중간 또는 각각의 왼쪽에 올린다.

⑴ 2열- 적과 전을 놓는 줄

㈎ 두동미서(頭東尾西): 생선의 머리는 동쪽, 꼬리는 서쪽에 오도록 놓는다.

㈏ 적전중앙(炙奠中央): 적은 옛날에는 술을 올릴 때마다 즉석에서 구워 올리던 제수의 중심 음식이었으나 지금은 다른 제수와 마찬가지로 미리 구워 제상 의 한가운데 놓는다. 보통 3적으로 육적(肉炙: 고기류 적), 어적(魚炙: 생선류 적), 소적(素炙: 두부, 채소류 적)의 순으로 놓는다.

- 적(炙): 생선이나 고기, 채소 따위를 대 꼬챙이에 꿰어서 양념하여 굽거나 번철에 지진 음식.
- 전(煎): 재료를 얄팍하게 썰어 밀가루를 묻힌 다음 번철에 기름을 두르고 지진 음식(부침개)

⑵ 3열- 탕을 놓는 줄

㈎ 어동육서[魚東肉西]: 보통 세 개의 탕을 만들어 육탕(肉湯: 육류탕), 소탕(素湯: 두부, 채소류 탕), 어탕(魚湯: 어류탕)의 순으로 놓는다. 탕(湯)을 다섯 개 올릴 경우에는 봉탕(닭, 오리탕),

잡탕 등을 더 올린다.

(3) 4열-반찬을 놓는 줄

(가) 좌포우혜[左脯右醯]: 좌측에는 포(북어, 대구, 오징어포)를 놓고, 우측에는 식혜(수정과, 단술)를 놓는다.

(나) 생동숙서[生東熟西]: 중간의 나물반찬을 김치는 동쪽, 나물은 서쪽에 숙주나물, 무나물 순으로 올린다. 고사리, 도라지나물 등을 쓰기도 하며 청장(간장), 침채(동치미, 설명절) 등은 그 다음에 올린다.

(4) 5열-과일을 놓는 줄

(가) 조율이시[棗栗梨柿]: 좌측부터 대추, 밤, 배, 감(곶감, 건시, 반시, 귤)의 순서로 올린다.

(나) 홍동백서[紅東白西]: 붉은 과일은 동쪽, 흰 과일은 서쪽에 놓고 과일 줄의 끝에는 과자류를 놓는다.

(5) 향로·향합·향상

향로·향합·향상은 제사상 앞에 두고 축문·향로·향합을 올려놓으며 향로 뒤쪽에 모사그릇을 놓고 퇴주 그릇과 술 등은 제사상 오른쪽에 별도의 상에 올린다.

4) 제사의 순서

(1) 강신(降神)

강신이란 신위께서 강림하시어 음식을 드시기를 청한다는 뜻인데, 이에 앞서 제주가 신위를 모셔오는 것으로, 대문 밖에 나왔다가 들어오며 제사를 마친 후에는 다시 신위를 전송하여 대문 밖까지 나갔다 들어오는 지방 풍속으로서 영령을 집 안으로 모신다는 의미다.

강신은 제주 이하 모든 참사자가 차례대로 선 뒤 제주가 신위 앞에 나아가 꿇어앉아 분향하고 우집사(右執事=子, 姪이 한다)가 술을 잔에 차지 않게 조금 따라 제주에게 주면, 제주는 받아서 모사(茅沙)그릇에 세 번으로 나누어 붓고 빈 잔을 우집사에게 다시 돌려주고 일어나서 두 번 절한다. 이때는 강신자만 재배한다.

향을 피움은 위에 계신 신을 모시고자 함이요, 술을 따르는 것은 아래 계신 신을 모시고자 함이라 한다.

(2) 참신(參神)

강신을 마친 후 제주 이하 모든 참사자가 신위를 향하여 함께 두 번 절한다. 신주(神主)인 경우에는 참신을 먼저하고 지방(紙榜)인 경우에는 강신을 먼저 한다.

(3) 초헌(初獻)

제주가 신위 앞에 나아가 꿇어앉으면 좌집사가 제상의 고위(考位) 앞에 있는 잔반을 제주에게 집어주고 우집사가 잔에 술을 가득 붓는다. 제주는 술이 담긴 이 잔반을 왼손으로 잔반을 잡고 오른손으로 술잔을 들어 모사(茅沙) 위에 세 번 기울여 부은(三除)후 다시 양손으로 잔반을 받들어 집사를 주어 고위에게 올린다. 비위(妣位)에게도 이와 같은 절차로 잔에 술을 부어 올린다. 그리고 밥뚜껑을 열고 저를 고른 후에 약간 뒤로 물러 나와 꿇어앉았다가 독축 후에 재배한다.

가문에 따라서는 앞에서와 같이 모사위에 술잔을 세 번 기울여 붓지 않고 그냥 신위 앞에 드리기도 한다. 집사자는 아헌 전에 잔반의 술을 퇴주 그릇에 따르고 빈 잔반을 본래의 자리에 놓아둔다.

불교식 제례에서는 청수(정수)를 쓰기에 잔을 3번 기울이거나 향에 돌리는 것을 한 번에 할 수도 있다.

(4) 독축(讀祝)

독축이란 축문을 읽는 것을 말한다. 축문은 초헌이 끝난 다음 제주 이하 모든 제관이 꿇어앉고 제주의 좌측에 축관이 꿇어앉아서 읽는다. 이 축문을 읽을 때는 엄숙한 분위기를 조성하기 위하여 목청을 가다듬어 천천히 그리고 크게 읽어야 한다. 축문을 다 읽고 나면 일동이 곡을 하고 조금 있다가 모두 일어나 두 번 절한다.

그러나 한밤에 곡을 하면 이웃이 놀라거나 폐를 끼칠 것을 우려해 자제하는 것이 좋다.

(5) 아헌(亞獻)

아헌이란 둘째 번 잔을 올리는 것을 말한다. 아헌은 주부가 집사의 도움을 받아서 초헌과 같이 잔을 올리고 사배(四拜)를 하는 것이 원칙이나 주부가 올리기 어려울 때는 제주의 다음 가는 근친자가 초헌과 같이 올리고 재배를 한다. 다만 축문은 읽지 않는다.

(6) 종헌(終獻)

종헌이란 마지막 잔을 올리는 것을 말한다. 아헌자의 다음가는 근친자가 초헌과 같이 잔을 올리고 재배한다. 종헌에는 술잔을 비우지 않고 그냥 놓아두나 경우에 따라서는 잔을 다시 올리는데, 요즘의 경우 각각의 침례자가 다르기 때문에 술잔을 비우기도 한다.

(7) 첨작(添酌)

유식이라고도 하는데 이 유식은 축관(祝官)이 신위 앞에 나아가 꿇어앉은 뒤, 우집사가 다른 술잔에 술을 조금 따라 축관에게 주면 축관은 좌집사에게 주어 종헌자가 드릴 때에

채우지 않은 잔에 세 번으로 나누어 첨작하고 두 번 절한다. 첨작의 경우는 술이 넘치도록 따르는데, 요즘은 적당량만 첨가한다.

(8) **삽시정저**(插匙正箸)

삽시정저란 메(밥)에 숟가락을 꽂고(숟가락 바닥이 동쪽으로 가게 하여 꽂음) 저를 고르는 것을 말한다.

(9) **합문**(闔門)

합문이란 참사자 일동이 방에서 나와 문을 닫는 것을 말하는데, 대청일 경우에는 뜰 아래로 내려와 조용히 3, 4분간(約九匙食間) 기다린다. 그러나 단칸방이나 부득이한 경우에는 제자리에 조용히 엎드려 있다가 몇 분 후에 세 번 기침(三噫歆)하고 일어선다. 이때 촛불은 끄고서 자리를 피하는 것이 예의다.

(10) **개문**(開門)

개문이란 문을 여는 것을 말한다. 축관이 기침을 세 번하고 문을 열고 들어간다. 대청일 경우에는 대청으로 올라간다.

(11) **헌다**(獻茶)

숭늉을 갱과 바꾸어 올리고 메를 조금씩 세 번 떠서 말아놓고 정저(正箸)한 다음 참사자 일동이 2, 3분간 읍(揖)하고 있다가 큰기침을 하고 고개를 든다.

(12) 철시복반(撤匙復飯)

제주는 서쪽을 향하고 축관이 동쪽을 향해서 이성(利成)을 고한 다음 숭늉그릇에 놓인 수저를 거두고 메그릇에 뚜껑을 덮는다.

(13) 사신(辭神)

참사자 일동이 두 번 절하고 신주는 사당으로 모시고 지방을 때는 축과 함께 불사른다.

(14) 철상(撤床)

철상이란 모든 제수를 물리는 것으로 제수는 뒤에서부터 거둔다.

(15) 음복(飮福)

음복이란 조상께서 주시는 복된 음식이란 뜻으로 제사가 끝나면 참사자(參祀者)와 가족이 모여서 제수와 제주를 나누어 먹는다. 또한 음식을 친족과 이웃에 나누어 주기도 하고 이웃 어른을 모셔다가 대접하기도 한다. 간혹 음복 시 술을 과다하게 마시는 경우가 있는데 이것은 극히 삼가야 할 것으로, 이러한 폐단 때문에 음복을 없는 제도라고까지 하였던 것으로 전해진다.

나. 명정 서식

1) 일반적인 경우(불교식 명정)

예) 돌아가신 분의 본관은 김해김씨이고, 이름은 성원이다. 남성이며, 관직은 없다.

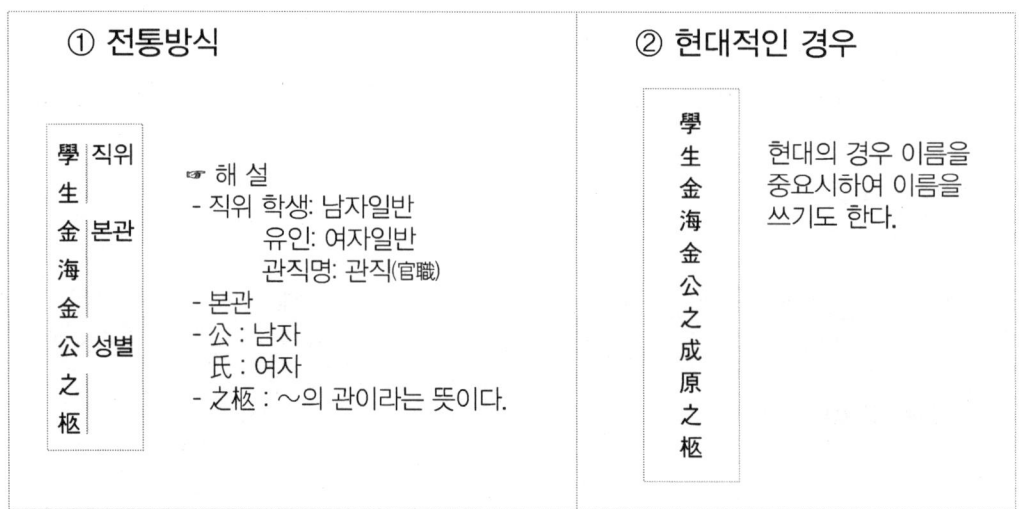

2) 기독교식 명정

예) 돌아가신 분이 기독교인이며, 여성이고 직분은 없었다. 이름은 영자이고 본관은 김해김씨 이다.

① 전통방식		②현대적인 경우
聖徒 金海金氏之柩 (직위/본관/성별)	☞ 해 설 - 직분 執事, 牧師, 長老, 勸事 등을 쓰며 이하 동일	聖徒 金海金氏之英子之柩

3) 천주교식 명정

예) 천주교인으로 남성이며 본관은 김해김씨이고, 세례명은 요한이다.

> 聖徒 金海金公 요한 之柩

☞ 해설 : 성도 - 천주교신자는 대부분 이렇게 쓴다. 성별 다음에는 필히 세려명을 쓴다.

다. 지방 서식

고조부모(합설)

| 고조고(顯高祖考) 자헌대부 이조판서 부군 신위 | 고조비(顯高祖妣) 정경부인 동래정씨 신위 |

현顯 고高 조祖 고考 자資 헌憲 대大 부夫 이吏 조曹 판判 서書 부府 군君 신神 위位

현顯 고高 조祖 비妣 정貞 경敬 부夫 인人 동東 래萊 정鄭 씨氏 신神 위位

증조부모(합설)

현顯 증曾 조祖 고考 통通 정政 대大 부夫 승承 정政 원院 좌左 승承 지旨 부府 군君 신神 위位

현顯 증曾 조祖 비妣 숙淑 부夫 인人 양陽 천川 허許 씨氏 신神 위位

조부모(합설)

현顯 조祖 고考 통通 훈訓 대大 부夫 행行 과果 천川 현顯 감監 부府 군君 신神 위位

현顯 조祖 비妣 숙淑 인人 경慶 주州 김金 씨氏 신神 위位

부모(합설)

현顯 고考 학學 생生 부府 군君 이李 씨氏 신神 위位

현顯 비妣 유孺 인人 전全 주州 신神 위位

부모(단설)

현顯 고考 학學 생生 부府 군君 신神 위位

부모(단설)

현顯 비妣 유孺 인人 전全 주州 이李 씨氏 신神 위位

백부모(합설)

| 현顯 백伯 부父 학學 생生 부府 군君 박朴 씨氏 신神 위位 | 현顯 백伯 모母 유孺 인人 밀密 양陽 신神 위位 |

백부모(단설)

현顯
백伯
부父
학學
생生
부府
군君
신神
위位

백부모(단설)

현顯
백伯
모母
유孺
인人
밀密
양陽
박朴
씨氏
신神
위位

숙부모(합설)

| 현顯 숙叔 부父 학學 생生 부府 군君 문文 씨氏 신神 위位 | 현顯 숙叔 모母 유孺 인人 남南 평平 신神 위位 |

숙부모(단설)

현顯
숙叔
부父
학學
생生
부府
군君
신神
위位

숙부모(단설)

현顯
숙叔
모母
유孺
인人
남南
평平
문文
씨氏
신神
위位

남편	아내
현顯 벽辟 학學 생生 부府 군君 신神 위位	고故 실室 유孺 인人 경慶 주州 최崔 씨氏 신神 위位

형 내외(합설)		형 내외(단설)	형 내외(단설)
현顯 형兄 학學 생生 부府 군君 해海 김金 씨氏 신神 위位	현顯 형兄 수嫂 유孺 인人 김金 신神 위位	현顯 형兄 학學 생生 부府 군君 신神 위位	현顯 형兄 수嫂 유孺 인人 김金 해海 김金 씨氏 신神 위位

자내 외(합설)		자내 외(단설)	자내 외(단설)
고故 자子 수秀 사士 상相 길吉 김金 씨氏 지之 영靈	고故 부婦 유孺 인人 경慶 주州 지之 영靈	고故 자子 수秀 사士 상相 길吉 지之 영靈	고故 부婦 유孺 인人 경慶 주州 김金 씨氏 지之 영靈

제 내외(합설)		제 내외(단설)	제 내외(단설)
고故 자子 수秀 사士 상相 길吉 김金 씨氏 지之 영靈	고故 부婦 유孺 인人 경慶 주州 지之 영靈	고故 제弟 학學 생生 상相 길吉 지之 영靈	고故 부婦 유孺 인人 경慶 주州 김金 씨氏 지之 영靈

1) 관직을 쓰는 경우

- 현고국무총리부군 신위
- 현고대법관부군 신위
- 현고육군대장부군 신위
- 현고경찰청장부군 신위
- 현고보건복지부장관부군 신위

2) 사회직함을 쓰는 경우

- 현고주식회사00대표이사부군 신위
- 현고재단법인00대표이사부군 신위

라. 입관길시 및 하관길시

1) 입관길시

염(斂)이 끝나면 곧 시신을 관(棺)에 안치하고 관 천개(뚜껑)를 덮은 뒤 병풍이나 장막으로 가린다. 염은 대개 1시간 정도 소요되므로 아래 기록된 입관시간보다 1시간 앞당겨 염습을 시작하면 입관길시를 맞출 수 있을 것이다.

가) 입관길시(入棺吉時)

丑日 甲庚時 . 子日 乙辛時 . 卯日 丙壬時
辰日 丁甲時 . 巳日 乙庚時 . 午日 丁癸時
未日 乙辛時 . 申日 甲癸時 . 酉日 丁壬時
戌日 庚壬時 . 亥日 乙辛時

갑자일 午戌時. 을축일 巳酉時. 병인일 巳未時.
정묘일 寅午時. 무진일 寅巳時. 기사일 亥午時.
경오일 未亥時. 신미일 卯未時. 임신일 辰卯時.
계유일 巳戌時. 갑술일 午申時. 을행일 巳酉時.
병자일 寅午時. 정축일 巳亥時. 무인일 卯亥時.
기묘일 寅申時. 경진일 亥申時. 신사일 寅未時.
임오일 卯未時. 계미일 卯酉時. 갑신일 酉戌時.
을유일 午亥時. 병술일 寅辰時. 정해일 巳亥時.
무자일 寅申時. 기축일 未亥時. 경인일 未酉時.
신묘일 辰申時. 임진일 辰未時. 계사일 卯申時.
갑오일 卯酉時. 을미일 巳酉時. 병신일 巳午時.
정유일 寅未時. 부술일 申戌時. 기해일 未亥時.
경자일 辰申時. 신축일 卯未時. 임인일 卯巳時.
계묘일 辰戌時. 갑진일 卯戌時. 을사일 辰酉時.
병오일 巳酉時. 정미일 巳亥時. 무신일 寅亥時.
기유일 卯申時. 경술일 辰午時. 신해일 卯未時.
임자일 珍戌時. 계축일 卯酉時. 갑인일 酉亥時.
을묘일 午戌時. 병진일 午酉時. 정사일 巳戌時.
무오일 巳亥時. 기미일 未亥時. 경신일 未申時.
신유일 辰酉時. 임술일 寅戌時. 계해일 卯酉時

나) 입지공망일(入地空亡日)

甲己亡命은 庚午日에 장사지내지 않는다
乙庚亡命은 庚辰日에 장사지내지 않는다
丙辛亡命은 庚寅日에 장사지내지 않는다
丁壬亡命은 庚戌日에 장사지내지 않는다

戊癸亡命은 庚申日에 장사지내지 않는다

2) 하관길시

가) 황도시 (귀인시도 함께 쓰면 더욱 좋다)

子午日은 子丑卯午申酉時 丑未日은 寅卯巳申戌亥時
寅申日은 子丑辰巳未戌時 卯酉日은 子寅卯午未酉時
辰戌日은 寅辰巳申酉亥時 巳亥日은 丑辰午未戌亥時

나) 귀인시 : 甲. 戊 . 庚. 日은 丑. 未時

乙.己日은子. 申時
丙.丁日은亥. 酉時
辛. 日은寅. 午時
壬.癸日은巳. 卯時

다) 하관할 때 피해야 하는 것

아래에 해당하는 사람은 시신을 광중에 모시는 순간을 보지 않아야한다.

정충 : 장일과의 일간이 같고 일지와는 충되는 사람(가령 자일이면 오생, 축일이면 미생, 인일이면 신생이 피한다)

순충 : 장례일과 동순중에 해당 생년과 일지가 충하는 사람
(가령 자일 이면 오생 간단한방법은 장례일과천간지지가 모두 충하는 사람)

예) 갑자일 :甲午生 庚午生

을축일 : 乙未生 辛酉生
병인일 : 丙申生 壬子生
정묘일 : 丁酉生 癸酉生
무진일 : 戊戌生
기사일 : 己亥生 癸亥生
경오일 : 庚子生 丙子生
신미일 : 辛丑生 乙丑生
임신일 : 壬寅生 丙寅生
계유일 : 癸卯生 丁卯生
갑술일 : 甲辰生 庚辰生
을해일 : 乙巳生 辛巳生
병자일 : 丙午生
정축일 : 丁未生 癸未生
무인일 : 戊申生
기묘일 : 己酉生
경진일 : 庚戌生 丙戌生
신사일 : 辛亥生 乙亥生
임오일 : 壬子生 丙子生
계미일 : 癸丑生 丁丑生
갑신일 : 甲寅生 庚寅生
을유일 : 乙卯生 辛卯生
병술일 : 丙辰生 壬辰生
정해일 : 丁巳生 癸巳生
무자일 : 戊午生
기축일 : 己未生
경인일 : 庚申生 甲申生
신묘일 : 辛酉生 乙酉生

임진일 : 壬戌生 丙戌生
계사일 : 癸亥生 丁亥生
갑오일 : 甲子生 庚子生
을미일 : 乙丑生 辛丑生
병신일 : 丙寅生 壬寅生
정유일 : 丁卯生 癸卯生
무술일 : 戊辰生
기해일 : 己巳生
경자일 : 庚午生 甲午生
신축일 : 辛未生 乙未生
임인일 : 壬申生 丙申生
계묘일 : 癸酉生 丁酉生
갑진일 : 甲戌生 庚戌生
을사일 : 乙亥生 辛亥生
병오일 : 丙子生 壬子生
정미일 : 丁丑生 癸丑生
무신일 : 戊寅生
기유일 : 己卯生
경술일 : 庚辰生 甲辰生
신해일 : 辛巳生 乙巳生
임자일 : 壬午生 丙午生
계축일 : 癸未生 丁未生
갑인일 : 甲申生 庚申生
을묘일 : 乙酉生 辛酉生
병진일 : 丙戌生 壬戌生
정사일 : 丁亥生 癸亥生
무오일 : 戊子生

기미일 : 己丑生
경신일 : 庚寅生 甲寅生
신유일 : 辛卯生 乙卯生
임술일 : 壬辰生 丙辰生
계해일 : 癸巳生 丁巳生

라) 상여나 운구

(안방 또는 청각를 기준)를 두지 않는 방향
巳酉丑年日─艮方(동북) 申子辰年日─巽方(동남)
寅午戌年日─乾方(서북) 亥卯未年日─坤方(서방)

마) 병막(영좌)를 설치하지 않는 방위다

(1) 삼살방　　申子辰年日─巳午未방 (남)
　　　　　　　巳酉丑年日─寅卯辰방 (동)
　　　　　　　寅午戌年日─亥子丑방 (북)
　　　　　　　亥卯未年日─申酉戌방 (남)

(2) 양도방　　甲年日 卯방 乙年日 辰방 丙年日 午방
　　　　　　　丁年日 未방 戊年日 午방 己年日 未방
　　　　　　　庚年日 酉방 辛年日 戌방 壬年日 子방
　　　　　　　癸年日 丑방

바) 이장이나 합봉시 봉분를 파해칠 때 꺼리는 날 (개총기일.開塚忌日)

甲乙日　　辛戌乾亥좌향 또는 申酉時

丙丁日	坤申庚酉좌향 또는 丑午申戌時
戊己日	辰戌酉좌향또는 辰戌酉時
庚辛日	艮寅甲卯좌향 또는 丑辰巳時
壬癸日	乙辰巽巳좌향 또는 丑未時

사) 제신 상천일(諸神 上天日, 산소 일에서 꺼리지 않는 날)

한식일. 청명일. 대한 후 5일에서 입춘 전 2일까지 (한식. 청명은 모든 신이 조회하러 하늘로 올라가기 때문이고 대한 후 5일부터 입춘 전 2일까지는 신구세신들이 교체되는 기간이므로 이상의 날을 범해도 무방하다고 한다.)

5. 한국성씨일람(韓國姓氏一覽)

ㄱ 部

가(價)
고산 高山 마령 馬靈 진안 鎭安

가(賈)
소주 蘇州

간(竿)
동주 洞州 해주 海州

간(干)
경주 慶州 남양 南陽 나주 羅州

간(簡)
가평 加平 경주 慶州 남양 南陽
서산 瑞山 영광 靈光 인동 仁同
양양 襄陽 해주 海州

갈(碣)
모평 牟平

갈(葛)
남양 南陽 서원 西原

감(甘)
회산 檜山 합포 合浦

강(姜)
광주 光州 동복 同福 봉일 鳳壹
법전 法田 백천 白川 우천 祐川
안동 安東 진양 晋陽 진주 晋州

해미 海美

강(江)
압해 押海

강(康)
강령 康翎 곡산 谷山 신천 信川
상원 詳原 임실 任實 운남 雲南
용인 龍仁 진주 晋州 재령 載寧
충주 忠州

강(强)
괴산 傀山 진주 晋州 충주 忠州

건(寒)
가화 嘉禾

개(介)
여주 驪州

견(堅)
김포 金浦 사양 沙梁 천녕 川寧
충주 忠州 황간 黃幹

경(慶)
청주 淸州

경(敬)
양근 楊根 안성 安城 익곡 翼谷
음성 陰城 천안 天安 풍세 豊歲
파천 巴天

경(景)
수안 遂安 태인 泰仁 태산 泰山
해주 海州

경(庚)
경주 慶州 인천 仁川 전주 全州
평산 平山

경(京)
금산 金山 홍산 鴻山

경(耿)
사천 沙川 양근 楊根 안협 安峽

결(決)
장풍 長豊

계(桂)
강화 江華 수안 遂安 신평 新平

계(溪)
신계 新溪

고(固)
영동 永同 압해 押海 영흥 永興

고(高)
개성 開城 고흥 高興 안동 安東
용담 龍潭 장흥 長興 전주 全州
제주 濟州 횡성 橫城

곡(曲)

용궁 龍宮 면천 沔川
곡(谷)
서화 瑞和
골(骨)
강화 江華
공(孔)
곡부 曲阜 창원 昌原
공(公)
문천 文川 김포 金浦
공(貢)
수원 水原 인천 仁川
공(空)
김포 金浦
과(瓜)
평강 平康
곽(郭)
봉산 鳳山 선산 善山 여미 餘美
청주 淸州 현풍 玄風 해미 海美
곽(藿)
청주 淸州
광(廣)
옹진 甕津 용담 龍覃
괴(槐)
창원 昌源
구(丘)
평해 平海
구(仇)

의령 宜零 창원 昌原
구(瞿)
옹진 甕津
구(歐)
제주 濟州
구(具)
능성 陵城 창원 昌原
국(鞠)
담양 潭陽
국(國)
금성 金成 담양 潭陽 대명 大明
영양 英陽 풍천 豊川 현풍 玄風
궁(弓)
토산 兎山
궁(宮)
자산 慈山 함열 咸悅
권(權)
안동 安東 예천 醴川
극(克)
영천 永川
근(斤)
청주 淸州
금(琴)
봉화 奉化 강화 江華 계양 桂陽
기(起)
서원 西原 옥천 沃川 한양 漢陽
기(奇)

행주 幸州
기(箕)
행주 幸州
길(吉)
해평 海平 선산 善山
김(金)
강릉 江陵 강화 江華 개성 開城
경산 慶山 고령 高寧 고산 高山
고성 固城 공주 公州 광산 光山
광주 廣州 교하 交河 금령 錦山
김제 金提 김해 金海 금화 金化
라주 羅州 락안 樂安 남양 南陽
람포 藍浦 릉주 陵州 당악 棠岳
대구 大邱 덕수 德水 도강 道康
동래 東來 등주 登州 무장 茂長
문화 文化 밀양 密陽 백천 白川
보령 保寧 부안 扶安 삼척 三陟
상산 商山 서흥 瑞興 선산 善山
설성 雪城 축안 逐安 수원 水原
순천 順天 신천 信川 안동 安東
안노 安老 안산 安山 안성 安城
안악 安岳 야성 野城 양근 楊根
량산 梁山 양주 楊州 언양 彦陽
연안 延安 연주 燕州 령광 靈光
영산 永山 영장 靈藏 영양 英陽
령성 寧城 영천 永川 령해 寧海
례안 禮安 오천 烏川 룡궁 龍宮

룡택 龍澤 우봉 牛峰 울산 蔚山
웅천 熊川 원주 原州 월성 月城
은률 殷栗 은진 恩津 의성 義城
이천 伊川 의주 義州 장연 長淵
적성 積城 전주 全州 정주 貞州
진도 珍島 진위 振威 진령 鎭岺
진주 晉州 진천 鎭川 창원 昌原
창평 昌平 청도 淸道 청주 淸州
청풍 淸風 춘양 春陽 충주 忠州
칠원 漆原 태원 太原 통천 通川
파평 坡平 평양 平壤 평해 平海
풍기 豊基 풍덕 豊德 풍산 豊山
하음 河陰 함창 咸昌 해주 海州
해평 海平 해풍 海風 홍천 洪川
화순 和順 희천 熙川 안동구신
安東舊新 명천 皿川

ㄴ 部

나(羅)
금성 錦城 나주 羅州 군위 君威
안정 安定

남(南)
고성 固城 영양 英陽 의령 宜寧

남궁(南宮)
함열 咸悅

낭(浪)
양주 楊洲 진주 晉州

내(乃)
개성 開城 연안 延安

내(奈)
나주 羅州

녕(寗)
요안 樂安

노(盧)
강화 江華 곡산 谷山 광산 光山
광주 廣州 경주 慶州 교하 交河
만경 萬頃 밀양 密陽 안강 安康
안동 安東 연일 延日 장연 長淵
풍천 豊川 해주 海州

노(魯)
강화 江華 광주 光州 밀양 密陽
함평 咸平 함풍 咸豊

노(路)
개성 開城

뇌(雷)
교동 喬桐

ㄷ 部

단(端)
강음 江陰 연안 延安

단(端)
한산 韓山

단(單)
연안 延安

당(唐)
밀양 密陽

대(大)
대산 大山 밀양 密陽

대(戴)
녕해 寧海

대(對)
제주 濟州

덕(德)
경주 慶州 밀양 密陽 병양 兵陽
별양 別良 순천 順天 유곡 楡谷
죽청 竹靑 청주 淸州

도(都)
고성 固城 구허 丘墟 서제 西齊
성주 星州 전주 全州

도(道)
성주 星州

도(陶)
경주 慶州 남양 南陽 밀양 密陽
별양 別良 병양 兵陽 순천 順天
유곡 楡谷 죽청 竹靑 청주 淸州
풍양 豊壤

독(獨)
단성 丹城

독고(獨孤)
남원 南原

돈(敦)

서원 西原 청주 淸州
돈(頓)
목천 木川
동(仒)
시진 市津
동(童)
덕천 德川 부녕 富寧 원주 原州
주천 酒泉 전주 全州 청주 淸州
태원 太原 광천 廣川
동(董)
개성 開城 광주 廣州 김해 金海
경천 頃川 남원 南原 녕해 寧海
등주 登州 수원 水原 설성 雪城
안동 安東 영천 永川 원주 原州
영주 榮州 전주 全州 진주 晉州
재령 載寧 충주 忠州 청주 淸州
창원 昌原 청하 靑河 청해 靑解
하동 河東 혜주 蕙州
동(東)
청주 淸州
동방(東方)
진주 晋州
두(杜)
두릉 杜陵 두산 杜山 진산 珍山
풍덕 豊德 해주 海州
등(登)
고성 固城

ㄹ 部

라(羅)
금성 金城 군위 軍威 라주 羅州
비안 比安 수성 壽城 안정 安定
랑(浪)
진주 晉州 양주 楊洲
량(良)
제주 濟州 채운 彩雲
량(凉)
홍산 鴻山
량(梁)
남원 南原 제주 濟州
래(來)
풍천 豊川
려(廬)
교하 交河 돌산 突山 정주 定主
력(力)
하음 河陰
로(路)
개성 開城 대원 大元 태원 太原
로(蘆)
광주 廣州 경주 慶州 상주 尙州
충주 忠州
록(錄)
경주 慶州
육(六)
창녕 昌寧

률(律)
괴산 塊山
뢰(雷)
교동 喬桐

ㅁ 部

마(馬)
목천 木川 장흥 長興
마(麻)
렬산 洌山 영평 永平
만(萬)
개성 開城 강화 江華 광주 廣州
강릉 江陵 익곡 溺谷 영풍 永豊
진강 鎭江 홍주 洪州
매(梅)
충주 忠州
맹(孟)
신창 新昌
명(明)
연안 延安 서촉 西蜀
모(毛)
광주 廣州 공산 公山 김해 金海
서산 瑞山
모(牟)
광주 光州 진주 晉州 함평 咸平
목(睦)
사천 泗川

묵(墨)
광녕 廣寧 요동 遼東

몽(蒙)
면산 兎山 봉화 奉化

문(文)
감천 甘泉 개령 開寧 강릉 江陵
남평 南平 단성 丹城 릉성 綾城
보령 保寧 선산 善山 안동 安東
영산 靈山 인천 仁川 정선 旌善
장연 長淵 하양 河陽

문(門)
인천 仁川

물(物)
괴산 槐山

묵(墨)
요동 遼東

미(彌)
신풍 新豊

미(米)
경성 鏡城 방산 方山 송림 松林
유성 儒城 재령 載寧

민(閔)
여흥 驪興 영주 榮州 영천 榮川
혜려 蕙驢 해려 海驢

ㅂ 部

박(朴)

강릉 江陵 거제 巨濟 고령 高靈
고성 固城 광주 廣州 군위 軍威
구산 龜山 나주 羅州 노성 魯城
면천 沔川 무안 務安 문의 文義
문주 文州 밀양 密陽 번남 燔南
비안 比安 사천 泗川 삼척 三陟
성산 商山 상주 商州 순천 順天
려주 驪州 영암 靈巖 영해 寧海
운봉 雲峰 울산 蔚山 월성 月城
경주 慶州 은풍 殷豊 음성 陰城
의흥 義興 인제 麟蹄 전주 全州
평산 平山 죽산 竹山 진원 珍原
창원 昌原 춘천 春川 충주 忠州
태안 泰安 태인 泰仁 평주 平州
평택 平澤 함양 咸陽

반(潘)
기성 岐城 광주 光州 거제 巨濟
남평 南平

반(班)
개성 開城 고성 固城 평해 平海

방(房)
남양 南陽 수원 水原

방(方)
온양 溫陽

방(芳)
문경 聞慶 안협 安協 익곡 溺谷
철원 鐵原

방(房)
남양 南陽 수원 水原

방(龐)
개성 開城 대원 大原

방(邦)
광주 廣州 파주 坡州 해주 海州

배(裵)
경주 慶州 곤산 昆山 곤양 昆陽
달성 達成 분성 盆城 성산 星山
성주 星州 흥해 興海 협계 俠溪
화순 和順 함흥 咸興

백(白)
개성 開城 남해 南海 대흥 大興
람포 藍浦 문경 聞慶 백포 白浦
백산 白山 선산 善山 수원 水原
임산 林山 직산 稷山 적성 赤城
청도 淸道 태인 泰仁 해안 解顔
홍성 洪城

백(柏)
포천 抱川

범(范)
금성 金城 광주 光州 라주 羅州
안주 安州

범(凡)
안주 安州

변(邊)
가은 加恩 밀양 密陽 원주 原州

장연 長淵 황주 黃州
변(卞)
초계 草溪 밀양 密陽
별(別)
평창 平昌
보(甫)
공주 公州 홍주 洪州
복(卜)
면천 沔川 사천 寫川
봉(奉)
강화 江華 하음 河陰
봉(鳳)
경주 慶州
부(夫)
제주 濟州
부(傅)
양근 陽根
부(斧)
풍각 豊角
비(丕)
농서 籠西
빈(彬)
대구 大邱
빈(賓)
달성 達成
빙(氷)
경주 慶州

人 部

사(舍)
광산 光山 태안 泰安 부평 富平 활천 活川
사(史)
거창 居昌 청주 靑州 *靑州 사씨는 중국 산동성의 청주임
사(謝)
진주 晉州
삼(森)
삼가 三嘉 가수 嘉壽
상(相)
밀양 密陽
상(尙)
목천 木川
상(桑)
안변 安邊
상(象)
목천 木川
사공(司空)
효령 孝令
서(徐)
남양 南陽 남평 南平 달성 達成 당성 唐城 대구 大邱 부여 扶餘 연산 連山 이천 利川 장성 長城 절강 浙江 평당 平當
서문(西門)

안음 安陰
석(石)
해주 海州 충주 忠州 홍주 洪州
석(昔)
경주 慶州 월성 月城
석(釋)
경주 慶州 김해 金海 광산 光山 남원 南原 수원 水原 영광 靈光 진주 晉州
석(席)
강화 江華 통진 通津
선(宣)
보성 寶城
선(宣)
광주 光州 보성 普城 이천 利川 전주 全州
선(鮮)
협계 俠溪
선우(鮮宇)
태원 太原
설(薛)
경주 慶州 순창 淳昌
설(楔)
경주 慶州
섭(葉)
경주 慶州
성(成)

창녕 昌寧
소(蘇)
진주 晉州
소(邵)
평산 平山
소(素)
광주 廣州 풍덕 豊德
소(召)
평산 平山
손(孫)
경주 慶州 밀양 密陽 비안 比安
안동 安東 일직 一直 월성 月城
청주 淸州 평해 平海
송(宋)
김해 金海 남양 南陽 덕산 德山
문경 聞慶 신평 新平 야성 冶城
양주 楊州 려산 礪山 연안 延安
용성 龍城 은진 恩津 진천 鎭川
철원 鐵原 청주 淸州 홍주 洪州
수(水)
강남 江南 김해 金海 안음 安陰
운양 雲樣 운제 雲梯 홍능 洪陵
수(守)
경주 慶州 광주 廣州 개성 開城
수(輸)
충주 忠州
순(舜)

파주 坡州
순(荀)
홍산 鴻山
승(昇)
갑향 甲鄕 남원 南原 밀양 密陽
승(承)
연일 延日
승(僧)
경주 慶州 밀양 密陽 영산 靈山
청주 淸州 함안 咸安
승(乘)
장흥 長興
승(勝)
부윤 富潤 연일 延日
시(施)
절강 浙江 태인 泰仁
신(申)
고령 高靈 거창 居昌 아주 鵝州
영산 靈山 평산 平山 천안 天安
창주 昌州
신(辛)
영산 靈山 영월 寧越 풍덕 豊德
신(愼)
거창 居昌
신(信)
문등 文登
실(實)

태안 泰安
심(沈)
부유 富有 삼척 三陟 의령 宜寧
전주 全州 청송 靑松 풍산 豊山
심(尋)
개령 開寧

ㅇ 部

안(安)
광주 廣州 순흥 順興 죽산 竹山
탐진 耽津 태원 太原
앙(仰)
연일 延日
애(艾)
연풍 延豊 장연 長延 전주 全州
아(阿)
양주 陽州
야(夜)
원평 原平
양(梁)
남원 南原 라주 羅州 임천 林川
양주 楊洲 제주 濟州 충주 忠州
청주 淸州
양(楊)
청주 淸州 중화 中和 남원 南原
밀양 密陽 안악 安岳 통주 通州

양(陽)
김해 金海 금화 金化 상음 霜陰
파천 波川
어(魚)
충주 忠州 함종 咸從
어(於)
강릉 江陵
엄(嚴)
광주 廣州 상주 尙州 영월 寧越
파주 坡州 하음 河陰
여(呂)
성산 星山 성주 星州 함양 咸陽
여(余)
의령 宜寧
연(延)
곡산 谷山 경주 慶州 개성 開城
남양 南陽 청주 淸州
연(燕)
정평 定平
연(連)
전주 全州
염(廉)
순창 淳昌 서원 瑞原 파주 坡州
엽(葉)
공촌 公村 (수원水原) 증미 憎尾
인의 仁義 해평 海平 니파 泥波
평해 平海 처인 處仁

영(永)
평해 平海 강령 康翎
영(榮)
영평 永平 영천 永川
예(芮)
부계 缶溪
오(吳)
고창 高敞 나주 羅州 군위 軍威
낙안 樂安 동복 同福 보성 寶城
연일 延日 울산 蔚山 장흥 長興
전주 全州 평해 平海 함양 咸陽
해주 海州 화순 和順 흥양 興陽
함평 咸平
오(吾)
고성 高城
오(伍)
백천 白川
옥(玉)
의령 宜寧 반성 班城
옹(邕)
순창 淳昌
옹(翁)
김포 金浦 개령 開寧
온(溫)
김포 金浦 경주 慶州 봉성 鳳城
서원 西原
왕(王)

강릉 江陵 개성 開城 제남 濟南
해주 海州
요(姚)
수원 水原 서원 西原 충주 忠州
요(要)
대구 大邱
용(龍)
광천 光川 청주 淸州 홍천 洪川
우(禹)
강주 剛州 단양 丹陽 목천 木川
우(于)
목천 木川
우(祐)
동성 童城 재양 載陽 장풍 長豊
우(羽)
고려 高麗
우(遇)
성주 星州
욱(郁)
제주 濟州
운(雲)
함흥 咸興
운(芸)
전주 全州
위(位)
통진 通津
위(魏)

수령 遂零 장흥 長興
원(元)
원주 原州
원(袁)
비안 比安 비옥 比屋
원(原)
상원 祥原
원(員)
덕수 德水
위(韋)
강화 江華
위(魏)
장흥 長興
유(俞)
강진 康津 고령 高靈 금산 金山
사계 祀溪 무안 務安 인동 仁同
창원 昌原 천령 川寧
유(劉)
거창 居昌 강릉 江陵 백천 白川
유(庾)
무송 茂松
류(柳)
고흥 高興 문화 文化 진주 晉州
전주 全州 선산 善山 풍산 豊山
영광 靈光 서산 瑞山
육(陸)
관성 管城 옥천 沃川
윤(尹)

남원 南原 무송 茂松 양주 楊州
영천 永川 예천 醴泉 칠원 漆原
파평 坡平 함안 咸安 해남 海南
해평 海平
은(殷)
태인 泰仁 행주 幸州
을(乙)
의주 義州
음(陰)
괴산 槐山 죽산 竹山
이(李)
가평 加平 강양 江陽 강진 康津
강화 江華 개성 開城 결성 結城
경산 京山 경주 慶州 고령 高靈
고부 古阜 고성 固城 공주 公州
광산 光山 광주 廣州 광평 廣平
성주 星州 성산 星山 교하 交河
김해 金海 기장 機張 김포 金浦
나주 羅州 남평 南平 단성 丹城
단양 丹陽 담양 潭陽 대흥 大興
덕산 德山 덕수 德水 덕은 德恩
벽진 碧珍 봉산 鳳山 부안 扶安
부여 扶餘 부평 富平 상산 商山
서림 西林 서천 舒川 서주 西州
성산 星山 성주 星州 축안 逐安
수원 水原 순천 順天 신평 新平
아산 牙山 안산 安山 안성 安城
안악 安岳 양산 梁山 양성 陽城

양주 楊州 여주 驪州 여흥 驪興
연안 延安 령천 寧川 영천 永川
령해 寧海 례안 禮安 온양 溫陽
룡궁 龍宮 룡인 龍仁 우계 羽溪
우봉 牛峰 원주 原州 음죽 陰竹
익산 益山 평산 平山 평창 平昌
하빈 河濱 하음 河陰 학성 鶴城
울주 蔚州 한산 韓山 함안 咸安
함평 咸平 섬천 陝川 해남 海南
해주 海州 홍주 洪州 화산 花山
회덕 懷德 홍양 興陽 인천 仁川
장수 長水 장흥 長興 재령 載寧
전의 全義 전주 全州 정선 旌善
정주 貞州 진보 眞寶 진성 眞城
진안 鎭安 진위 振威 진주 晉州
창령 昌寧 청송 靑松 청안 淸安
청주 淸州 청해 靑海 충주 忠州
태안 泰安 태원 太原 통진 通津
인제 麟蹄
이(異)
밀양 密陽
이(伊)
은천 銀川 태원 太原
익(益)
기계 杞溪
익(翌)
음죽 陰竹
인(印)

교동 喬桐 교수 喬樹 연안 延安
임(林)
나주 羅州 평택 平澤 조양 兆陽
선산 善山 은진 恩津 회성 檜城
장흥 長興 진천 鎭川 옥구 沃溝
익산 益山 울진 蔚珍 예천 醴泉
부안 扶安 순창 淳昌 경주 慶州
양양 襄陽 밀양 密陽 안의 安義
임(任)
장흥 長興 안정 安定 풍천 豊川
임(任)
장흥 長興 풍천 豊川

大 部

자(玆)
중원 中原 해주 海州
장(張)
결성 結城 구례 求禮 나주 羅州
단양 丹陽 덕수 德水 목천 木川
부안 扶安 순천 順天 안동 安東
영동 永同 예산 禮山 옥구 沃溝
울진 蔚珍 인동 仁同 전주 全州
절강 浙江 지례 知禮 진안 鎭安
진주 晉州 진천 鎭川 창령 昌寧
청송 靑松 홍성 興城 홍덕 興德
장(藏)
김포 金浦 아산 牙山 청부 靑鳧

장(莊)
금천 衿川 전주 全州 장연 長連
장(長)
연풍 延豊 연기 燕岐
장(庄)
청풍 淸風
장(將)
목천 木川
전(全)
감천 甘泉 경주 慶州 계림 鷄林
기장 機張 나주 羅州 성산 星山
성주 星州 옥산 玉山 옥천 沃川
완산 完山 용궁 龍宮 용성 龍城
정선 旌善 죽산 竹山 천안 天安
평강 平康 팔관 八菅 태곡 泰谷
함창 咸昌 황간 黃澗
전(錢)
문경 聞慶 부계 缶溪 지례 知禮
전(專)
양천 陽川
점(占)
괴산 槐山
전(田)
교동 喬桐 남원 南原 남양 南陽
담양 潭陽 영광 靈光 연안 延安
안주 安州 우봉 牛峰 예산 禮山
임천 林川 정산 定山 진원 珍原

태산 泰山 하음 河陰

정(鄭)
경주 慶州 고성 固城 곤양 昆陽
광주 光州 금성 錦城 김포 金浦
나주 羅州 동협 東莢 봉화 奉化
서산 瑞山 야성 野城 연일 延日
영일 迎日 영덕 盈德 예천 醴泉
온양 溫陽 전주 全州 정산 定山
정주 貞州 진주 晉州 청산 靑山
청주 淸州 초계 草溪 하동 河東
함평 咸平 해주 海州 랑랑 瑯琅
정(丁)
금성 錦城 나주 羅州 동촌 同村
압해 押海 영광 靈光 창녕 昌寧
창원 昌原
정(程)
하남 河南 한산 韓山
정(廷)
임강 臨江
제(諸)
의성 義城 칠원 漆原
제(堤)
원산 猿山
제갈 (諸葛)
남양 南陽
조(曹)

가흥 嘉興 옥천 玉川 용담 龍潭
장흥 長興 창녕 昌寧 탐진 耽津
조(趙)
김제 金堤 밀양 密陽 백천 白川
양주 楊州 옥천 玉川 순창 淳昌
임천 林川 직산 稷山 가림 嘉林
진보 眞寶 태원 太原 평산 平山
평양 平壤 풍양 豊壤 한양 漢陽
함안 咸安 횡성 橫城
종(宗)
니파 泥彼 모압 毛押 인의 仁義
임진 臨律 통진 通津 황원 黃原
종(鍾)
두원 荳原 영암 靈岩 정의 旌義
천안 天安 통진 通津 풍덕 豊德
하음 河陰
좌(左)
청주 淸州 제주 濟州
좌(坐)
흥덕 興德
좌(佐)
대정 大靜
주(周)
상산 商山 상주 尙州 안의 安義
철원 鐵原 초계 草溪
주(朱)
신안 新安 나주 羅州 능성 綾城

장수 長水 전주 全州
준(俊)
청주 淸州
중(重)
남원 南原 영천 榮川 진주 晉州
창원 昌原
즉(則)
행주 幸州
증(曾)
진강 鎭江
지(智)
괴주 槐州 봉주 鳳州 봉산 鳳山
지(池)
단양 丹陽 이천 利川 청주 淸州
충주 忠州
직(直)
괴산 槐山
진(晉)
기계 杞溪 남원 南原
진(秦)
중원 中原 진주 晉州 풍기 豊基
진(陳)
광동 廣東 양산 梁山 여양 驪陽
청주 淸州
진(震)
강화 江華

ㅊ 部

차(車)
태인 泰仁 김화 金化 연안 延安
평산 平山
창(倉)
아산 牙山 여산 礪山 장성 長城
창(昌)
강릉 江陵 공주 公州 아산 牙山
여산 礪山 장성 畏城
채(蔡)
광주 光州 음성 陰城 인천 仁川
진천 鎭川 평강 平康 인동 仁同
채(菜)
영양 穎陽 진주 晉州
채(采)
려산 礪山
척(拓)
곡산 谷山
천(千)
금계 金溪 강화 强化 광주 廣州
교동 喬桐 김포 金浦 개성 開城
남양 南陽 영양 穎陽 인천 仁川
천(天)
연안 延安 우봉 午峯
천(遷)
김해 金海 경주 慶州 원주 原州
전주 全州

초(楚)
강릉 江陵 성주 星州 파릉 巴陵
초(肖)
경주 慶州 제주 濟州
촉(燭)
김해 金海
최(崔)
간성 杆城 강릉 江陵 강화 江華
개성 開城 경주 慶州 계림 鷄林
고부 古阜 곡강 曲江 광주 廣州
랑주 朗州 동주 東州 부안 扶安
삭령 朔寧 수성 隋城 수원 水原
아산 牙山 양주 楊州 태인 泰仁
통천 通川 해주 海州 한남 漢南
화순 和順 황주 黃州 흥해 興海
양천 陽川 연풍 延豊 영천 永川
영흥 永興 완산 完山 용강 龍崗
용궁 龍宮 용주 龍州 우봉 牛峰
원주 原州 전주 全州 직산 稷山
진산 珍山 청송 靑松 청주 淸州
초계 草溪 충주 忠州 탐진 耽津
추(秋)
전주 全州 추계 秋溪
추(追)
개성 開城

ㅌ 部

탁(濯)
정읍 井邑
탁(卓)
광산 光山 광주 廣州
탄(彈)
진주 晉州 해주 海州
탄(炭)
인천 仁川 진주 晉州 연안 延安
태(太)
남원 南原 영순 永順 협계 陝溪
태(泰)
남원 南原
태(笞)
풍각 豊角
택(宅)
괴산 槐山
택(澤)
효령 孝靈

ㅍ 部

판(判)
해주 海州
판(板)
동래 東萊
편(片)
금천 衿川 절강 浙江 양주 楊州
청주 淸州

편(扁)
희천 熙川
평(平)
충주 忠州 인천 仁川 순천 順天
풍덕 豊德 예산 禮山
팽(彭)
용강 龍崗
포(包)
풍덕 豊德 순천 順天
표(表)
신창 新昌
표(標)
임진 臨津
풍(馮)
경주 慶州 산동 山東 장단 長湍
임구 臨朐
피(皮)
강릉 江陵 강진 康津 경주 慶州
견주 見州 공주 公州 괴산 槐山
홍천 洪川
필(弼)
대흥 大興

ㅎ 部

하(夏)
달성 達城 대구 大邱
하(河)

강화 江華 안음 安陰 진주 晉州
하(何)
도민 島民 유석 乳石 임술 林述
영평 永平
하(賀)
옹진 瓮津
한(漢)
충주 忠州
한(韓)
곡산 谷山 단주 湍州 당진 唐津
대흥 大興 삼화 三和 서원 西原
신평 新平 안변 安邊 정평 定平
청주 淸州 한양 漢陽 홍주 鴻州
함흥 咸興 홍산 鴻山
함(咸)
강릉 江陵 양근 楊根 항양 恒陽
합(合)
교동 喬桐
해(海)
김해 金海 녕해 寧海
행(幸)
영월 寧越 장평 長平
향(鄕)
흥덕 興德
허(許)
공암 孔巖 김해 金海 양천 陽川
태인 泰仁 하양 河陽

혁(赫)
영풍 永豊
현(玄)
남원 南原 성주 星州 수원 水原
순천 順天 연주 延州 창원 昌原
천녕 川寧 팔거 八莒
협(俠)
신계 新溪
형(邢)
진주 晉州 괴산 槐山 조종 朝宗
형(邢)
반성 班城 진주 晉州
호(扈)
보안 保安 백천 白川 유주 維州
전주 全州
호(好)
대구 大邱 해주 海州
호(胡)
면산 兔山 백천 白川 아산 牙山
악양 岳陽 편산 片山 토산 兔山
파릉 巴陵 호봉 胡封
홍(洪)
감주 監州 경주 慶州 남양 南陽
당성 唐城 부계 缶溪 염주 鹽州
청주 淸州 풍산 豊山 회인 懷仁
홍주 洪州 홍천 洪川
홍(弘)

전주 全州
화(花)
천안 天安
화(化)
라주 羅州 복용 伏龍
화(華)
임하 臨河 장양 長陽
환(桓)
음죽 陰竹
황(黃)
단양 丹陽 덕산 德山 상주 尙州
성주 星州 우주 紆州 의창 義昌
장수 長水 제안 濟安 창원 昌原
평해 平海 항주 杭州 황주 黃州
회덕 懷德
흔(昕)
예천 醴泉
후(后)
기인 器寅
희(喜)
구허 丘墟

기타

독고(獨孤)
광능 廣陵 진주 晉州
사공(司空)
군위 軍威 효령 孝靈
서문(西門)

안음 安陰	영천 永川 황주 黃州	영동 永同 앙암 仰岩 풍암 楓岩
선우(鮮于)	**석부(石扶)**	**사마(司馬)**
태원 太原	광능 廣陵	거평 居平 나주 羅州 이천 伊川
제갈(諸葛)	**부여(扶餘)**	**영호(令狐)**
남양 南陽	백제 百濟	문화 文化
황보(皇甫)	**공손(公孫)**	

6. 각종 서식

■ 장사 등에 관한 법률 시행규칙 [별지 제23호의2서식] <신설 2016.1.29.>

장례식장 [ ]영업 [ ]변경 신고서

※ [ ]에는 해당되는 곳에 √표를 합니다.

접수번호	접수일	발급일	처리기간 · 영업신고 : 30일 · 변경신고 : 10일

장례식장	명칭			
	소재지			
	설치연월일	. . .	면적	
	변경사항	변경사유 [ ]시설 [ ]영업자·관리인 [ ]기타		
		설치변경의 구체적 내용		
	영업자	성명(대표자)		생년월일/법인허가번호
		주소/법인 등 주소		자택/법인 등 전화
	관리인	성명		생년월일
		주소		전화번호

| 신고인 | 성명 | 생년월일 |
| | 주소 | 전화번호 |

「장사 등에 관한 법률」 제29조제1항 및 같은 법 시행규칙 제20조제1항에 따라 장례식장 영업(변경)신고를 합니다.

년 월 일

신고인 [서명 또는 인]

특별자치시장·특별자치도지사·시장·군수·구청장 귀하

신고인 제출서류	영업신고(신규)	1. 시설의 구조별 면적이 표시된 평면도 2. 법 제29조제6항에 따른 교육이수증 3. 정관 1부(법인인 경우에만 제출합니다) 4. 시설사용에 관한 계약서 사본(시설을 임대하여 사용하는 경우에만 제출합니다)
	변경신고	1. 장례식장영업 신고 확인증 1부 2. 변경사실을 증명할 수 있는 서류 1부
담당 공무원 확인사항		1. 법인 등기사항증명서(법인인 경우만 해당합니다) 2. 건축물대장

처 리 절 차

신청서 작성 → 접 수 → 검 토 → 결 재 → 신고 증명서 발급

신청인   처리기관 : 특별자치시·도, 시·군·구
(장사업무 담당부서)

210mm×297mm[백상지(80g/㎡) 또는 중질지(80g/㎡)]

■ 장사 등에 관한 법률 시행규칙 [별지 제18호서식] <개정 2015.7.20.>

제 호			
[ ] 종교단체 [ ] 법인	**법인등자연장지 조성(변경)허가증**		
명칭		면적	
소재지			
대표자	성명(종교단체, 법인명)		생년월일(법인허가번호)
	주소(종교단체, 법인 주소)		전화번호(종교단체, 법인 전화)
조성(변경)내용			

「장사 등에 관한 법률」 제16조제4항, 같은 법 시행령 제20조 및 같은 법 시행규칙 제12조제4항에 따라 위와 같이 (   )자연장지 조성(변경)허가증을 발급합니다.

년   월   일

특별자치시장 · 특별자치도지사 · 시장 · 군수 · 구청장   관인

210mm×297mm[백상지 150g/㎡]

■ 장사 등에 관한 법률 시행규칙 [별지 제7호서식] <개정 2015.7.20.>

화장시설(봉안당) 설치(변경)신고서

※ [ ]에는 해당되는 곳에 √표를 합니다. (앞쪽)

접수번호		접수일	발급일		처리기간	30일
화장시설·봉안당	명칭	[ ]화장시설 [ ]가족봉안당　　[ ]종중·문중봉안당　　[ ]종교단체봉안당　　[ ]법인봉안당				
	소재지		지번		지목	
	면적		봉안안치구수			
	설치연월일		화장로수			
	설치변경	설치변경사유　[ ] 설치·관리인　　[ ] 시설				
		설치변경의 구체적 내용				
	설치자	성명/종중·문중, 종교단체, 법인명	생년월일/법인허가번호			
		주소/법인등 주소	자택/법인등 전화			
	관리인	성명	생년월일			
		주소	전화번호			
신고인		성명	생년월일			
		주소	전화번호			

「장사 등에 관한 법률」 제15조 및 같은 법 시행규칙 제7조에 따라 화장시설(봉안당)의 설치(변경)를 신고합니다.

년　　월　　일

신고인　　　　　　　　　　(서명 또는 인)

특별자치시장·특별자치도지사·시장·군수·구청장　　　귀하

신고인 제출서류	시설화장시설		1. 실측도 및 구적도 2. 화장시설 건립사업비, 자금조달계획서 및 재해 대책을 포함한 관리운영계획서 3. 상하수도, 전기통신, 도로, 방재설비 등 기반시설계획서 4. 화장시설 건립계획 및 공정계획서, 주요 시설물 설치계획서(배치도·평면도 및 구조도를 포함합니다) 5. 설치변경신고의 경우 변경계획 및 변경도면
	시설봉안당	가족, 종중·문중 또는 종교단체 봉안당	1. 종중·문중의 경우 봉안당 설치에 관한 종약 또는 종중·문중의 의사임을 증명하는 서류, 종교단체의 경우 종교단체임을 증명하는 서류 2. 실측도 및 구적도 3. 사용할 봉안당 건물·토지 소유자의 사용승낙서(타인 소유 건물 또는 토지에 설치하는 가족봉안당만 해당합니다) 4. 종중·문중 봉안당 및 종교단체에서 설치하는 봉안당의 경우에는 해당 종중·문중, 종교단체의 소유임을 증명하는 서류 5. 설치변경신고의 경우 변경계획 및 변경도면
		법인봉안당	1. 법인의 정관·재산목록 및 임원명부 2. 실측도 및 구적도 3. 사용할 봉안당 건물 및 토지가 법인 소유임을 증명하는 서류 4. 봉안당 건축사업비, 자금조달계획서 및 재해 대책을 포함한 관리운영계획서 5. 상하수도, 조경, 전기통신, 도로, 방재설비 등 기반시설계획서 6. 봉안당 건축 및 공정계획서, 주요 시설물 설치계획서(배치도·평면도 및 구조도를 포함합니다) 7. 설치변경신고의 경우 변경계획 및 변경도면
담당 공무원 확인사항			1. 가족관계증명서(가족봉안당만 해당합니다) 2. 건축물대장(일반/집합) 3. 토지(임야)대장 4. 토지등기부 등본 5. 토지이용계획확인서 6. 지적도 및 임야도

210mm×297mm[백상지(80g/㎡) 또는 중질지(80g/㎡)]

■ 장사 등에 관한 법률 시행규칙 [별지 제9호서식] <개정 2015.7.20.>

제 호			
[ ] 화장시설 [ ] 가족봉안당 [ ] 종중·문중봉안당 설치(변경)신고증명서 [ ] 종교단체봉안당 [ ] 법인봉안당			
소 재 지			
면 적		설치기/구수	/
설치변경내용			
대표자	성 명 (종중·문중, 종교단체· 법인명)	( )	주민등록번호 (법인허가번호)	- ( )
	주 소 (종중·문중, 종교단체· 법인 주소)	( )	전화번호 (종중·문중, 종교단체 ·법인 전화번호)	( )

「장사 등에 관한 법률」 제15조 및 같은 법 시행규칙 제7조에 따라 봉안당(화장시설) 설치(변경)신고를 하였으므로 봉안당(화장시설) 설치(변경)신고증명서를 발급합니다.

년   월   일

특별자치시장·특별자치도지사·시장·군수·구청장   관인

210mm×297mm[백상지 150g/㎡]

■ 장사 등에 관한 법률 시행규칙 [별지 제10호서식] <개정 2015.7.20.>

제 호				
[ ] 개인 또는 가족봉안묘(탑·담) [ ] 종중·문중봉안묘(탑·담) 설치(변경)신고증명서 [ ] 종교단체봉안묘(탑·담) [ ] 법인봉안묘(탑·담)				
소 재 지				
면 적		설치기/구수	/	
설치변경내용				
대 표 자	성 명 (종중·문중 종교단체, 법인명)	( )	주민등록번호 (법인허가번호)	( )
	주 소 (종중·문중, 종교단체, 법인 주소)	( )	전화번호 (종중·문중, 종교단체, 법인 전화)	( )

「장사 등에 관한 법률」 제15조 및 같은 법 시행규칙 제7조에 따라 봉안묘(탑·담) 설치(변경)신고를 하였으므로 설치(변경)신고증명서를 발급합니다.

년   월   일

특별자치시장·특별자치도지사·시장·군수·구청장   관인

210㎜×297㎜[백상지 150g/㎡]

■ 장사 등에 관한 법률 시행규칙 [별지 제14호서식] <개정 2015.7.20.>

제 호

[ ] 시신
[ ] 죽은 태아   화장·봉안·자연장 증명서
[ ] 개장유골

사망자	성 명		주민등록번호(나이)	- (세)
	주 소		전화번호	
	사망장소		사망연월일 . .	사인
	화장·봉안시설·자연장지 소재지		화장·봉안시설·자연장지 전화번호	
	화장·봉안·자연장 일시	. . .	봉안·자연장 위치 (관리번호)	
죽은 태아	사산연월일		화장·봉안시설·자연장지소재지	
	화장·봉안·자연장 일시	. . .	봉안·자연장 위치 (관리번호)	
개장 유골	성 명		개장사유	
	화장·봉안시설·자연장지 소재지		화장·봉안시설·자연장지 전화번호	
	화장·봉안·자연장 일시	. . .	봉안·자연장 위치 (관리번호)	
신청인	성 명		주민등록번호	-
	주 소		전화번호	
	사망자와의 관계		기타 시신발견 경위 및 특기사항	

「장사 등에 관한 법률 시행규칙」 제10조에 따라 위와 같이 (   )을 하였음을 증명합니다.

년   월   일

○○화장시설(봉안시설·자연장지) 관리인   [인]

210mm×297mm[백상지 150g/m²]

■ 장사 등에 관한 법률 시행규칙 [별지 제3호서식] <개정 2015.7.20.>

개 장 [ ] 신고서
[ ] 허가신청서

※ [ ]에는 해당되는 곳에 √표를 합니다. (앞쪽)

접수번호		접수일		발급일		처리기간	• 개장신고 : 2일 • 개장허가 : 3일
사망자	성 명		주민등록번호		-	사망연월일	. .
	묘지 또는 봉안된 장소				매장 또는 봉안연월일		
	개장장소				개장방법 (매장·화장)		
	개장의 사유				매장(봉안)기간		~
신고인 (허가 신청인)	성 명		주민등록번호		-	사망자와의 관계	
	주 소					전화번호	

「장사 등에 관한 법률」 제8조·제27조 및 같은 법 시행규칙 제2조·제18조에 따라 개장신고(허가신청)합니다.

년 월 일

신고인(신청인) (서명 또는 인)

시·도지사, 시장·군수·구청장 귀하

신고인 제출 서류	개장신고의 경우	1. 기존 분묘의 사진 2. 통보문 또는 공고문(설치기간이 종료된 분묘의 경우만 해당합니다)
	개장허가의 경우	1. 기존 분묘의 사진 2. 분묘의 연고자를 알지 못하는 사유 3. 묘지 또는 토지가 개장허가 신청인의 소유임을 증명하는 서류 4. 「부동산등기법」 등 관계 법령에 의하여 해당 토지 등의 사용에 관하여 해당 분묘연고자의 권리가 없음을 증명하는 서류 5. 통보문 또는 공고문
담당 공무원 확인사항		1. 토지(임야)대장 2. 토지등기부 등본

제 호

개 장 [ ] 신고증명서
[ ] 허 가 증

사망자	성 명		사망연월일	. .
	묘지 또는 봉안된 장소		매장 또는 봉안연월일	. .
	개 장 장 소		개 장 방 법	[ ] 매장 [ ] 화장
신고인 (신청인)	성 명		주민등록번호	-	사망자와의 관계	
	주 소				전화번호	

「장사 등에 관한 법률」 제8조·제27조 및 같은 법 시행규칙 제2조·제18조에 따라 위와 같이 개장신고(허가)를 하였으므로 신고증명서(허가증)를 발급합니다.

년 월 일

시·도지사, 시장·군수·구청장   관인

■ 장사 등에 관한 법률 시행규칙 [별지 제25호서식] <개정 2016.1.29.>

(앞쪽)

묘지·화장시설·봉안시설·자연장지 관리·운영부

※ 해당 사항만 기재하시기 바랍니다.　　　　　　　　　　　　　(　　　　　년도)

소 재 지			전화번호	
시 설 명			대표자성명	
설치(조성)연도			시설규모(부지/건평)	/
묘 지	총 매장 가능 구수	기 매장 구수(해당 연도 포함 누계)	해당 연도 매장/개장 구수(상/하반기)	
	평당 연간 사용료	평당 연간 관리비	향후 매장 가능 구수	
화장시설	화장로 수		화장시설 사용료	
	1일 최대 처리 건수		해당년도 화장 처리 건수(상/하반기)	
봉안시설	총 봉안 가능 기수	기 봉안 기수(해당 연도 포함 누계)	해당 연도 봉안 기수(상/하반기)	
	1기당 연간 사용료	1기당 연간 관리비	향후 봉안 가능 기수	
자연장지	총 자연장 가능 기수	기 자연장 기수(해당 연도 포함 누계)	해당 연도 자연장 기수(상/하반기)	
	1기당 연간 사용료	1기당 연간 관리비	향후 자연장 가능기수	
시설관리상황				
시설유지 관리사항			개·보수 등 변경사항 (변경일/변경사유/변경시설 및 내용 등)	

210㎜×297㎜[백상지 80g/㎡]

[별지 제12호서식]

신고(허가)번호	신고(허가)일자	매장화장개장구분	매장화장개장장소	사유 및 특기사항	신고(신청)인			
					성 명	주민등록번호	주 소	전화번호

매장·화장·개장신고(허가) 관리대장

210mm×297mm(보존용지(1종) 120g/㎡)

■ 장사 등에 관한 법률 시행규칙 [별지 제4호서식] <개정 2015.7.20.>

개인묘지 설치(변경)신고서

※ [ ]에는 해당되는 곳에 √표를 합니다. (앞쪽)

접수번호		접수일		발급일		처리기간	7일
개인묘지	소재지			지번		지목	
	면 적			합장여부	[ ] 예 [ ] 아니오	합장내용	
	분묘형태	[ ] 봉분		[ ] 평분		[ ] 평장	
	설치연월일	. . .		시설물 설치	[ ]비석 [ ]상석 [ ]기타 석물 [ ]없음		
	설치변경	설치변경연월일	. . .				
		설치변경사유	[ ] 면적 [ ] 시설물 설치 [ ] 분묘 형태				
		설치변경의 구체적내용					
사망자	성 명			주민등록번호		-	
	주 소	(전화 :)		사망연월일	. . .		
설치자	성 명			주민등록번호		-	
	주 소	(전화 :)		사망자와의관계			
관리자	성 명			주민등록번호		-	
	주 소	(전화 :)		사망자와의관계			
신고인	성 명			주민등록번호		-	
	주 소	(전화 :)		사망자와의관계			

「장사 등에 관한 법률」 제14조제2항 및 같은 법 시행규칙 제5조에 따라 개인묘지 설치(변경)신고를 합니다.

년 월 일

신고인 (서명 또는 인)

특별자치시장・특별자치도지사・시장・군수・구청장 귀하

첨부서류	뒤쪽 참조

제 호

개인묘지 설치(변경)신고증명서

소 재 지				
면 적		설치(변경)연월일	. . .	
설치(변경)내용				
사망자	성 명		주민등록번호	-
신고인	성 명	주민등록번호 -	사망자와의 관계	
	주 소		전화번호	

「장사 등에 관한 법률」 제14조제2항 및 같은 법 시행규칙 제5조에 따라 위와 같이 개인묘지 설치(변경)신고를 하였으므로 신고증명서를 발급합니다.

년 월 일

**특별자치시장・특별자치도지사・
시장・군수・구청장** [관인]

■ 장사 등에 관한 법률 시행규칙 [별지 제5호서식] <개정 2015.7.20.>

[ ] 가족
[ ] 종중·문중   묘지 설치(변경)허가신청서
[ ] 법인

※ [ ]에는 해당되는 곳에 √표를 합니다.   (앞쪽)

접수번호		접수일		발급일		처리기간 • 가족, 종중·문중묘지 : 10일 • 법인묘지 : 30일	
사설묘지	소 재 지			지번		지목	
	면 적		분묘설치(예정)기수		분묘설치기수 : (예정기수 :)		
	분묘형태	[ ]봉분		[ ]평분		[ ]평장	
	설치연월일	· ·		시설물설치 (※ 법인묘지 제외)		[ ] 비석 [ ] 상석 [ ] 계단 [ ] 석축 [ ] 기타 석물 [ ] 없음	
	설치변경	설치변경사유	[ ] 면적 [ ] 석축·인입도로의설치 [ ] 설치·관리인				
		설치변경의 구체적 내용					
설치자	성명/종중·문중 또는 법인명	/		주민등록번호/ 법인허가번호			
	주소/법인등주소	/		자택/ 법인등전화		/	
관리자	성 명			주민등록번호		-	
	주 소			전화번호			
신청인	성 명			주민등록번호		-	
	주 소			전화번호			

「장사 등에 관한 법률」 제14조제3항 및 같은 법 시행규칙 제6조에 따라 묘지 설치(변경)허가를 신청합니다.

년   월   일

신청인   (서명 또는 인)

특별자치시장·특별자치도지사·시장·군수·구청장   귀하

신청인 제출서류	가족묘지	1. 평면도 2. 개별 분묘 및 묘지소재지를 파악할 수 있는 위치도(약도) 또는 사진 3. 사용할 묘지 또는 토지가 허가신청인의 소유임을 증명하는 서류나 묘지 또는 토지 소유자의 사용승낙서 4. 설치변경허가의 경우 변경계획 및 변경도면
	종중· 문중묘지	1. 종중·문중묘지 설치에 관한 종약 또는 종중·문중의 의사임을 증명하는 서류 2. 실측도 3. 개별 분묘 및 묘지소재지를 파악할 수 있는 위치도(약도) 또는 사진 4. 사용할 묘지 또는 토지가 종중·문중 소유임을 증명하는 서류 5. 설치변경허가의 경우 변경계획 및 변경도면
	법인묘지	1. 법인의 정관, 재산목록 및 임원명부 2. 실측도 및 토질조사서 3. 사용할 묘지 또는 토지가 법인 소유임을 증명하는 서류 4. 묘지 조성사업비, 자금조달계획서 및 재해 대책을 포함한 관리운영계획서 5. 상하수도, 조경, 전기통신, 도로, 방재설비 등 기반시설계획서 6. 묘지 조성 및 공정계획서, 묘지 안의 주요 시설물 설치계획서(배치도·평면도 및 구조도를 포함합니다) 7. 설치변경허가의 경우 변경계획 및 변경도면
담당 공무원 확인사항		1. 가족관계증명서(가족묘지만 해당합니다.) 2. 토지(임야)대장 3. 토지등기부 등본 4. 토지이용계획확인서 5. 지적도 및 임야도

210mm×297mm[백상지(80g/㎡) 또는 중질지(80g/㎡)]

[별지 제19호서식] (앞 쪽)

제 호			분묘 설치기간 연장신청서			처리기간	
사망자	성 명			분묘설치연월일		. . .	
	분묘소재지			분묘설치자(관리인)		( )	
설치기간 연장횟수 및 연장기간		1회	~	2회	~	3회	~
설치기간 연장사유							
신청인	성 명		주민등록번호	-	사망자와의 관계		
	주 소				전화번호		

「장사 등에 관한 법률」 제19조 및 같은 법 시행규칙 제13조에 따라 분묘설치기간의 연장을 신청합니다.

년 월 일

신청인 (서명 또는 인)

귀하

※ 구비서류: 묘지 소재지를 파악할 수 있는 위치도(약도) 또는 사진

제 호			분묘 설치기간 연장증명서				
사망자	성 명			분묘설치연월일		. . .	
	분묘소재지			분묘설치자(관리인)		( )	
	분묘설치 연장기간			분묘설치기간 연장사유			
신청인	성 명		주민등록번호	-	사망자와의 관계		
	주 소				전화번호		

「장사 등에 관한 법률」 제19조 및 같은 법 시행규칙 제13조에 따라 분묘설치기간 연장증명서를 발급합니다.

년 월 일

시·도지사, 시장·군수·구청장(또는 법인묘지의 설치·관리인) ㊞

210mm×297mm(보존용지(1종) 70g/㎡)

[별지 제11호서식]   (앞 쪽)

허가(신고)번호				묘적부		담당	과장	확인
소 재 지								
지 번		지목						
①시 설 구 분		②면적(㎡)			③분 묘 형 태			
④설치연월일	. . .	⑤설치기수	기		⑥시설물 설치현황 (※ 법 인 제 외)			
⑦보존묘지(분묘)여부								

⑧ 설 치 자	성명/종중·문중, 법 인 명	/	주민등록번호 (법인허가번호)	- ( )	사망자와의 관 계	
	주소/종중·문중, 법 인 주 소	/		자택/ 법인등 전화	/	

⑨ 관 리 인	성 명		주민등록번호	-	사망자와의 관 계	
	주 소		전 화 번 호		설치자와의 관 계	

⑩설치변경사항

구 분	변 경 전	변 경 후
추 가 매 장 (합 장)		
면 적		
분 묘 설 치 기 수		
분묘 형태 및 시설물의 변경		
설치·관리자(대표자)의 변경		
변 경 사 유		

210mm×297mm(보존용지(1종) 120g/㎡)

■ 장사 등에 관한 법률 시행규칙 [별지 제2호서식] <개정 2015.7.20.>

죽은 태아 [ ] 매장 / [ ] 화장 신고서

※ [ ]에는 해당되는 곳에 √표를 합니다.   (앞쪽)

접수번호		접수일		발급일		처리기간	즉시
부(모)	성 명			주민등록번호		-	
	주 소			전화번호			
	사산장소			임신주수			
	사산 연월일			사산사유			
	매장 또는 화장장소						
신고인	성 명		주민등록번호		-	사산자(죽은 태아)와의관계	
	주 소				전화번호		

「장사 등에 관한 법률」 제8조 및 같은 법 시행규칙 제2조에 따라 매장(화장) 신고합니다.

년 월 일

신고인   (서명 또는 인)

시·도지사, 시장·군수·구청장 귀하

제   호

죽은 태아 [ ] 매장 / [ ] 화장 신고증명서

죽은 태아	임신주수		사산사유		사산연월일	
신고인	성 명		주민등록번호	-	사산자(죽은 태아)와의관계	
	주 소				전화번호	

「장사 등에 관한 법률」 제8조 및 같은 법 시행규칙 제2조에 따라 위와 같이 매장(화장)신고를 하였으므로 신고증명서를 발급합니다.

년 월 일

시·도지사, 시장·군수·구청장   [관인]

210mm×297mm[백상지 80g/㎡]

■ 장사 등에 관한 법률 시행규칙 [별지 제1호서식] <개정 2015.7.20.>

시신·유골 [ ] 매장   신고서
[ ] 화장

※ [ ]에는 해당되는 곳에 √표를 합니다. (앞쪽)

접수번호		접수일		발급일		처리기간	즉시
사망자	성 명			주민등록번호		-	
	주 소						
	사망장소			사망사유 사망연월일		. .	
	매장 또는 화장 장소			분묘설치 연 월 일		. .	
신고인	성 명		주민등록번호		-	사망자와의 관 계	
	주 소					전화번호	

「장사 등에 관한 법률」 제8조 및 같은 법 시행규칙 제2조에 따라 매장(화장) 신고합니다.

년 월 일

신고인 (서명 또는 인)

시·도지사, 시장·군수·구청장 귀하

첨부서류	「의료법시행규칙」 별지 제6호서식의 사망진단서(시체검안서) 또는 읍·면·동장의 확인서(화장신고의 경우만 해당)

제 호

시신·유골 [ ] 매장   신고증명서
[ ] 화장

사망자	성 명			주민등록번호		-	
	주 소			사망사유 사망연월일		. .	
신고인	성 명		주민등록번호		-	사망자와의 관 계	
	주 소					전화번호	

「장사 등에 관한 법률」 제8조 및 같은 법 시행규칙 제2조에 따라 위와 같이 매장(화장)신고를 하였으므로 신고증명서를 발급합니다.

년 월 일

시·도지사, 시장·군수·구청장   [관인]

210mm×297mm[백상지 80g/㎡]

■ 장사 등에 관한 법률 시행규칙 [별지 제16호서식] <개정 2015.7.20.>

개인·가족자연장지 조성(변경)신고서

※ [ ]에는 해당되는 곳에 √표를 합니다. (앞쪽)

접수번호		접수일		발급일		처리기간	7일
소재지				지 목			
면 적				조성연월일		. . .	
자연장 형태	[ ] 수목 [ ] 화초 [ ] 잔디 [ ] 수목장림 [ ] 기타						
조성변경	변경연월일						
	변경사유	[ ]면적 [ ]조성·관리인					
	변경의 구체적 내용						
사망자	성 명			주민등록번호			
	주 소			사망연월일			
조성자	성 명			주민등록번호			
	주 소			사망자와의 관계			
관리자	성 명			주민등록번호			
	주 소			사망자와의 관계			
신고인	성 명			주민등록번호			
	주 소			사망자와의 관계			

「장사 등에 관한 법률」 제16조제2항 및 같은 법 시행규칙 제11조에 따라 자연장지 조성(변경)신고를 합니다.

년 월 일

신고인 (서명 또는 인)

특별자치시장·특별자치도지사·시장·군수·구청장 귀하

첨부서류	뒤쪽 참조

제 호					
개인·가족 자연장지 조성(변경)신고증명서					
소 재 지					
면 적		조성(변경)연월일		. . .	
조성(변경)내용					
사망자	성 명		주민등록번호		
신고인	성 명	주민등록번호	-	사망자와의 관계	
	주 소			전화번호	

「장사 등에 관한 법률」 제16조제2항 및 같은 법 시행규칙 제11조에 따라 위와 같이 ( ) 자연장지 조성(변경)신고증명서를 발급합니다.

년 월 일

특별자치시장·특별자치도지사·시장·군수·구청장 [관인]

210mm×297mm[백상지 80g/㎡]

[별지 제13호서식]

묘지·화장시설·봉안시설·자연장지 설치·조성허가(신고) 관리대장											
허가 (신고) 번호	허가 (신고) 일자	시설 구분	허가 (신고) 장소	허가 (신고) 면적	설치·조성 기(구) 수 및 예정 기(구) 수	설치·조성 현황 시설 개요	설치·조성자				
							성 명 (법인등 명칭)	주민등록 (법인허가) 번 호	주 소	전화 번호	

210mm×297mm(보존용지(1종) 120g/㎡)

■ 장사 등에 관한 법률 시행규칙 [별지 제20호서식] <개정 2016.1.29.>

(제1쪽)

[법인묘지·사설화장시설·사설봉안시설·사설자연장지용]

가 격 표

1. 시 설 명 / 대표자명 :　　　　　　　　　(사업자번호 :　　　　)

2. 소 재 지 :

3. 관할 행정기관 :　　　　　　　　　　　　(전화번호 :　　　　　)

4. 가격(요금)표

	항 목	요금	세부내용
사용료·관리비			
	반환기준과 방법		
시설물	항목	가격	세부내용
장례용품	품명	판매가격	규격/재질/원산지/생산지/제조방법 등
기타	항 목	가격	세부내용

※ 장례용품(관, 수의, 유골함 등), 기타(세트 가격, 식사, 제사음식 등) 등 해당 사항만 기재하시기 바랍니다.

210mm×297mm[백상지 80g/㎡]

장례식장 위생·시설 점검표

장례식장명	

점검일자	2016. . .

점검자	직책 성명 (인)
공동 점검자	(분야:)소속 및 직책 성명 (인)

※ 공동점검자는 민관합동점검 시 작성

위생분야 점검표

	점검사항	점검결과 O,X	비고
안치실 및 염습실	1. 시신 안치실 별도 설치여부		개수:
	2. 시신 안치실 별도 설치여부		개수:
	3. 유족 참관실 설치여부		개수:
	4. 안치실 및 염습실 내 창문과 출입문의 외부차단 장치유무		
	5. 뚜껑달린 감염성폐기물 처리함 유무		
	6. 개인응급구조킷 보유 유무		개수:
	7. 염습전용 위생 염습대 설치 여부		개수:
	8. 환기시설 설치여부(3회 이상/시간당)		
	9. 소독 약품 보관함 설치여부		개수:
	10. 멸균기 또는 살균기 설치여부		개수:
	11. 환기실 별도 설치여부(조문객실과 분리된)		
	12. 개인보호장비실 및 보호장비 설치여부		개수:
	13. 시신관련구역에서 배출되는 폐기물[폐기물관리법 제2조제5호]에 따른 의료폐기물에 준하여 관리하는지 여부		
	14. 상하수도 설치여부		
	15. 위생보호안내 책자 비치여부		
	16. 냉온방기 설치여부		
	17. 정전 시 시신훼손을 방지 하기위한 발전기 설치여부		개수:
	18. 위생관리대장 비치여부 ① 염습 등 위생처리 관리대장비치 ② 소독대장 ③시신관리대장		
	19. 소화기설치여부		개수:
	20. 외부 위생곤충 유입 방지등 설치여부		개수:
	21. 자외선 살균등 설치여부		개수:
	22. 중증 감염성 사망자 전용 안치냉장고 설치여부		
	23. 감염성 위험구역 표지판 설치여부		
	24. 1일1회 이상 청소 및 청소대장 비치여부		
	25. 1일1회 소독여부		
	26. 시신과 조문객의 이동 통로가 분리되어 있는지 여부		

	점검사항	점검결과 O,X	비고
시신약품 처리실 (Embalming room)	27. 시신약품처리실 별도 설치여부		개수:
	28. 시신약품처리 전용Table유무		개수:
	29. 시신용 약품보관 Cabinet설치여부		개수:
	30. 시신약품처리관련 장비 및 기구 보유여부		개수:
	31. 환기실 별도 설치여부(6회이상/시간당)		
	32. 멸균기 설치여부		개수:
	33. 감염성 위험구역 표지판 설치여부		
	34. 시신관련구역에서 배출되는 [폐기물관리법 제2조제5호]에따른 의료기폐기물에 준하여 관리하는지여부		
	35. 약품 폐수 처리장비 설치여부		
	36. 위생하수구 설치여부		
	37. 개인보호장비(PPE, Personal Protective Equopment)구비여부		
	38. 냉온방기 설치여부		
	39. 독립적인 공기조절기 설치여부		
	40. 시신약품처리용 상하수도 설치여부		
	41. 시신처리용 약품 보관실에 이중 잠금장치가 되어 있는지 여부		
	42. 위생관리대장 비치 여부		
	43. 자외선 살균등 설치여부		개수:
	44. 1일1회청소여부		
	45. 1일1회소독여부		
	46. 소화기 설치여부		개수:
	47. 외부 위생곤충 유입 방지등 설치여부		개수:
조문 구역	48. 장례용품 전시실 설치여부		
	49. 발인실 설치여부		
	50. 음식 조리용 전열기(가스렌지,전기렌지등)설치여부		개수:
	51. 싱크대 설치여부		개수:
	52. 화장실 설치여부		개수:
	53. 상하수도 시설 설치여부		
	54. 환기 시설 설치여부		
	55. 사무실(상담실) 설치여부		개수:

점검사항		점검결과 O,X	비고
조문 구역	56. 개인 소독장비 설치여부		개수:
	57. 위생 및 청소대장 설치여부(1회/1일소독)		
	58. 비상안내등 및 안내판 비치여부		개수:
	59. 소화기 설치여부		개수:
	60. 1일1회 이상 청소 및 청소대장 비치여부		
	61. 1일1회 소독및 소독대장 비치여부		
	62. 음식물 반입·이동 통로와 시신 이동 통로의 분리여부		
종사자 위생	63. B형 간염백신 접종여부		
	64. 개인위생관련 책자 비치여부		개수:
	65. 개인위생 및 위생시설 안전교육 실시여부		
	66. 개인위생 및 위생시설 안전교육 (1년1~2회)		횟수:
	67. 개인위생 및 위생시설 안전교육 (2년1회이상)		횟수:
	68. 개인보호장비(시신전용 가운,외과용수술장갑,마스크 등)의 보유및 지급여부		인원:
	69. 주기적 건강검진(결핵,B형 간염 등)여부		

소방분야 점검표

점검사항	점검결과 O,X	비고
※ 소화기 또는 자동확산소화기 　1. 소화기 구획된 실마다 설치여부 　2. 안전핀,호스,노즐의 부착상태 및 노즐의 이물질여부 　3. 약제 응고상태 및 압력게이지 지시침확인		
※ 자동화재 탐지시설 　4. 수신반 상태확인(정상 작동 여부) 　5. 감지기 정상설치 여부 및 작동 여부		
※ 옥내소화전 및 스프링클러 　6. 옥내소화전내의 관창및 호스연결 상태확인 　7. 비상벨의 외형상 변형,손상상태 　8. 누름버튼 작동시 음향장치 작동여부 　9. 전동기 및 펌프의 부식 및 파손 여부 　10. 압력게이지 정상작동 범위에 위치하는지 여부 　11. 경보장치 스위치의 상태 　12. 헤드의 누수 • 변형 • 손상 • 장애 여부 　13. 각종 밸브 정상위치 여부		
※ 피난유도등(유도등) 　14. 주위에 유도등의 식별에 장애가 되는 물건 존재여부 　15. 상용전원 차단시의 점등 여부		
※ 비상조명등 　16. 비상전원 내장하는 비상조명등 상용전원 차단시 점등상태 　17. 비상전원 내장하는 비상조명등의 예비전원상태 확인		
※ 완강기 　18. 기구본체 및 로프로의 변형 손상,풀어짐,결합부및 이음매 상태 　19. 충분한 탈출개구부의 존재 여부 　20. 배치상태 양호 여부		
※ 방화문(방화셔터) 　21. 화재시 감지기의 작동에 의해 자동으로 닫히는 구조인지 확인 　22. 방화셔터 작동개소 주변 적재물(방해물)여부 　23. 방화문 도어 클로저 정상작동여부		
※ 피난탈출구(비상구) 　24. 잠금장치 설치 또는 폐쇄여부 　25. 피난탈출구의 진입부분 및 피난통로 통행 방해 물품방치 여부		

※여부: 있으면 "O",없으면 "X"
※※확인 정상이면"O" 비정상이면"X
※※※없거나 "비정상"이면 조치사항에 별도 기재

업 무 일 지

결재	실장	이사	대표(식당)	대표

201 년   월   일   요일

구분	
특이 사항	
지시 사항	

장례비용 정산 내역

1. 장례식장 비용 내역　　　　　호　　故(　　)

내용	비용금액	비고
시설사용료		
장의비품		
염습료		
도우미		
합계		

2. 기타 비용(별도)

내용		비용금액	비고
장의차비	A.버스		
	B.리무진		
화장비			
봉안비			
제단꽃값			
상례복			
유골함			
식대			

유족 인적 사항

	20 년 월 일 제 호실
유족 인적 사항	夫: 妻: 子: 女: 孫: 兄弟: 기타

[사망진단서 용도]

- 해당동, 읍, 면 사무소 사망신고시(1주일이내)1통
- 매장, 화장용 1통
- 기타(보험회사, 보관용) 1통

[공원묘지 안장 준비서류]

- 사망진단서 1통
- 주민등록등본 1통
- 고인 증명사진 1통
- 상주 인감(도장)
- 단, 선산에 안장할 경우 필요서류 없음

[국민연금 관리공단 유족연금 지급신청안내]

- **구비서류**
  1. 유족연금지급 청구서, 사망경위서 각 1통 (공단서식)
  2. 사망확인된 호적등본(제적등본), 주민등록등본(구 양식)각 1통
  3. 수급권자 본인의 인감도장 및 인감증명서 1통
  4. 수급권자 명의의 은행통장 사본 1통
  5. 사망확인서(사망진단서), 초진진단서 각 1통
  6. 유족연금 청구인의 주민등록증

- **별도의 구비서류(해당자)**
  1. 사망 사실 증명원, 제3자자 가해 신고서
  2. 합의서, 법원 판결문, 교통사고 사실 확인서
  3. 산재 수령여부 확인서

- **제출처**
  상기 서류 구비 후 관할 국민연금 관리공단 접수, 유족연금을 청구하시기 전 국민연금 자격확인 청구서를 확인화시면 연금청구 및 산정의 기초가 되는 가입사항, 납부 각출료등을 아실 수 있습니다.
  ※ 기타 자세한 사항은 국민연금 관리공단 담당자와 상담을 요망 합니다.